LEADERSHIP 2030

リーダーの未来を変える

6つのメガトレンド

The SIX Megatrends You Need to Understand to Lead Your Company into the Future

著 | Hey Group
GEORG VIELMETTER
YVONNE SELL

訳 | ヘイグループ

LEADERSHIP 2030: The Six Megatrends You Need to Understand to Lead Your Company into the Future by Georg Vielmetter and Yvonne Sell
Copyright © 2014 by Hay Group Holdings, Inc.
Published by AMACOM, a division of the American Management Association, International, New York.
All rights reserved.
Japanese translation published by arrangement with AMACOM, a division of the American Management Association, International through The English Agency (Japan) Ltd.

日本語版刊行にあたって

　本書は、1943年より世界各国の優良企業へのコンサルティングを通じて、リーダーシップ研究と実践を重ねてきたヘイグループが、「過去」のデータ分析に基づくリーダーシップ理論構築の枠を抜け出し、シンクタンクや各分野の学者、企業経営者との「未来」についての議論に基づき著した2030年のリーダーシップ未来予想図である。

　今後、数十年に組織とそのリーダーたちに大きな影響を与えると思われる６つのメガトレンドを明らかにし、企業、組織、チーム、個人にとってそれらのメガトレンドが持つ意味を分析した。

　ヘイグループが洗い出した６つのメガトレンドは次の通りである。

1．グローバリゼーションの加速（「グローバリゼーション2.0」）
2．環境危機：気候変動と資源の欠乏
3．「個の台頭」と価値の多様化
4．デジタル時代の働き方の変化
5．人口動態（デモグラフィー）の変化による社会の不安定化
6．先端的なテクノロジーの融合によるイノベーション

　これら各々の将来予想についてはすでに十分な研究がなされており、読者にとって、特に目新しいことはないかもしれない。

　本書のユニークさは、上記のメガトレンドがビジネス環境にどのようなインパクトを与え、そしてその環境変化に企業経営者やリーダーたちは、どのように対応しなければならないのか、その際に必要となるリーダーシップは従来のリーダー像と何が異なるのか、といった点について体系的に論じている点にある。

　未来を予想することは、ある意味、大変傲慢なことであり、過去の

高名な識者による未来予測がことごとく外れていることを鑑みても、未来予想がいかにあてにならないかは言うまでもない。私たちが描いたとおりの2030年になるとは、私たちも考えてはいない。今から2030年までの間に新たなメガトレンドを作り出すような新技術の発明などが起こる可能性も十分にありえる。

本書の真の狙いは、現時点での未来予想に基づき「今まさに、ビジネスリーダーに求められる要件」とは何か、そこを洞察することにある。特に日本企業にとっては、これらの環境変化を踏まえ、自社のリーダーシップ改革を行っていくことが急務である。なぜならば、本書で語られているメガトレンドはすでに大きな潮流として日本社会や政治、経済に影響をおよぼしているからである。

すでにこうしたトレンドに乗って活躍している起業家の存在や彼らのイノベーティブな活躍は、私たち日本人に明るい未来を予感させてくれる。

ここで1つの日本企業の事例をご紹介したい。熊本県に本社がある「自然と未来」という従業員5名の会社である。この会社は家庭から捨てられるてんぷら油を回収してクルマの燃料とする「世界一」の技術を持っている。廃食油を産業廃棄物としてではなく、資源として取り扱い、地球の自然環境の中で、繰り返し得ることのできる再生可能なエネルギーであるバイオディーゼル燃料の精製販売を行っており、2013年に環境省の地球温暖化防止活動環境大臣表彰を受賞した。

こんな会社を立ち上げるのは、さぞかし技術力に秀でた技術者か、あるいはバリバリの起業家か、と思っていたら、熊本出身のひとりの女性（星子 文氏）だった。星子氏はバリバリと自らの道を切り開くタイプではなく、「仕事を通して熊本の自然を大切にしていくことができたら、未来に少しでも貢献できたらどんなに素敵だろう」という思いで周囲を巻き込み、共感を集めて前に進むタイプらしい。事業を立上げた当初は、既存の業界関係者からさまざまな嫌がらせや圧力を受

けたそうである。しかし、地域社会や若者などから賛同を集め、彼らからときに守られたり、協力を得たりすることで、次第に業界も星子氏の存在を無視できなくなったようである。

　このように、地球規模の環境問題への問題意識と、技術的なイノベーション、そして既存の社会のヒエラルキー（階制の秩序や組織）に頼ることなく問題意識の高い個人個人の力の集合を掛け合わせることで、ビジネスに成功しているリーダーは、まさに、本書で述べている未来の姿の先取りであり、共創型のリーダーシップのひとつの例と言えよう。

　明るい未来を予想させる事例は他にも数多くあるが、一方で、残念なケースがあるのも事実だ。

　コンプライアンスや倫理面で企業の問題が発覚する事案は、マスコミ報道で後を絶たない。実は、私自身がリーダーシップコンサルタントとして、能力評価に携わらせていただいたとある企業の経営者の方も、組織内のコンプライアンス違反が発覚し、引責辞任された。

　その数年前、その方が社長候補だったときのリーダーシップ評価の際、いわゆる成果・達成志向が強く、強いリーダーシップと育成力で組織を率いるエネルギッシュな人物だったので、新製品の上市（初めて市場に出すこと）を控えたその企業にはとてもマッチした人材だと思い、コンサルタントとして太鼓判を押していた。

　その後も、その企業の業績が良くなっているのをひそかに喜んでいた。ところが、倫理的な問題による辞任という突然のマスコミ報道である。私自身、大きなショックを受けた。「このような問題が起こりうることをリスクとして早期に指摘する道は、本当になかったのだろうか」という自戒の念は今でもあり、苦い経験として残っている。

　この件に限らず、ほんの数年前までは日本社会、または業界内の暗黙ルールでさほど問題視されていなかった行為が、今では問題視され厳しい評価をうける事案は数多くある。過去の延長線上で指揮をとっ

ていると、思わぬ落とし穴がある時代だ。

　ヘイグループのグローバルリーダーのコンピテンシー基準も、ここ数年で変化した。かつてのリーダーは、どれほどそれが困難であっても倫理規定を遵守する、させる、というのが合格レベルであったが、今はそれだけでは全く不十分で、自ら時代を先取りし、組織の倫理基準、ハードル自体を高めていくことが求められている。昨今のコーポレートガバナンス・コードの導入に伴い、この動きはますます加速するだろう。

　これまでのように、達成意欲が強く、エネルギッシュに周囲を動かす強いリーダーシップを持ち、短期的に業績を上げるだけの経営リーダーでは、通用しない時代が到来した、ということである。かつての日本企業の優れた経営者がそうであったように、各企業が日本社会や地球全体にどのように貢献するのか、組織人としてだけでなく、ひとりの人間としてどう生きるべきかといった哲学的な思想やビジョンを持ち、高潔さを持つこと。同時に、多様な個人の意見や価値観を尊重する傾聴力が要求されるだろう。

　ヘイグループは、70年以上前に、人種や性別による賃金格差をなくすために人の属性ではなく、仕事の重さによって報酬を決定するメカニズムを完成させたエドワード・ヘイによって創始された。また、学歴による能力評価が主流であった時代に、特定の職務において優れた成果を出す人の行動特性（コンピテンシー）によって人を評価・登用する手法を生み出したデイビッド・マクレランドもヘイグループの源流にいる。つまりは、世の中から不公平や差別をなくし、フェアな社会を作りたいというソーシャルアジェンダ（社会的計略）から発展してきた会社である。

　創業時から環境は大きく変化し、今では職務ベースの報酬制度もコ

ンピテンシーによる能力評価も当たり前の時代になったが、今でも、人と組織のコンサルティングを通じて、よりよい社会への貢献につなげることは、我々の使命であり、本書もその目的に合致したものと自負している。

　本書で語られている共創型リーダーが増えることで、その組織で働く社員のやりがいが向上し、イノベーションが生み出され、組織が活性化する。そのことで、日本社会も活力を増し、世界に貢献できるようになることを願っている。

　本書はドイツ人と英国在住カナダ人のコンサルタントにより書かれたもので、事例などは日本の読者には馴染みが薄いかもしれないが、ここで述べられているメガトレンドとそこから導かれるリーダーへの示唆は万国共通である。

　それぞれのメガトレンドが、読者の組織の未来と現在にどのようなインパクトがあるのか、そして、あなた自身はどの程度リーダーとして準備ができているか。そんなことを考えるきっかけとなれば幸いである。

株式会社 ヘイ コンサルティング グループ　プリンシパル
リーダーシップ＆タレントマネジメント領域プラクティスリーダー
大高 美樹

目　次

日本語版刊行にあたって　1

序章　帝国と馬糞　13

解決困難なぬかるみ　14
変化のとき　15
予測の利益　18
これからやってくる物事の形　21
本書の構成　23
変化は続く　25

第1章　ロスト・イン・トランスレーション：グローバリゼーション2.0　27

グローバリゼーションの歴史　29
メガトレンド：グローバリゼーション2.0　32
　　アジアの世紀　33
　　蚊帳の外　36
　　中間層の拡大　37
　　欧米を打ち負かす　40
　　瞬きをしていると見逃す　46
グローバリゼーション2.0が持つ意味　48
　　新しいバランス　48
　　戦略に重点を置く必要性　49
グローバリゼーション2.0の要求　50

第2章　気候変動と資源の欠乏：環境危機　51

メガトレンド：環境危機　53

　　温暖化の進行　55

　　石油のパラドクス　58

　　新しい石油供給源の問題　60

　　飲料水の不足　61

　　レアアースの独占　61

　　表面化しつつある緊張　64

　　負のスパイラル　66

環境危機が持つ意味　68

　　新たな出発　68

　　環境危機はモラルだけの問題ではない　72

　　変革の糸口　75

　　変革を推進する主体　76

環境危機の要求　76

第3章　個人へのパワーシフト：「個の台頭」と価値の多様化　79

メガトレンド：「個の台頭」と価値の多様化　81

　　広い視野　82

　　カルチャークラブ　85

　　既存の構造の破壊　86

　　どんな製品でも望みのままに　88

　　緩やかな関係　90

　　目標の変化　91

　　ライフサイクルの変化　95

「個の台頭」と価値の多様化が持つ意味　96

　　より高度な目標　97

開かれた関係　98
　　　緩やかな世界で人々を率いるリーダー　99
「個の台頭」と価値の多様化の要求　101

第4章　バーチャルな世界で働く：デジタル時代　103

メガトレンド：デジタル時代　106
　　　いつでもオン　106
　　　サイバースペースの幹部候補生　107
　　　公的な生活　108
　　　仲間の圧力　110
　　　どこでも何でも　114

デジタル時代が持つ意味　115
　　　職場で力を持つ若者　116
　　　清廉潔白さとレピュテーションの管理　117
　　　デジタルの叡智　120
　　　落ち着きのないネイティブたち　120
　　　足りないところを補い合う　123
　　　自分のデバイスの使用　124
　　　リモートコントロール　125
　　　総合的な効果　127

デジタル時代の要求　128

第5章　社会の不安定化：人口動態の変化　131

メガトレンド：人口動態の変化　133
　　　著しい増加　133
　　　人口の高齢化　136
　　　黄金のとき？　138
　　　移民の増加　142

人口動態の変化が持つ意味　143
人材獲得戦争　144
頭脳還流　147
年齢の問題　148
「ガラスの天井」を取り除く　149
多様性が突きつけるもの　151
人口動態の変化の要求　152

第6章　大いなる期待？：技術の融合　155

メガトレンド：技術の融合　157
飛躍的前進の兆し　159
スイートスポット　163
ホモ・インプルーブメント（進歩を目指すヒト）　164
サイボーグ計画　166
技術の融合が持つ意味　169
バラ色と灰色　169
どこに賭けるか　174
研究のエンジン　174
大々的な協働作業　175
境界を超えて　176
社会的な議論　177
イノベーションに影響をおよぼす　178
技術の融合の要求　179

第7章　メガトレンドを加速させる現象、ジレンマ、パーフェクトストーム　181

メガトレンドの嵐　183
メガトレンドを加速させる現象　184
メガトレンドを加速させる現象1．ステークホルダーの急増　184

メガトレンドを加速させる現象2．力のシフト　　188
　　　メガトレンドを加速させる現象3．新たな働き方　　191
　　　メガトレンドを加速させる現象4．コストの急増　　195
　　　メガトレンドを加速させる現象5．企業の倫理的行動を求める
　　　　　　　　　　　　　　　　　　　圧力の強化　　197

ジレンマ　200
　　　ジレンマ1．移動　　200
　　　ジレンマ2．資源　　202
　　　ジレンマ3．組織の階層　　203
　　　ジレンマ4．展望の時間軸　　204

あふれる課題　205

第8章　「見出し」ではなく「脚注」に：共創型（Altrocentric）のリーダー　207

リーダーシップとは何か　209
大切なものを無用なものと一緒に捨てないように　212
自分を中心に位置づけない　213
絶滅寸前のボスザル型リーダー　214
　　　自己イメージ　218
　　　動機　221
パワー動機のドライバー　222
他者中心的なパワーの発揮　224
共創型リーダーのコンピテンシー　224
　　　1．内面的な強さ　226
　　　2．価値観　228
　　　3．戦略的なビジネス思考　229
　　　4．ステークホルダーとの相互作用　231
　　　5．実行　238

| 終 章 | **共創型リーダーシップへの旅** | 245 |

　　問い1：あなたはどのような自己イメージを持っているか　246

　　問い2：あなたを動かすドライバーは何か　246

　　問い3：あなたは自分と自分の限界についてどのくらい
　　　　　　よく知っているか　247

　　問い4：あなたは開かれた心を持っているか　247

　　問い5：あなたはどのようなリーダーシップスタイルを
　　　　　　用いているか　247

　　問い6：あなたはどのくらい幅広い視野を持っているか　248

　　問い7：あなたは自ら社員のロイヤリティーを作り出し、
　　　　　　レピュテーションの管理を行っているか　249

　　問い8：あなたは意義創出のプロセスに人々を巻き込んでいるか　249

　　問い9：あなたは本当に他の人々と協働作業や連携をしているか　250

　　問い10：あなたは組織の人材の問題に
　　　　　　自ら責任を持って対応しているか　251

　　問い11：あなたは境界線設定が明確な権限移譲を行っているか　252

　　問い12：あなたは意思決定のトップチームを作っているか　252

【脚注・参考文献】　255

序章

帝国と馬糞

「予言というのは非常に難しいものだ。特に未来を予言することは」
― マーク・トウェイン　作家[1]

　まず、読者にクイズを出そう。国名を当ててほしい。世界で最も豊かで、世界で最も生活水準が高く、最大の軍事力と最も発達した教育システムを持ち、世界のビジネス、金融、技術革新、発明の中心であり、その貨幣が国際的な価値の基準となっている国はどこか?

　答えはイギリスだ。

　いや、これは少々真実をゆがめている。正確にいうならば、答えは1900年の大英帝国である。

　1922年の時点でもまだ、大英帝国は史上最大の帝国であった。その領土は地球上の陸地のおよそ4分の1を占める1,270万平方マイル（3,300万平方キロメートル）におよび、人口は4億5,600万人に達していた。世界人口の4分の1である。

　それからわずか100年間に世界がどのように変化するか、そのときに想像できた人はほとんどいなかった。その後の世界でどのような国が盛衰を経験することになるのか、誰にも予言できなかった。世界を支配する超大国としてのアメリカの台頭、ソビエト連邦の隆盛と崩壊、そして今やアメリカの覇権を脅かす日の出の勢いの中国——。イギリスの優位が崩れるときが来るなど、ほとんど誰も考えもしなかった。

　予言というのは非常に難しいものだ。特に将来の超大国を予言することは。

解決困難なぬかるみ

　非常に難しいにもかかわらず、人は予言をしようとする。ここでしばらく大英帝国の時代に戻り、1894年の「馬糞危機」を見てみよう[2]。

　1894年のロンドンを想像していただきたい。ロンドンは世界最大の都市である。活気に溢れ、人口が密集した首都であり、世界の商業の中心である。ここで欠かせないのが輸送交通手段である。そして19世紀の輸送交通手段とは、それまでの数千年と同じく、馬を意味した。生産されたあらゆる製品が馬の力に頼って流通していた。馬がいなければ、どんな大都市も機能することができなかった。

　ゆえに、1894年のロンドンには数万頭の馬がいた。ある計算によると、馬は毎日、1頭あたり耕作地5エーカー分の作物を消費した。そして、毎日、1頭あたり15〜35ポンド（約7〜16キログラム）の糞を産出した。

　これは問題であった。いや、問題どころか危機だったのである。ロンドンの街路には馬糞が山積みになっていた。それは耐え難いレベルに達しつつあった。環境を汚染し、何十億匹もの蠅を引きつけ、それが腸チフスなどの致命的な病気を蔓延させ、悪臭もひどいものだった。そこに雨が降ったらどうなっただろうか。考えるだけで恐ろしい。

　多すぎる馬はほかの問題も引き起こした。道路の渋滞（馬は遅い）、事故（馬は混雑したところでパニックを起こしやすい）、動物の虐待、貴重な土地の多くを馬小屋と馬の食料の栽培に費やさざるを得ないことなどである。

　科学者や政治家も途方に暮れていた。この問題について話し合うために都市計画会議が開かれたが、解決策を見つけることができず、早々に解散してしまった。こうした中、1894年『ロンドン・タイムズ』が、1950年にはロンドンのすべての道路が9フィート（274センチメートル）の高さの馬糞に埋もれるだろうと予測した。もちろん、この悪夢に悩

まされていた近代都市はロンドンだけではなかった。別の予測者は、ニューヨークでは1930年までに３階建ての建物の高さまで馬糞が積もると警告した。

　しかし、予言というのは非常に難しいのだ。特に馬糞の将来を予言することは。

変化のとき

　未来は誰にもわからないものである。１つのトレンド、発展、または出来事に目をつけて推測し、間違った結論に飛びつくのは安易すぎる。しかし、空気中に変化が満ちていると人々が感じるときがある。そして今、私たちはそのときを迎えている。

　それは私たちが日々産業界のリーダー、学者、同僚、クライアントたちと数多くの会話を交わす中から得られる印象である。彼らは、いずれ経営の方法も人や組織を率いる方法も劇的に変わるだろうと感じている。それは何千もの経験、観察、潮流から生まれた認識であり、それらが積み重なって、私たちは大きな変化の時代にいるという感覚が生じている。

　この感覚は、予想していなかった国で経済が急成長し、先進国と言われてきた国が停滞し、中国がアメリカを抜いて世界一の経済大国になろうとしているのを目にしたときに生まれてくる。

　あるいは、ほとんどの人が本当には理解していないナノテクノロジーやバイオテクノロジーが長足の進歩を遂げるのを目にしたときに生まれてくる。

　あるいは、若い人々が現実の世界と同様にバーチャルな世界で楽々と仕事をし、仕事中にフェイスブックに時間を使っても当然だと考えているのを目にしたときに生まれてくる。

　あるいは、従業員が収入と少なくとも同じくらいに充実したライフ

スタイルを求めるのを目にしたとき、能力のある人々は自分の意思で仕事を変わることができるということを目にしたとき、また、ブラジル、ロシア、中国の経営トップがドイツ、イギリス、アメリカの経営トップより多く稼いでいるのを目にしたとき、企業が若い人材を見つけることに苦労し、一方で高齢者は60歳を過ぎても、70歳を過ぎても、ついには80歳を過ぎても働き続けているのを目にしたときに生まれてくる。

　他にも数え上げればきりがない。変化のときだという感覚は、こうしたことを目にする中から生まれているのである。

　2013年の初頭、かつて世界の商業の中心だった街、ロンドンの象徴が中国に所有されることになった。ロンドン名物の黒塗りタクシー「ブラックキャブ」の製造会社であるマンガニーズ・ブロンズが中国の自動車会社ジーリー（吉利汽車）に買収されたのである（ジーリーについては第1章で詳しく取り上げる）。実のところ、その数カ月前に経営破綻したマンガニーズ・ブロンズはジーリーに救われたのだ[3]。

　マンガニーズ・ブロンズの運命は、まさに時代が変化しているという事実の象徴である。イギリスの最後の自動車会社の行く末が中国の買収者によって救われたことは、国の惨事だと嘆き悲しまれたわけではなかった。それどころか、ロンドン市長のボリス・ジョンソンはジーリーを温かく歓迎し、同社がマンガニーズ・ブロンズの将来を安定させてくれて「とても嬉しい」と述べたくらいだ[4]。

　私たち筆者自身も変化が進行中であると感じている。数週間前、私たちは未公開株取引のデューディリジェンスの一環として、ある会社の最高財務責任者と話をした。彼女は私たちに、まだ幼い子供のいる家庭を大事にするために、この2年間ずっと週3日仕事をしていると言った。投資家たちはそれを聞いて曖昧にちょっと驚いたような顔をしただけであり、ほとんど気にもかけなかった。10年前だったならば、企業の幹部が週3日しか働いていないというのは想像もできないこと

だった。それが今ではとりたてて言うほどでもないことになっている。

　また、最近ある世界的な金融会社のヨーロッパ本部長に会ったとき、彼は優れた人材を確保するのが難しくなっているとこぼした。それは優れた人材が応募してこないからではない。「彼らは高い給与を期待しているが、私たちが10年前にやっていたような長時間労働を全く望まない」からである。

　最近、当社に入社が決まったある社員は、契約書に署名するときに、数週間後に父親育児休暇を取るつもりだと言い、別のある応募者は当社の「二酸化炭素削減方針」について教えてほしいと言った。

　新興国出身の経営幹部が欧米でのキャリアを手放し、インド、中国、インドネシアなどの母国に帰り、地元の企業で働き始めるのも私たちはしばしば目にしている。一方、2012年にはドイツ語がほとんど話せないインド人のアンシュ・ジャインがドイツの巨大金融機関、ドイツ銀行の共同CEOになった。

　こうしたことはすべて、我々が所属するグローバル経営コンサルティング会社、ヘイグループの社員が常々ビジネスリーダーたちから聞かされているのと同じ結論を導く。つまり、何かが空気に満ちているということである。しかし、何がどのように変化しているのか、それはなぜか、そしてその結果、将来はどのようなものになるのかを正確に理解するのは難しい。

　そのため私たちは、この問題をもっと深く探ってみることにした。正確に言って何が変化しているのだろうか。それは短期的および長期的に組織とそのリーダーにとってどのような意味を持つのだろうか。これはリーダーが人々や組織を率いる方法にどのように影響をおよぼすのだろうか。2030年のリーダーシップはどのようなものになっているのだろうか。

　私たちは、変化の主な促進要因を特定するのが可能かどうかと考えた。どのようにすればこうした促進要因とその意味を体系的に分析す

ることができるのだろうか。この研究にとってどのような枠組みが適切だろうか。図Ⅰ－1では私たちの研究の全体的なプロセスを示している。

▼図Ⅰ－1　リーダーシップ2030の研究プロセス

1. 方法論と概念的枠組みを決める	2. 現在のメガトレンドを特定する	3. 最も影響の大きいメガトレンドを選ぶ	4. ビジネスリーダーに対してアンケート調査を行う
5. それぞれのメガトレンドとそれが持つ意味を分析する	6. 6つすべてのメガトレンドの組み合わせから生じる影響を分析する	7. リーダーにとってのその影響について結論を導き出す	8. リーダーがどのように対応すべきかを明らかにする

予測の利益

　答えは予測分析学（Foresight Analysis：ときとして未来研究と呼ばれる）の中にある。予測分析学は、主に社会科学に重点を置いた確固たる学際的科学研究である。この分野にも他の科学と同様の厳格な基準が適用される。妥当性、論理的な一貫性、簡潔性、根拠や記述や前提の明確性、日常生活にとっての実際的な価値である[5]。

　予測分析学を使用することに決めたあと、私たちの次のタスクは、疑問点を追求するための適切な概念的枠組みを見つけることであった。このプロセスは本書を執筆する3年前に始まった。私たちは、十分な研究を行ったうえで、現在起こりつつある変化を分析する最も有意義な方法は、グローバル社会のメガトレンドを見つけることだと判断した。

　メガトレンドの概念を最初に提唱したのは、1982年に『メガトレン

ド』という本を出版したジョン・ネイスビッツである[6]。メガトレンドは衣料品やFMCG（fast-moving consumer goods：日用消費財）業界を特徴づけるような短期的トレンドではないと理解することが重要である。そうした短期的トレンドは寿命が短く、しばしば地域的である。それに対して、メガトレンドは、**世界に波及し、範囲が広く、根本的で劇的な影響を持つ長期的な変容プロセス**である。

もう少し厳密にいうと、メガトレンドの定義には3つの次元がある。それは時間、到達範囲、およびインパクトである[7]。図Ⅰ-2を見ていただきたい。

▼図Ⅰ-2　メガトレンドを定義する3つの次元

時間	到達範囲	インパクト
メガトレンドは数十年にわたって観察され、少なくとも今後15年について高い確率で予測することができる	メガトレンドはすべての地域、および政府、個人、企業を含むすべてのステークホルダーに影響をおよぼす	メガトレンドは政策、社会、経済を根本的に変化させる

私たちは最初の分析として、ビジネスリーダーたちが感じている変化をもたらす世界的なメガトレンドを見つけ出す作業を行うこととし、それを手伝ってくれる研究パートナーを探した。私たちはこの研究パートナーとして、長期予測分析の分野でヨーロッパのリーダーと考えられているドイツの予測会社のZ_punktを選んだ。

まず、私たちはZ_punktとともに、およそ20のメガトレンドを洗い出した。それらはすべて、社会と経済に大きな影響をおよぼしているトレンドとして、学術論文や信頼できる研究にしばしば取り上げられているものである。私たちはこれらをじっくりと考察したうえで、ビジネス環境に最も大きな変化を生み、そしてこれからも生み出し続け

る6つのメガトレンドに焦点を絞った。

　ここで私たちの研究は次の段階、すなわちビジネスリーダーたちに対してアンケート調査を行い、これら6つのメガトレンドに関するビジネスリーダーたちの意見と洞察を集める段階に入った。また、私たちはヘイグループの多様なデータソースを用いて、自分たちの組織のリーダーシップに関する、世界の何千人もの従業員の意見を分析した。さらに、メガトレンドについてビジネスリーダーや研究者たちと何百回にもおよぶ非公式な会話を交わし、この問題を扱う多数の講演、講義、ワークショップを行った。加えて、それぞれのメガトレンドについて何百もの文献や研究結果を分析した。

　この段階では、1つひとつのメガトレンドごとに分析を行った。これによって私たちはそれぞれのメガトレンドの原因と結果について、3つの重要なレベル、すなわちビジネス環境、組織、およびリーダーとそのチームのレベルで詳細に理解することができた。本書では、リーダーにとってそれらのメガトレンドの意味に重点を置いている。

　次の段階は、6つのメガトレンドを組み合わせて分析することであった。それらに共通するのは何か。それらはどこで交差するのか。それらはどの程度互いに強化し合い、あるいは反発し合うのか。それはどのような形でなのか。そして、それらが一緒になったときにどのような意味を持つのか。

　この分析から私たちは重要な発見をした。それは、それぞれのメガトレンドが組織のリーダーたちにとって、きわめて大きな意味を持っているだけではなく、それらが一緒になると5つの「強化要因」と4つの「ジレンマ」が生じ、将来のビジネスリーダーにとっていっそう厳しい状況を作り出すということである。

　最後に、この徹底した詳しい分析に基づき、メガトレンドによって構築される世界で生き残り、繁栄を続けるためには、リーダーは何を行う必要があるかについて結論を出した。

これからやってくる物事の形

　このように、予言とは困難なものであるにもかかわらず、私たちはあえて予言をしようとしている。本書では、6つのメガトレンドによって構築される未来で、リーダーが遭遇する変化、課題、環境、そして変化した世界に適応するために必要な姿勢について予言する。

　しかし、この予言は大局的に見ることが重要である。私たちの目的は、道路の馬糞の増加に直面したときに人々が試みたように将来について具体的な数値を見積もることではない。それは不可能である。

　また、私たちは水晶玉を持っているわけでもない。私たちは将来がどのように展開するかを正確に書き記そうとしているのではない。それは不可能な試みである。私たちは「ブラックスワン」[8]、すなわち世界の成り行きやメガトレンドの方向を劇的に変えるような大きな影響力を持つ、予測不能な破壊的出来事が生じるかどうかを知ることはできない。そうした「ブラックスワン」の例としては、最近の金融危機、東欧の革命、インターネットの発明、第一次世界大戦などがある。

　私たちが本書で行おうとしているのは、これからやってくる物事がどんな形なのかについて、1つの見解を出そうということである。私たちは、長期的、根本的な変化の初期の指標を調べ、その分析から結論を導くことを試みる。

　これはある意味、直感に反する研究である。人間とは、自分のまわりの世界について疑問を持ちたがらない生き物だからである。私たちは自分自身が築き上げている複雑な正常さが、実際はその認識と異なるものかもしれないとは考えない。自分が知っている日常はわかりきっているものと受け止めている。自分の物理的な環境、社会構造、あるいは自分にアイデンティティ、所属、意味を与えてくれる文化的規範、共通の価値観、信念の体系などを無自覚に受け入れる[9]。こうしたものすべてに同時に疑問を投げかけると、耐えがたい精神的・感情

的な緊張が生じる。

　ゆえに、私たちは日常生活を当たり前のことと考える。地球は丸い、朝には太陽が出て夕方には沈む、将来も呼吸する酸素があると信じている。私たちのオフィスがあるビルは当然、明日もそこにあると思っている。そして、アメリカは世界最大の超大国であると疑いもなく信じている（少なくともごく最近までは信じていた）。

　1900年、人々は世界を支配する力をイギリスが持っていることを、当たり前だと思っていた。また、交通の主な手段が馬であることにも、馬糞に耐えなければならないことにも何の疑いも持たなかった。

　しかし、すでに知っている世界に依存しすぎると怠惰になる。また、現状を軽率に受け入れてばかりいると、変化に直面しているときでさえ、それを認識して対応するのを避けたがるようになる。これは理解できることではある。だが、それでは不可避のことを見逃し、変化に適応する必要性に目をつぶってしまいかねない。

　馬糞の予測者も、既知の世界に依存するあまり、問題の解決策を見つけることができなかった。「馬糞危機」が騒がれた1894年には、内燃エンジンが発明されてからすでに、30年以上が過ぎていた。また、1890年代には、次々と進歩や改良が行われていた。おそらく最も重要なのは、1886年にカール・ベンツが「モーターワーゲン」の特許を取り、1894年に最初のシリーズの生産を始めたことであろう。もう1つ重要な要素がある。アスファルトの使用である。アメリカでは1870年ごろから、アスファルトを使って滑らかな道路が作られていた。

　つまり、馬による輸送が消えゆく前兆があったのだ。しかし、「馬糞危機」に立ち向かうために集まった著名な科学者、政治家、都市計画者たちは、自分たちの周囲で起こっている変化を理解することができなかった。彼らにとって、馬と馬糞はあまりにも当たり前の事実だったのである。

　ここから導かれる教訓は、時として私たちは変化に立ち向かわなけ

ればならないということである。好むと好まざるとにかかわらず、変化はやってくる。そして今がその時だ。

それゆえに、本書では当たり前の事実に疑問を投げかける。まもなくビジネスの世界が、これまでと全く異なるものになると思われるからである。

本書の構成

本書ではまず、それぞれのメガトレンドの確かな事実について分析し、それがリーダーにもたらす意味を考察する。続いて、6つのメガトレンドすべての影響について探求し、それに対応するためにリーダーが何をしなければならないかを説明する[10]。

図1-3に示した6つのメガトレンドは次の通りである。

1. **グローバリゼーション2.0**　経済の新しい秩序が生まれつつある。「古い」経済から、急速に発展するアジアの市場(特に中国)へとパワーが移行している。その結果、新興市場で新しい中間層が生まれてくるにつれて、高度にローカル化した市場のダイナミクスから多くの機会と脅威が生じるであろう。

2. **環境危機**　私たちの生活に不可欠な自然資源が乏しくなりつつあり、人間の活動の結果として気候変動がますます脅威になりつつある。加速するコストと社会・市場の圧力に直面するリーダーらは、競争力を維持しようと思うならば、企業の運営方法を抜本的に見直すことが必要になる。

3. **個人の台頭と価値の多様化**　新興市場がますます豊かになるにつれて、世界の多くの国で個人主義がいっそう進むであろう。人々は顧客としても従業員としても個人のニーズが満たされることを期待するようになる。これによって、カスタマイズした商品を提供するニッチな機会が生まれ、従業員の要求がいっそう多様化し、

▼図Ⅰ-3　6つのメガトレンド

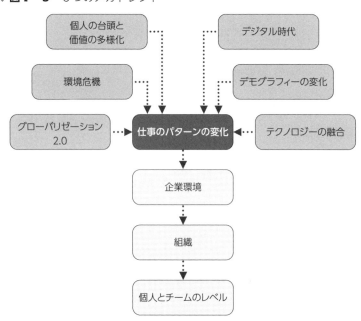

組織にはこれまでよりずっと高度な感受性と機動力が求められるようになる。

4. **デジタル時代**　デジタル技術を使った生活と仕事が標準になりつつある。デジタルプラットフォームは組織から消費者と従業員、特に若い「デジタルネイティブ」へと力を移行させ、仕事とプライベートという従来の区分をなくしている。これは先例のない透明性を生み出している。その結果、リーダーたちには誠実かつ信頼できる行動をすることが求められるようになる。そうしなければ、あっという間に評価が失墜してしまうであろう。

5. **デモグラフィーの変化**　世界人口の急増と急速な高齢化は市場を大きく変化させ、社会構造と福祉制度に非常に大きな圧力をかけるであろう。これは世界の労働力を縮小させ、組織間にかつてな

い規模での人材獲得競争を発生させる。リーダーは、いろいろな世代が混じり、それぞれの年齢集団ごとに大きく異なる態度や要求を持った従業員に対応することが必要になる。

6. **テクノロジーの融合**　ナノテクノロジーやバイオテクノロジーなどの分野での科学的な進歩は、さまざまな面で私たちの生活を変化させるであろう。そうした技術の組み合わせから大きな前進が成し遂げられ、この技術革新の波によって数え切れないほどの新製品市場が作り出される。また、それは、時代の先端を走り続けなければならない、そして複雑な研究開発プログラムにおいてライバルたちと密接に協力しなければならないというきわめて大きな要求を企業に突きつける。

　私たちはメガトレンドを研究し、本書にまとめるにあたって、真にグローバルな視点を持つよう最大限の努力をした。定義から言って、メガトレンドとはグローバルなものである。ゆえに、私たちは大規模なグローバル組織にとってのメガトレンドの意味を詳しく考察した。

　しかし、私たち著者2人はドイツ人とカナダ人である。私たちの国籍、背景、文化、社会的な教育は避けがたく欧米のものである。そのため問題を欧米の視点、発想、思考プロセスでとらえることは、ある程度やむを得ないとご理解いただきたい。

変化は続く

　ギリシャの哲学者、ヘラクレイトスが気づいたように、万物は流転する。人は誰も同じ川に2度足を踏み入れることはできない。ヘラクレイトスの川と同じように、メガトレンドも流転している。それは私たちが本書を書いている間にも、読者諸氏がこれを読んでいる間にも、進展し続けている。しかし、メガトレンドとは長期にわたって影響が

感じられるものであるから、私たちは今後15年にわたるインパクトについて自信を持って考察することができる。

　けれども私たちの研究は、本書が完成したときに終わるわけではない。読者がメガトレンドに関する私たちのこの継続的な研究に参加したい、そしてそれが自分たちの組織やリーダーにどのように影響するかを理解したいと望むならば、www. haygroup. com/leadership2030（英語）をご覧いただきたい。このサイトにはみなさんも回答することができる『Leadership2030』のアンケート調査、本研究に関連した多数の付加的な資料、本書の参考文献一覧などが掲載されている。どのトレンドが自分たちの組織に最も大きなインパクトを与えるのか、それに対応するために何をすべきかを考えるための参考にしていただけたら幸いである。

　　　　　　　　　ゲオルク・ヴィエルメッター、イヴォンヌ・セル

　　　　　　　　　ベルリンとロンドンにて

第1章
ロスト・イン・トランスレーション：グローバリゼーション2.0

> 「グローバリゼーションに反論するのは
> 重力の法則に反論するようなものだ」
> ― **コフィー・アナン**　前国連事務総長

概説 ■ グローバリゼーション2.0

5つの基本ポイント

1. **グローバリゼーション2.0は、バージョン1.0と根本的に異なる**。もはやアジアは単に欧米企業のバックオフィスであるだけではなくなる。欧米の企業はこれからもアジアで事業を続けるであろうが、その環境はこれまでと異なる。物、人、資本が欧米からアジアへだけではなく、さまざまな方向に流れる。特にアジアから欧米への流れが顕著になる。

2. **伝統的な取引のパターンが崩壊する**。経済的な力はアジア方面へと移動し、新興市場間の取引が盛んになる。アジアはますます欧米企業の商品やサービスに頼らなくなる。組織はマーケティングについて、これまでとは異なる考え方をする必要がある。

3. **「グローカリゼーション」に注意**。ますます多くの国で新しい中間層が生まれ、それぞれが独自の消費者需要を持つ。それは市場を「グローカライズ」する。多国籍企業にとって、中央で集権的に決められた単一の戦略や運営方法はもはや適切ではなくなる。

4. **複雑性の負担が増す**。グローバリゼーション2.0は、ほとんどの組織やリーダーたちがこれまで経験したことのない複雑な思考を要求する。すでにギリギリの状態にあるリーダーたちは、ますます強力な認知能力、特に概念的思考力や戦略的思考力を持つことが求められる。

5. **コンテクスト（事情や背景）の認識が決定的に重要になる。**組織はコンテクストの認識を強化し、真に双方向のコミュニケーションを行うために、いっそう柔軟な適応力を持ち、思考の多様性を奨励することが必要になる。

ビジネスリーダーが考えるべき５つの問い

1. わが社の組織はどれだけ機動力があるか。
2. わが社の戦略と運営方法はそれぞれの地域の要求に対応しているか。
3. わが社はローカルな需要にどれだけすばやく対応できるか。
4. 次世代のリーダーはローカルな人材の中から生まれてくるのか、それとも人材を輸入する必要があるのか。
5. わが社のリーダーたちに、新しいグローバリゼーションの要求を満たすために必要な概念的・戦略的な思考力を身につけさせるには、どうすればよいのか。

　10年前だったならば、私たちはIBMが設計・製造したアメリカのノートパソコンで本書を書いていたことだろう。しかし、1980年代にコンピュータの世界に革命を起こしたこの会社は、よく知られているように、2004年にPC製造部門をレノボに売却した。だから今、私たちは中国企業が製造したPCのキーを叩いている。

　3、4年前、私たち著者は１人がボルボに乗り、もう１人はランドローバーに乗っていた。かつてスウェーデンの自動車業界の誇りであったボルボは、1999年に自動車部門をフォードに売却した。また、フォードは2002年にBMWからランドローバーも買収した。ところが、そのフォードは2008年にランドローバーをインドの自動車メーカー、タタ・モーターズに、2010年には、ボルボを中国のジーリーに売却してしまった。

　１年前、著者の１人が古いグルンディッヒのテレビを買い替えなけ

ればならなくなったとき、友人たちは技術、デザイン、エンジニアリングの面でヨーロッパのリーダーであるフィリップスのテレビを勧めた。新しいテレビが家に配達された日、このオランダのエレクトロニクス巨大企業はテレビ部門を香港のTPVテレビとの合弁企業に売却すると発表した。そしてフィリップスは、その合弁企業の30％の少数株式を所有することになった。

　このように、ついこのあいだまで著者らは、アメリカのコンピュータ、スウェーデンとイギリスの車、ドイツのテレビを持っていた。どれも間違いなく欧米企業によってつくられたモノだった。しかし、今、私たちは中国とインドの製品を使っている。一体何が起こったのだろう。

　さあ、グローバリゼーション2.0の世界へようこそ。

グローバリゼーションの歴史

　何が起こったかを詳しく検討する前に、これまでのグローバリゼーションの特徴について簡単に振り返ってみよう。私たちはこれをグローバリゼーション1.0と呼ぶことにする[1]。

　グローバリゼーション1.0では、欧米企業がアジアに進出した。欧米の企業が工業化の進んでいない市場で安上がりにモノを生産しようとしたのである。そうした企業は労働力と製造施設を遠い場所に移動させ、国内生産の何分の1かのコストで製品を作って自国に輸出した。こうした場所は主にアジア、特にインド、中国、極東（それにアメリカ企業の場合には、ラテンアメリカ）であった。露骨な言い方をするなら、アジアが欧米企業の搾取工場になったのだ。

　グローバリゼーション1.0は決して目新しいものではない。このプロセスは少なくとも数百年前から続いている。いや、おそらくもっと長い歴史を持っているだろう。シルクロードの時代や古代海洋貿易時

代にさかのぼることができるかもしれない。国際通貨基金（IMF）はこれを「人間の経済活動のすべてのレベルで数世紀にわたって行われてきたのと同じ市場の力の（中略）拡張」と呼んでいる[2]。

　この現象が本当に勢いづいたのは20世紀の後半である。技術革新と国際的な自由化がその条件を作り出した。言うまでもなく、20世紀は大きな技術的進歩の時代であった。世界的な移動、国際的な貨物輸送、長距離通信が著しく簡単に、そして安価になった。そこに新たな情報技術が到来し、企業は何千キロも離れたところで行われる仕事、プロセス、取引を組織化し、管理することができるようになった。イノベーションは国境を越えたビジネスに伴う時間、コスト、実際的な障壁をほとんど取り払った。

　同時に、官僚主義の障壁も崩れ去った。かつてない規模で国際的な規則の自由化が行われた。2回の破滅的な世界大戦の後に平和が訪れたことから、多数の国際条約や協定が結ばれ、1957年にローマ条約によって設立された欧州経済共同体のような自由貿易地域が生まれた。国境を越えた取引の障害がなくなり、商業、労働、資本がこれまでにないレベルで各国の間を流れるようになった。

　古いグローバリゼーション1.0は、好むと好まざるとにかかわらず既定の事実である。私たちはそれを受け入れるか否か、参加するか否かを選ぶことはできない。世界はグローバル化しており、それはしばらく前から続いている。ただ、今、私たちが知っているグローバリゼーションが変化しつつある。

グローバリゼーションとは何か

　最も広い意味でいうと、グローバリゼーションとは単一の主題ではない。ここには同時に進行している複数の主題が含まれている。『スタンフォード哲学百科事典』に指摘されているように、グローバリゼーションは「幅広い政治、経済、文化のトレンド」を含む。これは、たとえば世界経済における自由市場政策の追求、欧米型の政治、経済、文化的生活の支配、新しい情報技術の拡散など、いろいろな形で定義することができる。あるいは、人類が1つの統一された共同体を実現し始める出発点という壮大な概念によって定義することも可能だ。

　しかし、ありがたいことに、社会理論は近年その定義について概ね合意する方向に進んでいる。大まかにいって、グローバリゼーションとは、地理的な場所を連結させる時間が短くなるにつれて空間と距離が縮まることである[3]。これが20世紀の間、グローバリゼーション1.0を急拡大させた力である。

　つまり、世界が小さくなっているということである。

　この定義は200年以上も前から哲学者らによって議論されてきた。カール・マルクスがこの縮小を少なくとも一部では肯定的な力だと考えていたと知ったら驚く方もいるかもしれない。彼とフリードリヒ・エンゲルスは、『共産党宣言』の随所で、「国家の普遍的な相互依存」が起こると予測した[4]。一方、ドイツの哲学者、マルティン・ハイデガーは、それをあまり歓迎すべきものと考えていなかった。彼は「距離の消失」を嘆き、「すべてが画一的な距離の近さに投げ込まれる」と暗い警告を発した[5]。

　最近では、IMFがより厳密な経済的定義をしている。それは本書の関心と非常によく一致する。2000年、IMFはある報告書でグローバリゼーションを「特に貿易と資金の流れを通して世界中の経済の統合が進むこと」と記した。この報告書が指摘しているように、これには国境を超えて、人、知識、技術が動くことが含まれる[6]。

　また、この報告書は、グローバリゼーションを構成する4つの「基本的側面」を定義している。「貿易と取引」「資本と投資の動き」「移民や人

> の動き」および「情報、知識、技術の拡散と交換」である。
> 　さらに、IMFの報告書は、哲学者や社会理論家が定義する時間と空間の縮小に経済的な論理をあてはめ、グローバリゼーションとは「貿易にしても資金の流れにしても、国際的取引の完結を簡単かつ迅速にする技術の進歩の結果である」と説明している。
> 　つまり、世界は小さくなっているのである。

メガトレンド：グローバリゼーション2.0

　21世紀にはグローバリゼーション1.0に並行して、グローバリゼーション2.0が生まれている。今ではアジアの企業も欧米の市場に出ていくようになっている。私たちが経済、商業、金融の世界で知っていると思っていたものがすべて逆になりつつある。

　ここで注意すべき重要な点は、新しいモデルが古いモデルに取って代わるわけではないということである。グローバリゼーション1.0も同時に進み続ける。欧米の多国籍企業はこれからも自国から遠く離れた低コストの拠点から事業を行い続けるだろう。イギリスがエリザベス女王の即位60年を祝う式典、ダイヤモンド・ジュビリーで湧いていた2012年6月、『ロンドン・タイムズ』は、ロンドンで1組4.25ポンドで売られている記念品のテーブルクロスは、中国の工場で9.1ペンス（およそ15セント）で作られたものだと報道した[7]。

　こうした低コストの拠点は、場所が変わってはいくものの、これからも大部分がアジアにあり続けるだろう。しかし、2005年にゴールドマン・サックスが「次の新興国」として名前を挙げたのは、11カ国中、7カ国がアジアである（バングラデシュ、インドネシア、イラン、パキスタン、フィリピン、韓国、ベトナム）。残る4カ国は、メキシコ、ナイジェリア、エジプト、そしてヨーロッパから唯一リスト入りしたトルコである[8]。

　グローバリゼーション2.0は、1.0とは違うタイプの代物である。1.0

を逆にしたモデルではない。これは２つの相互に関連するユニークな属性で特徴づけられる。（１）経済的パワーのバランスがアジアに移行すること、および（２）新興国の中間層が急速に拡大することである。

アジアの世紀

経済的パワーとしてのアジアの台頭を裏づける統計的な証拠がたくさんある。中国は過去30年間、最も急速に成長している国である。1980年からの30年間に中国の経済は実質値で19倍になっている[9]。欧米では市場の飽和と経済危機のため、事実上停滞、あるいは多くの場合、純然たる後退という成長予測がなされている。一方、アジアの政策決定者たちは、2008年の金融危機以前に経験していた２桁の成長に戻れないことにやきもきしている。下記の図は、エコノミスト・インテリジェンス・ユニットが2012年３月に発表した『世界経済予測』に基づいて2016年のGDP成長率をまとめたものである。

▼図1−1　2016年の推定GDP成長率

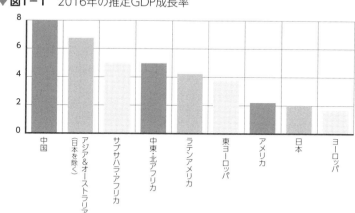

経済成長レースではアジアが欧米を打ち負かしている。しかし、単純に欧米の経済的超大国を追い抜くことがパワーシフトなのではない。それはこの経済的な運命の逆転から、アジアと欧米の相対的な規模と影響力のバランスが覆るということである。

　2011年4月、世界中の新聞に劇的な見出しが躍った。2016年という近い将来、購買力の面で中国がアメリカを抜いて世界一になるという予測をIMFが発表したからである[10]。PwC（プライスウォーターハウスクーパース）によると、同じ基準でインドも2050年までにアメリカを追い抜き、そのときには中国の経済はアメリカを50％ほど上回っているだろうという[11]。2050年、世界の経済大国10位に含まれる欧米の国はアメリカ、ドイツ、イギリスの3カ国だけになるとPwCは予測している。

　規模は影響力を伴う。経済の規模が大きくなれば、金融面での影響力が強まるのである。2012年2月の中国の外貨保有高は3.2兆ドルに達した[12]。同じ年の5月時点で、中国の国有投資ファンドである中国投資有限責任公司（CIC）の資産は4,400億ドルである[13]。そして当然ながらその資本は欧米に流れる。2012年、中国のヨーロッパへの外国直接投資（FDI）は総額126億ドル（96億ユーロ）にのぼった[14]。2011年、ドイツ企業に投資した中国企業の数が初めてアメリカ企業を上回った。しかも、アメリカが110社であるのに対して、中国が158社と大差がついた[15]。20年前だったら想像もできなかったことだ。

赤信号、青信号：ジーリーの物語

「車を作るのに何も神秘的なことはない。私は、たとえすべてを失うリスクがあるにしても、車を作ると決心した」

― **李書福**　ジーリー自動車会社会長　1997年

　この中国最大の民営自動車メーカーは多くの点でまさにグローバリゼ

ーション2.0のモデルである。ささやかな会社として出発して以来、急速に力をつけ、2010年3月にはボルボを買収するまでになった。

　ボルボの買収は欧米からアジアへの経済的パワーの移動を端的に表わすサインである。まるでそれを強調するかのように、ジーリーは、アメリカのシンボルともいうべきフォード——世界で初めて大衆車の大量生産を行った会社——から、スウェーデンで最もよく知られた自動車ブランドを買収した。しかも、その価格は格安だった。フォードが1999年にボルボを買収したときの金額が66億5,000万ドルだったのに対して、ジーリーがフォードに支払ったのはわずか18億ドルである。

　ジーリーの李書福会長は、この会社が流星のごとく市場に姿を現す前、3年間にわたって何度も何度もボルボに買収の話を持ちかけた。これは李の決心の強さの表れである。よく知られた逸話がある。李は学校を卒業したとき、卒業祝いにもらったお金を古いカメラと自転車に投資した。その自転車で観光地を回り、観光客の写真を取って現金を稼いだ。この仕事のおかげで彼の資金はその機材と交通手段にかかった金額の10倍になったという。

　その後、冷蔵庫製造事業に進出して成功していたが、それは1986年に突然終焉を迎えた。政府の新しい規則の下で事業を行う免許を取得することができず、会社を閉鎖せざるを得なかったのである。ライバルたちは免許がなくても、営業を続けられたことが李をいっそう悔しがらせた。

　しかし、その経験は後にジーリーを成長させる種となった。当時、彼は次のように語っている。「あきらめない限り、いつでも赤信号を迂回できるし、青信号になるのを待つこともできる」。ジーリーのその後を予言する言葉である。

　李の自動車業界への参入は、最初、以前と同じように役所の壁に阻まれた。しかし、このときすでに李は問題を回避する術を学んでいた。2ドア車の生産のみの免許を得た浙江省の工場を買収した李は、4ドアセダンの生産を強行した。そのうえで北京と浙江省の間を辛抱強く行き来し、認可を求めて国と地域の政府に陳情を繰り返した。却下されても却下されてもあきらめない李は、政府の関係者らの間で「自動車マニア」

とあだ名されるようになった。2011年、ついに「マニア」がセダンを生産する免許を獲得した。後はグローバリゼーション2.0の歴史そのものだ。

　ジーリーの最初の車が生産ラインを出たのは1998年である。わずか6年後、この会社は年間10万台を生産するまでになった。2011年には販売台数が42万2,000台、売上がほぼ210億元（33億ドル）、純利益が15億4,000万元（2億4,100万ドル）に達した。純利益は前年比13％増である[16]。同社は、2015年までに年間200万台を生産し、海外に建設中の15の生産拠点を完成させることを計画している[17]。

蚊帳の外

　グローバリゼーション2.0における経済的パワーの移動の副次的な影響は、世界の貿易パターンが完全に様変わりすることである。新興国間の取引の増加は、欧米の経済と企業にもう1つの大きな脅威を突きつけるであろう。欧米を完全に締め出したビジネス関係、戦略的な提携、経済合意がどんどん増えているのである。

　たとえば、中国投資有限責任公司（CIC）は、2012年5月、アメリカとヨーロッパに対して行っている投資を新興国に移すつもりだと発表した。不吉なことに、CICの高西慶社長はこれを「自然なシフト」だと述べている[18]。

　急速に拡大するアジアの必需品需要などに押されて、ラテンアメリカと中国の間の貿易は1999～2009年までのわずか10年で16倍になった。同じ期間にアメリカとラテンアメリカの間の貿易はわずか50％しか増えていない[19]。2009年、中国はブラジルにとっての輸出相手国第1位の座をアメリカから奪った[20]。

　中国のアフリカでの貿易と投資も急成長している。中国は2009年に、アメリカを抜いてアフリカ大陸の最大の貿易パートナーとなった。中国のアフリカへのFDIは2003年には1億ドル以下であったが、2011年

には120億ドルを超えるまでに膨らんでいる[21]。

　また、アジア、アフリカ、ラテンアメリカの間やそれぞれの大陸内で、経済的な同盟が作られつつある。BRICs（ブラジル、ロシア、インド、中国）はもともとゴールドマン・サックスが頭文字を取って作った言葉にすぎなかったが[22]、この４カ国は2006年に連携協定に署名した。ドイツの新聞『Die Zeit』はこれを「欧米が関与しない初めての大規模な世界フォーラム」の誕生であると論じた[23]。以来、このグループは５回の公式サミットを行っている。直近の2013年３月のサミットには南アフリカが初参加した（そのために名称がBRICSと変更された）。

　このグループは大きな望みを抱いている。2012年のサミットの議題の１つは、BRICSや他の新興国内のインフラ整備と開発プロジェクトに投資する開発銀行の設立であった。また、このグループはBRICS為替同盟を作った。これによってこの５カ国は、欧米の通貨を介在させることなく直接、相互に投資できることになった[24]。

　もう１つの非常に重要な例は中国――ASEAN自由貿易圏である。2010年、人口で見ると世界最大の経済ブロックが生まれた。この経済圏には19億人が暮らし、合計GDPは６兆ドルという巨大な額にのぼる[25]。この自由貿易協定が適用される貿易は、年間およそ４兆5,000億ドルである。この協定により、11の加盟国間で取引される製品の90％は輸入関税が免除される[26]。中国の会社にとってこの協定は、東南アジアの原材料と急速に成長する市場に安く簡単にアクセスできることを意味する。

中間層の拡大

　めまいがするほどの経済成長と企業の成功に伴って、現地の人々の暮らしは豊かになっている。言うまでもなく、企業は人がいなくては事業を行うことができず、人を雇うためには賃金を支払わなければな

らない。ゆえに、ある国の企業と国家の富が増大すると、そこに暮らす人々も豊かになる。1人あたり所得は国家のGDPやその国の企業の利益と軌を一にして上昇する。

　これはグローバリゼーション2.0の下、中・低所得国の何億人もの人々の購買力が上がることを意味する。2010〜2050年の間に、1人あたりの所得は中国で800％、インドで600％、タイとインドネシアでおよそ400％増加すると予測されている。それに対してアメリカの増加率はわずか50％である[27]。その結果、それぞれの場所によって好みも要求も異なる中間層が急拡大する。

　2008年、ゴールドマン・サックスは、世界中で中所得者（年収6,000〜3万ドル）の数は年間700万人ずつ増えていると推定した。同社がその時点で世界の中所得者の数を4億7,200万と推定していたことから考えると、それは信じがたいほどの増加率であった。それだけではない。ゴールドマン・サックスは、中所得者の増大はますます加速して2030年には年間およそ9,000万人ずつ増え、中所得層が世界で20億人という驚異的な数に達すると予測している。

　世界の全所得のうち中間層が手にしている割合は、現在では30％であるが、中間層の拡大の結果、2050年にはこれが40％になる[28]。マッキンゼーによると、新興市場の消費は2025年には年間合計30兆ドルになるという。これは「資本主義の歴史上最大の成長の機会」であるとマッキンゼーはとらえている[29]。

　アジアの世紀の論理から言って、これらの新しい中間層消費者の多くはアジアという世界最大の大陸に集中することになる。2030年には世界の中間層の66％がアジア太平洋地域に暮らしているだろう[30]。これは先進国と新興国両方の企業にとって、急速に拡大する多数の新しい市場を作り出すことになる。つまり、搾取工場が金鉱脈になりつつあるのだ。ゴールドラッシュはすでに進行している。メディアが好んで報道したがるように、アジアの消費者は欧米の贅沢品に対して飽く

ことのない欲求を募らせているように見える。マッキンゼーは、2015年には中国が世界の贅沢品の5分の1を買うようになるだろうと推定している[31]。

欧米企業は列をなしてこのドラゴン（中国）に餌を与えようとしている。ここ数年、何十もの贅沢品のメーカーがアジア、特に中国の需要によって業績を拡大している。イギリスのファッション小売会社、バーバリーは、2011年の第4四半期、前年の同じ時期に比べて売上を21％伸ばした。特に、中国での利益は30％増だった。ジョニーウォーカーのスコッチウィスキーは、中国での売上が2011年前半に9％伸びた[32]。ポルシェにいたっては、2011年7月、世界全体での売上が4％減少したにもかかわらず、中国では前年比500％増という驚異的な業績を達成した。

高級車は消費力の確かなバロメーターの1つである。そして、中国では、高級ブランド車の売上が大衆車市場よりも急速に成長するだろうと予想されている。高級車の需要は2010〜2015年の間の累積で139％増加すると見積もられている[33]。

アジアとラテンアメリカにおける可処分所得の増加が、先進国と新興国両方のローカルなプレーヤーとグローバルなプレーヤーに、膨大な市場機会をもたらすのは間違いない。欧米の何百万人もの消費者が当たり前に享受している贅沢品（休暇、自動車、デザイナーズブランドの衣類、ノートパソコン、MP3プレーヤー、ワイン、レストランやバーやナイトクラブで過ごす夜など）の需要が爆発的に増大するであろう。新しい中間層は、よりよい生活をしたいというきわめて人間的な要求を満足させるようになるのである。

しかし、ここで同じような消費パターンを持つ豊かな労働者の均質な集団が、世界的に生まれるというわけではないことを認識しておくことが重要である。文化の大きな違いと各地の独自の好みにより、それぞれの市場ごとに異なる製品やサービスの需要が生まれるであろう。

これから論じるように、グローバリゼーション2.0の中で成功しようと思うならば、企業とそのリーダーたちはこうした特異性を理解することが不可欠である。

欧米を打ち負かす

　前述したように、台頭してくる中間層は、欧米先進国の企業にもアジアの新興国の企業にも大きな機会を作り出す。しかし、欧米の企業にとっては、グローバリゼーション2.0に本来的に備わった脅威がある。自分たちの市場支配力が終焉を迎えるということである。

　グローバリゼーション1.0では、欧米の多国籍企業が何十年も揺るぎなく市場を支配してきた。望みのままに高い価格をつけ、どこででも人材を集めることができた。しかし、戦いの様相が変化している。支配的な力を持ってきた企業が今やいたる所で挑戦を受けている。世界最大のブランドのいくつもが、地域でも世界的にもアジアのチャレンジャーに追い抜かれつつある。

　携帯電話市場は典型的な例である。2000年代初め、世界の携帯電話機市場を支配していたのはノキアだった。先進国で大衆が携帯電話を持つようになると、フィンランドのこの会社は次々と新しいモデルを発表し、人気を博した。世界中の路上や公共交通機関の中で、有名な（中には腹立たしいという人もいるかもしれないが）「ノキア・チューン」と呼ばれる着信音が鳴り響いた。

　2007年、ノキアは世界首位のスマートフォン供給者になり、世界市場のほとんどである51％を占めた。ところが、2012年第2四半期には6.6％にまで激減した[34]。

　ノキアはスマートフォンの出現前には想像もできなかった激しい競争に打ち砕かれた。韓国のメーカー、サムスンが2012年第1四半期に世界最大の携帯電話機メーカーの座をノキアから奪い[35]、12カ月後に

は、スマートフォンの売上に後押しされて前年比42％増という記録的な四半期利益を達成した。2011年には、台湾のHTCが時価総額でノキアを上回った[36]。

　アップルでさえ安心していられない。現在、アジア太平洋地域ではHTCの携帯電話機の売上がiPhoneと肩を並べている。一方、ファーウェイ（華為）は「中国のアップル」になるという壮大な計画を立てている[37]。「世界で最も革新的な会社」[38]の第5位にランクされているファーウェイは、アメリカでわずか30ドルのスマートフォンを発売した。アメリカのiPhone5の小売価格が通信契約なしで850ドルだというのに、である[39]。こうした中、アメリカ政府は、中国がスパイ目的でファーウェイ（とライバルのZTE）の技術を使用するつもりではないかと非難したが、これはアメリカのメディアにさえ保護主義だという批判を受けた[40]。

　このような競争のバランスの変化はさまざまな市場で起こっている。たとえば家電市場では、中国のハイアールが世界の冷蔵庫の売上首位の座をワールプールから奪った[41]。家庭用コンピュータの世界も同じである。韓国では、国内のサムスンとLGの2社を合わせるとパソコン市場の50％以上を占めており、デルやヒューレット・パッカード（HP）といった欧米企業を押し出している[42]。

　ファストフードでさえこの動きから逃れることはできない。フィリピンでは地元の人々が好むジョリビーがマクドナルドの倍の数のハンバーガーを売っている（ジョリビーについては後ほどもう少し詳しく取り上げる）。ファストフードは世界的によく知られたアメリカのブランド（マクドナルド、KFC、バーガーキングなど）が作り出し、何十年にもわたって実質的にそれらが独占してきた市場である。しかし、アジアでは、地元のライバルたちがアメリカの大企業を打ち負かしている。

ケーススタディ ■ ジョリビー――ハンバーガーにパイナップルはいかが？

　フィリピンのジョリビーの成功も、グローバリゼーション2.0の1つの動き、すなわちグローカリゼーション（リージョナリゼーション）の結果、欧米企業の覇権が揺るがされている例の1つである。

　前述したように、新たに生まれてくる中間層は均質な集団ではない。第3章で論じるように、アジア各国の富の増大は、市場の再地域化をもたらす。文化的基準、地方の好み、国内の流行に対応して、ローカライズされた需要のパターンが生まれる。そして、ローカルプレーヤーは、地理的にも文化的にも、そうした機会を見つけ出し、それを利用するうえでグローバルプレーヤーよりも有利な立場にある。彼らはローカル市場の特殊性に対して容易に順応することができる。また、中央でコントロールされる多国籍のライバルよりも小さく機敏であるため、そうした機会にすばやく対応することができる。

　これがフィリピン市場でジョリビーがマクドナルドを打ち負かしている理由である。マクドナルド対ジョリビーの力の差について少し考えてみてほしい。どう考えても公平な戦いとは言えないはずだ。一方の赤黄コーナーのマクドナルドは世界最大の食品サービス企業だ（本書の執筆時点で）。119カ国に3万3,000店以上の店舗を持ち、170万人を雇用し、1日6,800万人にサービスを提供している。マクドナルドは販売商品ですらないおもちゃの世界最大の流通業者だと言えば、その事業の規模がわかってもらえるだろうか。

　もう一方の赤黄コーナー（少々白が混じっている）のジョリビーは、店舗数がおよそ2,300で、そのほとんどが国内にある[43]。

　全く戦いにならないと考えても当然だろう。ところが、である。ジョリビーはフィリピンのハンバーガー市場の65％以上のシェアを獲得している。マクドナルドのおよそ2倍である。『エコノミスト』はジョリビーの成功が「マクドナルドを大いに当惑させている」と述べている[44]。

　ジョリビーはフィリピンのサクセスストーリーである。売上の伸びは2010年に16％、2011年にはほぼ18％に達した[45]。2012年第2四半期には、純利益が前年に比べて33％も増加した[46]。アジアで成長する中間

層をターゲットとしたこの会社は、現在、国内からアジア大陸へと拡張を続けている。本書の執筆時点で、アメリカの26店舗を含め、店舗の17％以上が海外にある[47]。ジョリビーはさらに海外での事業拡大を計画しており、2011年に20％であった海外売上の比率を2014年には50％とすることを目指している[48]。

　どうしてジョリビーは重量級の相手に勝つことができたのだろうか。答えは一見すると単純だ。パイナップルと米である。

　『ニューヨークタイムズ』は、ジョリビーの成功の理由は「地元の好みを尊重している」ことだと分析している[49]。言い換えると、ジョリビーはまさしくグローカリゼーションが可能にしているローカライズされた機会を利用しているのである。ジョリビーの成功は、地元の好みに合わせるために、これまで十分に実証されてきたファストフードレストランの概念に、小さいながら重大な微調整を加えた結果である。

　たとえば、この店では「アメージング・アロハ・バーガー」を売っている。これは1切れのパイナップルを挟んだハンバーガーにすぎない。また、丸いパンとフレンチフライの代わりに米、ソース、野菜を添えたバーガーセットや、フィリピン料理も提供している。こうした特徴は従来のファストフードのメニューに加えられたささいな工夫のように見えるが、信じられないほどの効果を生み出している。お客に提供するものをローカライズすることによって、ローカルの新興企業がグローバルな巨大企業を負かしたのだ。マクドナルドはフィリピン市場の3分の1のシェアしか獲得できないでいる。

　ジョリビーはマーケティングでも同じくローカライズしたアプローチを取っている。マクドナルドが英語で広告を行っているのに対して、ジョリビーの広告はタガログ語だ。そして、もう1つの注目すべきマーケティング戦略がマスコット――「ロナルド・マクドナルドよ、さらば。ジョリビー、こっちに来て」戦略である。想像がつくと思うが、ジョリビーは楽しそうな（jolly）大きな蜜蜂（bee）だ。しかも、やはり想像がつくと思うが、マクドナルドのコーポレートカラーにそっくりな赤と黄色の服を着た蜂なのである。

　この会社がキャラクターをデザインするときに宿題をやっていたのは明らかである。創業者によると、ジョリビーはフィリピンの精神を反映

するようにデザインされたという⁵⁰。国内で大人気のジョリビーは、フィリピンの大衆文化の中で最もよく知られたキャラクターの1つである。ロナルド・マクドナルドよりもはるかに知名度が高い。ジョリビーは子ども向けのテレビ番組さえ持っているのだ。

　ジョリビーの成功の背後にある賢いニッチ戦略（標準化された商品に単純な追加をしたこと）は、グローカリゼーションに襲われたとき、集権化された大きな多国籍企業がそれに対応する能力について、根本的とも言える疑問を提起した。

　解決策は明白であるように思われるかもしれない。あなたのハンバーガーにもパイナップルを加え、米とバーガーのセットを売り、グローバルな規模の大きさを利用して競争相手より安く売ればよい。しかし、事はそれほど簡単ではない。グローカリゼーションの効果に立ち向かううえでマクドナルドを劣勢に立たせたのは、まさにその規模の大きさだ。マクドナルドは巨大企業であるだけではない。高度に集権化された組織である。そして、利益率は無情なまでの標準化から得られる効率性に依存している。この構造の下では、自分たちの製品に1つの要素を加えるのは決して簡単な決定ではないのである。

　まず、誰が決定するのかという問題がある。組織のどこに権限があるのか。地域の統括部長か、それとも世界全体の商品部長か。供給やマーケティングの観点から決定が導かれるのか。パイナップルはどのようにして調達するのか。その決定を実行するまでにどのくらいの時間がかかるのか。そして、最終的にそれはどれだけの利益を生み出すのか。

　この最後の疑問は決定を戦略的なレベルに押し上げる。利益の上がる形でパイナップルが調達できないならば、市場シェアを回復するために客寄せ商品として導入されるべきなのか。どれだけのシェアを回復することができるのか。それはどれだけのコストをかけて達成できるのか。より大きな戦略的見地からいってフィリピンのハンバーガー市場はどれだけ重要なのか。

　こう考えてくると、パイナップルのつつましい1切れが突然マクドナルドにとってチクチクと痛い棘のようなものになり始める。『ニューヨークタイムズ』が評しているように、マクドナルドは「中心的な製品に忠実でなければならないという義務に縛られているが、ジョリビーは柔軟」

なのである[51]。『エコノミスト』も同じく、「マクドナルドはおそらくグローバルスタンダードにとらわれ、［フィリピンで］適切な行動をすることができないようだ」と述べている[52]。

もちろん、マクドナルドにそのような決定をする能力がないということではない。この会社もそれぞれの地域に合わせたメニューを持っている。ノルウェーではサーモンバーガー、フランスではビールを出しているし、一部の市場の宗教的な祭りに合わせた一時的な断食用メニューさえ準備している。映画『パルプ・フィクション』でジョン・トラボルタは、ヨーロッパとアメリカの「小さな違い」の例として、フランスのマクドナルドのメニューのことを情熱的に語る。しかし、いかなる理由にせよ、マクドナルドはフィリピン市場の3分の2のシェアを奪ったジョリビーに対抗できていない。フィリピンでは、少なくとも今のところ、グローカリゼーションが巨人を圧倒しているのである。

しかし、それとは対照的にマクドナルドの最大のライバルの1つ、KFCはグローカリゼーションの効果を利用することに成功している。中国でKFCは朝食として好まれる粥をメニューに取り入れているばかりではなく[53]、健康的な食事を求める中国の中間層の要求を満たすようにメニューに手を加え、低脂肪バージョンを提供している。KFCのローカライズしたその他のメニューとしては、（海鮮ソースを添えた）北京チキンロールや四川風スパイシー角切りチキンなどがある[54]。

アメリカのチェーン店が、変化する地元の好みに合わせてメニューに中国風のアレンジを加える。これがグローカリゼーションの実践である。中国市場に参入するとき、KFCは主に台湾から経営幹部チームを集めた。それは、元副社長の1人であるウォーレン・リウの言葉を借りるならば「市場のコンテクストについての直感的な知識」を取り入れるためであった[55]。リウは中国におけるKFCの「ありえないような成功」について書いた著書で、「戦略はコンテクストによって決まる。安定し成熟した市場経済でうまくいく戦略は、中国ではまずうまくいかない」と指摘している[56]。

その結果、KFCは中国に2,000店以上を展開する成功を収め、今ではこの国で最も人気のある朝食レストランとなっている[57]。

瞬きをしていると見逃す

　これらが、グローカリゼーションがもたらす機会と脅威だ。ジョリビーの物語は、欧米の企業に粛然たる教訓を突きつける。**瞬きをしていたら見逃す**ということだ。

　集権的なコントロールと標準化された営業は新しい世界では成功しない。グローバリゼーション2.0はローカルな市場の動きを見つけ、理解し、それにすばやく機動的に対応する柔軟性を要求する。

　そのように対応できなかったことがノキアの最近の苦悩（P.40参照）の一因である。2008年ごろ、ノキアは急拡大するインド市場で最も信頼できる携帯電話ブランドという地位を強化する機会を逃した。インドではユーザーが地域単位のネットワークプロバイダーを使いこなすために頻繁にSIMカードを交換しているが、フィンランドのノキア本社は、インドで「二重SIM」の携帯電話を提供しないという決定を下した[58]。

　対照的に、それぞれの市場の特殊性に敏感で、それにすばやく対応できる企業は、グローカリゼーションの利益を手にすることができる。それは中心的な商品以外の隙間を追求するときに実現されることもある。

　中国で英語教育の需要の高まりに気づいたウォルト・ディズニー社がその例である。同社は地元の定評ある教育会社との提携を通して、ディズニー・イングリッシュを設立した。上海に最初のディズニー英語センターがオープンしたのは2008年であるが、本書の執筆の時点では中国全土でその数が29になっている。

　グローカリゼーションの法則はバーチャルな市場にもあてはまる。中国版LinkedInであるTianji（天際）は小宇宙におけるグローカリゼーションである。この中国最大のビジネス・ソーシャルネットワークの成功は、ビジネスモデルを現地の習慣に適応させた結果である（「バーチャル・グローカリゼーション」を参照）。

バーチャル・グローカリゼーション

「中国のインターネットは違う」[59]。Tianjiの創業者であるデレク・リンのこの言葉は、中国市場を支配するソーシャルネットワーク・サービスの背後にあるローカルな知識を言外に伝えている。

Tianjiの大成功を可能にしたのは、中国のビジネスネットワーキングにあてはまる文化的規範を理解していたということである。2012年4月、Tianjiは会員数が1,000万人に達した。しかも、毎月50万人の新しいユーザーが加入している[60]。一方、欧米のライバルであるLinkedInは世界で最も人口の多いこの国で会員が200万人にとどまっている[61]。

中国で生まれ、アメリカで教育を受けたリンによると、LinkedInの検索ベースのモデルは、ビジネスを行う前に個人的な交流をすることにこだわる中国の実業家にはなじまないという[62]。そのため、中国ではLinkedInで作られる緩やかな関係が仕事上の関係に発展するのは難しいのである[63]。

Tianjiはグループ、フォーラム、オンラインとオフラインのイベントを通して会員が互いに知り合うプラットフォームを提供する[64]。「人々が交流し、知り合いになる環境を作り出したならば、ビジネスの部分は自然に進みます」とリンは言う。「[中国の] 人々はいったん心地よい関係ができたらそれをうまく利用することが得意なんです」[65]。

このネットワークは2005年に開始し、わずか2年後にフランスの会社Viadeoに買収された。ViadeoはLinkedInに次ぐ世界第2位のビジネスソーシャルネットワークプロバイダーである[66]。Viadeoが中国市場のために特別に開発された商品を買収したのは、同社が「マルチローカル」アプローチによって世界的拡大を図っているからである。重要なのは、Tianjiを買収するにあたってViadeoがグローカリゼーション戦略に忠実であり続けたことである。Viadeoはリンをそのまま経営トップに残し、中国に本社を置き、100%現地のスタッフによって運営している。

Tianjiとは中国語で「世界的なつながり」を意味する。しかし、このネットワークの成功の秘密はローカルな価値観へのつながりなのである。

グローバリゼーション2.0が持つ意味

　私たちはすでに、グローバリゼーション2.0が欧米企業にもたらす影響をいくつか見てきた。競争の激化、グローバルな影響力の縮小、グローカリゼーションの挑戦、経済や取引の同盟からの排除である。ここで多国籍企業にとっての新しいグローバル環境の意味と、それがリーダーに突きつける要求についてもう少し詳しく考察してみよう。

新しいバランス

　国際的な企業は、ずっと以前から「グローバルに考え、ローカルに行動せよ（Think global, act local）」と助言されてきた。この金言が今ほど適切なときはない。しかし、グローバリゼーション2.0は、戦略のダイヤルを、微妙に、しかし知覚できる程度に、ローカルのほうに動かす。グローバル企業はこれまでよりももう少しローカルに考え、行動することが必要である。

　もはや1つの物差しで万人に対応しようとするのは無理である。これまで見てきたように、中央で集権的に決定を行う仕組みは、ローカルな機会を見つけてそれを利用するまでに時間がかかりすぎるというリスクを持つ。企業はこれまで以上に、グローバルであると同時にローカルな調整を加えた戦略を作り出す必要に迫られている。

　ローカルな戦略はローカルなレベルで練られなければならないが、地域の経営を安価にかつ効果的にするためには全社的資源を利用する必要がある。今後、戦略的な決定のためにローカルな市場の視点から物事を見ることが非常に重要になるであろう。そして、それは従来以上に国境や機能を超えた協力を行う必要性を強化する。組織がより広い視点を求めるようになるにつれて、チームがいっそう多様性を持たなければならなくなる。

また、組織にとってはコンテクストの認識を強化するプロセスを作り上げることも必要になるだろう。ローカルな市場を形作っているユニークな影響力の複雑な網の目について、細やかで鋭敏な感受性を持つことが必要である。こうした影響力は資源とスキルの利用可能性、および文化的規範、行動、好みのインパクトで構成される。それには各地に適用される公的な規則やそれほど公式ではない種々の規則も含まれる。

戦略に重点を置く必要性

　グローバリゼーション2.0は、組織のリーダーに対して認知面と戦略面できわめて大きな要求を突きつける。新しいグローバリゼーションは、無数のローカライズされた機会と脅威で特徴づけられる複雑で多様で予測しにくいビジネス環境を意味する。また、それは複数の領域や文化にまたがって経営を行うためのますます大きな社内外のステークホルダーの生態系を作り出す。これは多くの組織のリーダーにとって未知の領域であり、ビジネスリーダーにとって知的な試練を新たなレベルに押し上げる。

　この新しい世界では、改めて戦略に重点を置くことも必要となる。これまでの経験から言うと、リーダーにとって戦略を立てるのは難しい部分ではなかった。難しいのはそれを実行することである。しかし、経済的パワーの移動、中間層の拡大、グローカリゼーションの要求により、これからは新たな戦略と新たな経営モデルが求められる。

　企業はグローバルな規模を利用する能力を保ちながら、ローカルな感受性といっそうの機動力を持つ必要がある。グローバリゼーション2.0の世界では、適切な戦略を立てることが飛躍的に難しくなるであろう。

グローバリゼーション2.0の要求

　組織とそのリーダーは今、グローバリゼーション2.0がもたらすマクロビジネス環境の先例のない複雑さに立ち向かっている。ここに企業が直面している主要な課題と、こうした課題がリーダーに突きつける要求をまとめておこう。

1. **コンテクストの認識と観念的な思考**　グローカリゼーションをうまく利用するためのローカイズされた戦略的決定ができるようにするには、より機動的な構造が必要である。戦略、ビジネスモデル、運営方法をそれぞれの市場の要求に適応させなければならない。リーダーは自分たちの組織に適した構造を見つけ出し、それを実行するために、コンテクストの認識と観念的思考の高度な能力を発達させる必要がある。

2. **横断的な協力**　ローカルな動きをきめ細かく察知するレーダーの能力を上げるため、それぞれの機能の間でも地域や国の間でも、これまでより深く頻繁な協力が必要になる。グローカリゼーションは、ローカル市場に参入するために従来以上に外部パートナーと協力することを企業に求める。これはリーダーにとって、多くの機能、地域、国、国籍、文化、市場にわたって効果的に管理する能力が不可欠だということを意味する。

3. **多様性**　コンテクストの認識、ローカルな敏感性、国境を越えた協力を強化するためには、多様性に富んだチームが必要になる。それはあらゆる面で、すなわち国籍、民族、文化、年齢、ジェンダー、機能、職歴などの面で多様でなければならない。知的な敏感性と適応性がリーダーにとって必須の特性となる。

4. **ロイヤリティー**　グローバリゼーション2.0によって人材を巡るグローバルな戦いが変化する。社員のロイヤリティーはなかなか手に入らない貴重なものになる。あらゆる新興国で既存の欧米の企業に挑むライバルたちが次々と現れ、有能な従業員と将来のリーダーは世界中の会社の中から働く場所を選ぶことができるようになるからである。人の心をつかみ、感動や刺激を与えてくれるようなリーダーだけが、ロイヤリティーに欠けた人材市場において最高の人材を引きつけ、維持し、会社のために本気で働かせることができる。

第2章

気候変動と資源の欠乏：環境危機

「病んだ星のうえで人が健康に暮らすことはできない」
― トマス・ベリー　文化史学者

概説 ■ 環境危機

5つの基本ポイント

1. **気候変動は現実に起きており、元に戻すことは難しい。** 経済活動の結果としての地球温暖化は、世界中で異常気象を引き起こし、人々の命を奪い、暮らしの場を破壊し、莫大な経済的損害を発生させている。地球の温度は破滅的な水準に近づきつつある。

2. **私たちの生活に欠かせない資源が枯渇している。** これまでの採掘方法による石油供給量は2006年にピークに達している。しかし、地球全体でのエネルギー消費量は今なお増加しており、世界中で何百万人もの消費者が中所得者層の仲間入りをしている。水不足もますます深刻化している。最新技術に不可欠なレアアースは、ますます希少で高価なものとなり、入手が難しくなっている。

3. **こうした事態が壊滅的な状況を招く恐れがある。** 最良の場合でも企業の利益が低下し、最悪の場合には深刻な世界同時不況、飢餓、大規模な社会不安を引き起こしかねない。

4. 気候変動につながる温室効果ガスの排出量を把握する**カーボンフットプリントの取り組みが企業の社会的責任から事業収益の問題となる**。炭素の排出削減は、市場競争力を持つために不可欠な要素となる。そのため組織には、環境への影響を最小限にとどめる文化や事業運営を確立するために、業務プロセスと意思決定に環境に対する高い関心を植えつける

ことが求められる。
5. **これまでと全く違った思考と事業運営が必要になる。**リーダーはこれまでとは全く違った考え方をし、そうした根本的な変化の根拠を明確に伝え、そのビジョンを確実に実行しなければならない。必要とされる革新的な解決策を見出すために、競合との共同事業も含めた新たな協働のあり方が求められる。

ビジネスリーダーが考えるべき5つの問い
1. わが社では環境問題がどの程度認識されているか。
2. わが社の利益は化石燃料とレアアースのコスト上昇によりどのような影響を受けるか。
3. わが社は環境にやさしい文化や持続可能な事業運営をさらにどの程度、推し進める必要があるか。
4. わが社は環境災害によって引き起こされる事業の混乱に備えてどのような危機管理計画を定めているか。
5. わが社はそうした対処が難しい問題への解決策を見つけるために、協働のあり方をどのように模索すべきか？

「ドアは閉まりつつある（中略）私たちがエネルギーの使い方を今変えない限り（中略）ドアは永遠に閉じてしまう」。

将来の環境に関するこの過激なまでの警告は、環境保護団体や再生エネルギーの推進を求める圧力団体の偏った誇張表現ではない。これは国際エネルギー機関（IEA）のチーフエコノミスト、ファティ・ビロルが熟慮の末に発した言葉である[1]。

IEAによると、世界中で憂慮すべきペースで、化石燃料を燃焼させる新しい発電所が建設されている。このペースで行けば、2017年に地球温暖化による気温上昇が2℃を超えるであろう[2]。2℃というのは、破滅的な気候変動を避けるために科学者が必要と考えている「限界

値」であるため、地球の平均気温の上昇を2℃以内に抑えることが目標とされている。

　この厳しい結論は、世界のエネルギーの予測と分析に関する権威ある情報源として広く認識されているIEAの年次『世界エネルギー白書』に述べられている。その2011年版によると、気候変動は元に戻すことが難しい地点に達する寸前まで来ている。今を逃せば、それを食い止める最後の希望が永遠に失われてしまうとこの白書は訴える[3]。

メガトレンド：環境危機

　ときに誇大な表現に陥ったり終末論的なシナリオを用いたりすることなく環境の問題を論じるのは難しい。しかし、環境危機は我々が検討すべきメガトレンドの中でおそらく最も深刻で重大であり、経済的繁栄と発展が拠って立っている基盤そのものに疑問を投げかける。そのため地球の社会と繁栄にとって（ゆえに企業とそのリーダーにとって）、重大な意味を持っている。

　しかし、意外にも環境問題がリーダーシップ論の中で考慮されることはほとんどない。それはおそらく組織にとっての影響があまりにも大きく、人類にとっての意味があまりにも恐ろしいからであろう。企業は、CSR（企業の社会的責任）活動の一環としてチェックボックスに印をつけ、炭素排出を相殺するための支払いをする以外には、環境の問題を「対処するには難しすぎる問題」のカテゴリーに入れてしまいがちである。

　しかし、危険が近づくと砂の中に頭を隠すダチョウのように現実から目をそらすアプローチは、まもなく通用しなくなるだろう。地球が直面している環境危機は複雑な要因の網の目でできている。この章ではそれらのうちの2つ、地球温暖化による気候変動と、天然資源（主に石油、水、レアアース）の不足の深刻化について詳しく見ていく。後

ほど説明するように、それらの進展は互いに密接かつ動的に関連し合っている。しかし、まずはそれぞれの問題について個別に考察してみよう。

疑う余地のない真実

　環境危機というメガトレンドを詳細に検討する前に、気候変動が実際に起こっているのか否かという議論に決着をつけておきたい。本書では、人間が引き起こした気候変動は現実に起きているということを前提とする。グローバリゼーションと同様に、それは既定の事実である。

　地球の気温が上がっているということには議論の余地がない。非政治的で（多くの場合に）、環境保護団体ではない信頼できる独立したさまざまな組織が、気候が変化しているという数々の証拠を提示している[4]。特定の立場に属さない真面目な科学者や研究者の中でこれに疑問を投げかける人はほとんどいない。

　しかし、特にアメリカで、少数だが影響力のある人々が、気候変動は気候パターンの自然な変動ではなく人間の活動の結果であるという広く受け入れられている認識に異議を唱え続けている。しかし、こうした意見を述べる人の中には、信頼できる科学者や気候学者はほとんどいないと多くの人が考えている。意義を唱える科学者や気候学者の大部分は保守的な圧力団体のメンバーか政治活動家である[5]。

　実際に地表面の平均温度は、ここ100年間におよそ0.8℃上がっている。そして本当に恐ろしいのは、**その上昇のおよそ４分の３はここ30年間に生じている**ということである[6]。

　2007年にノーベル平和賞を共同受賞した「気候変動に関する政府間パネル」（IPCC）は６年前に、「過去50年間に観察された温暖化のほとんどは、温室効果ガス濃度の上昇によるものと思われる」との結論を出した。IPCCは、地球温暖化の監視を行うことを責務として世界気象機関と国連環境計画によって設立された組織である。IPCCは温室効果ガスの濃度上

昇の原因について疑いを持っていない。はっきりと「人間の活動が（中略）大気の成分の濃度を変化させている」と述べている[7]。

2007年IPCCは、気候変動が人間の作り出したものであるということは「90％確実である」と宣言し[8]、大気中に最も多くの炭素を排出しているのはエネルギー供給であると指摘した[9]。

最近、アメリカ海洋大気庁（NOAA）とイギリス気象庁が行った共同研究では、それぞれの気候災害と人間が引き起こした気候変動の因果関係が示されている[10]。また、アメリカ全国気候評価・開発諮問委員会の2013年の報告書には、「人間が引き起こした気候変動」のせいで、気温の上昇、海面と海水温の上昇、頻度も激しさも増している冬の嵐、および積雪・氷河・永久凍土層・海氷の減少など、さまざまな異常事態が生じていると明白に述べられている[11]。

温暖化の進行

2012年夏、アメリカは多くのメディアが「ダストボウル」の再襲来と命名した砂嵐を経験した。公式の数値によると、アメリカ本土の3分の2近く（8つの州[12]を丸々飲み込む地域）が渇水を経験した。およそ4分の1の地域はきわめて激しい干ばつになった[13]。

気温は1930年代の「ダストボウル」のときに作られた高温記録を抜いた。2012年7月はアメリカ史上最も暑い月になり、平均気温が1936年7月のダストボウル時の気温を0.2度も上回った[14]。そして2012年は、アメリカ史上最も暑い年となった[15]。

もちろん、単一の異常気象は必ずしも気候変動を示すわけではない。しかし、アメリカだけでも、2011年に12件の気象災害が発生し、10億ドル以上の被害を出すという未曾有の事態となった。しかも、年間の気象災害数が過去2番目に多かったのは、9件の気象災害が発生した直近の2008年である[16]。

世界全体を見渡せば、ここ10年、そのような異常気象が恐ろしいほどたくさん起きている。たとえば、2003年には長期にわたる熱波がヨーロッパを襲い、7万人が死亡した。2年後、ハリケーン・カトリーナがニューオーリーンズに壊滅的な被害をもたらした。2007年には、ギリシャで先例のない山火事が起きた。2009年には、オーストラリアで干ばつと記録的な高温によって森林火災が起き、100人以上が死亡した。

　翌年、ロシアを記録史上最悪の熱波が襲い、山火事の煙がモスクワを覆った。火は複数の原子力施設のすぐ近くまで迫った。同じく2010年、パキスタンの洪水で1,000人以上が命を失い、数百万人が住む場所をなくした。中国で起きた鉄砲水も、同様に悲惨な結果をもたらした。ドイツ、ポーランド、チェコ共和国でも深刻な洪水が起きた[17]。

　イギリスの2012年は、『サンデータイムズ』紙の表現を借りると、前例のない「極端が重なり、気象が狂った年」であった。ほとんど史上最高に近い暑さと寒さに加えて、水不足に続く大雨により、史上2番目に降水量の多い年になった。イギリス気象庁は、さらに極端な異常気象がやってくると警告している[18]。

　同じ年の秋、記録の残る限りで最大の大西洋の嵐がアメリカのほぼ全土で荒れ狂った。このハリケーン・サンディは、アメリカ史上最悪から2番目という500億ドルの被害を出した[19]。さらに2013年、再びオーストラリアで森林火災が起こり、シドニーは、45.8度というこれまでで、最も暑い日を経験した[20]。

　科学者は今、そのような異常気象の発生と人間の活動による気候変動との関連を証明し始めている。2012年に『サイエンス』に発表されたある研究は、地球温暖化が海水の蒸発と降雨のサイクルを劇的に加速しており、それがある場所では干ばつを、ある場所では洪水を引き起こしていると示唆している[21]。

　ほぼ同時期に行われたNOAA（米国海洋大気圏局に所属する気象衛星）

とイギリス気象庁の研究も、いくつかの注目すべき気象事象はほぼ間違いなく人間の活動が原因だと主張している(「疑う余地のない真実」のセクションを参照)。この研究では、記録が残っている150年ほど前から現在までのイギリスで特に暑かった11月について調べ、これは自然の気象パターンの結果であるよりも、人間の活動の結果である可能性のほうが少なくとも60倍高いと結論した。同様に、2010年夏にテキサスの農作物に壊滅的被害を与えた熱波は、人間の活動が引き起こした気候変動の結果である可能性がおよそ20倍高いことを示した[22]。

つまり、私たちは18世紀半ばに初めて化石燃料が産業革命に火をつけて以来、ゆっくりと地球を暖め続けてきたということである。そのとき以来、技術的な進歩によって、私たちは目も眩むばかりの数の製品を発明し、製造し、何億もの家や職場を暖め、より遠くへ、より簡単に、より安く移動し、選択の幅を拡大してきた。当然ながら、これはますます多くの化石燃料を燃やし、温室効果ガスを大気中に出してきたということを意味する。

過去200年間、先進国は、有史以来のどの時期よりも多くの1人当たりエネルギーを消費してきた[23]。世界全体での化石燃料からの炭素排出は1900〜2008年の間に16倍に増え、1990〜2008年だけでおよそ150%増えた[24]。これが過去1世紀の間に地球表面の温度を0.8℃上げたのである。国連は、現在の排出レベルが続けば気温はさらに2.5〜5℃上昇するであろうと予測している。2℃という一般に受け入れられた安全の限界値をはるかに超えてしまうのだ[25]。

世界銀行も同じ予測をしている。2012年11月に世銀がポツダム気候影響研究所に委託した包括的な研究は、各国が炭素削減の国際的な合意を達成したとしても、地球の温度は2100年までに4℃上がるだろうとの結論に至っている。それはいっそう激しい熱波、食料供給の減少、生態系の破壊、生物多様性の減少、海面の破滅的な上昇を引き起こすであろう[26]。

しかし、現在の排出レベルを維持することすら手に負えないほどの難題であり、ましてや国際条約に従って排出量を削減するのはきわめて難しい。前述したように、今日の温室効果ガスの最大の発生源（現在の炭素排出の4分の1以上の原因）はエネルギーの供給である[27]。しかも、新興国の工業化により、エネルギーの世界的な需要は急拡大している。こうした状況を放置し続ければ、エネルギー消費の増大は、2030年まで二酸化炭素（地球温暖化に結びつく主たる温室効果ガス）の排出を毎年1.6％ずつ増加させるであろう[28]。

工業化の発展を別にしても、温室効果ガスの排出はすでに先例のない速度で増加している。グローバル・カーボン・プロジェクト（GCP）の推計によると、2012年の世界の二酸化炭素排出は356億トンという過去最大の量に達した。前年に出されたIEAの厳しい警告と同じく、GCPも温暖化を2℃以内に抑制できる可能性は下がっていると警告している。この研究の著者の1人は、2℃以内という目標を達成するには、「まだ開発されていない技術に頼るしかない」と述べている[29]。このような厳しい現実を示す証拠を目の前にして、一部の先進的な科学者たちは人類にとって悲惨な結末を予測し始めている[30]。

石油のパラドクス

アメリカのゴルファーは1年間におよそ3億個のボールをなくす[31]。そのボールの1つひとつが石油化学によって作られる合成ゴムのポリブタジエンを含んでいる[32]。これは石油に依存するたった1つの製品が1つの国で1年間に失われる数である。この数値から世界で1年間に生産されるゴルフボールの数を考えてみよう。さらに、世界の工業製品の90％は石油を必要とすることを考えてみよう。世界中で一体どれだけの石油が使われているのだろうか[33]。

人間の経済活動がいかに石油に依存しているか、いくら強調しても

しすぎることはない。石油は生産、輸送、移動の燃料を供給する。家や職場を暖める。プラスチックの原料として、何百万もの製品の基本資材となる。そして、今、それが底をつき始めている。

IEAによると、ピークオイル、すなわち世界の石油の生産量が減少に転じるポイントに達したのは2006年であった[34]。もしもこれが本当ならば[35]、毎年地中から採取される従来型の原油量はすでに減っていることになる[36]。

ピークオイルの結果を過小評価することはできない。世界の消費量が一定のまま保たれるという全く非現実的な仮定に立ったとしても、現在の石油の埋蔵量は40年分もないのである。2010年、気候変動の議論に特定の思惑を持たない組織であるドイツ連邦軍変革センターの未来分析部から漏えいしたある報告書は、ピークオイルの結果、地球の経済活動は壊滅的な影響を受けると予測している[37]（「痛みの連鎖反応」のセクションを参照）。

これは恐ろしいことである。しかもこのピークオイルは、問題の半分でしかない。世界の石油供給は頂点に達しているかもしれないが、需要の頂点からはまだまだ遠いのである。IEAは、世界のエネルギー消費量は2008～2035年の間に36％増加すると予測している[38]。

この非情な世界的パラドクスの中、ピークオイルはアジアでグローバリゼーション2.0が離陸したタイミングでやってきた（第1章参照）。世界の多くの地域における経済の加速が、かつてなく大きな石油需要を作り出している。

アジア、ラテンアメリカ、アフリカの何十億もの人々が、急増する富を享受し、さまざまな製品を大量に求めている。そしてその生産と輸送のためには石油が必要とされる。その結果、1990年には世界のエネルギー総需要の半分以下であった非OECD諸国の需要が、2030年にはおよそ3分の2を占めるまでになると予測される[39]。

新しい石油供給源の問題

　従来の採掘方法による原油供給の減少は、世界の関心を他の方法によるエネルギー供給に向かわせている[40]。それは油井掘削以外の方法で採取される石油である。代表的なのはオイルサンドとオイルシェールである。

　これらの石油供給源にも問題がないわけではない。第1に、従来の方法に比べてはるかに効率が悪く、はるかに大きなコストがかかる。これらの採取方法では、すぐに精製できる原油を産出できないからである。精製して石油を取り出せるようになるまでに相当な加工が必要である。それは最終的に生産されるエネルギーのおよそ30％を消費する[41]。

　この付加的なコストは、少なくとも当分の間、こうした石油供給源の経済的妥当性に疑問を投げかける。商業的に妥当なものになるためには、長期間にわたって原油価格が高騰していなくてはならない。もちろん、ピークオイルが導く暗い未来を考えると、長期的にはこれが現実的な代案の1つかもしれない[42]。

　新しい採掘方法のもう1つの問題は、少々皮肉なことに、この石油を採取するプロセスが大量の石油を必要とすることである。これらの石油源から石油を取り出すには高い熱が必要だからである。

　最後に、これらの採掘方法では大量の水を使用する。そして1度使用された水には大量の有害物質が含まれるため、安全な飲み水の水源を枯渇させる。オイルサンドの商業生産が行われている唯一の国、カナダのアルバータ州では[43]、オイルサンド生産に使用される水は主にアサバスカ川から採取しているが、この地域ではこの事業から出る廃水やその他の汚染物質が地下水にしみ出している。

　また、このプロセスでは化石燃料を燃焼させることも必要である。そのためアルバータ州のオイルサンド採取による温室効果ガスの排出

量は、従来の採取方法の3倍にのぼっている。カナダでは他のどこよりもアルバータで深刻な大気汚染が生じているのである[44]。

しかも、たとえこうした課題が効率的に解決されたとしても、新しいエネルギー供給源は、ますます深刻になる化石燃料の欠乏を解決する万能薬にはなりそうもない。それはエネルギー供給の減少を遅らせるだけであり、それもおそらくはあまり長い期間ではないと思われるからである。アメリカでは、シェール破砕による石油生産のピークは、2020年にも到来すると考えられている[45]。

飲料水の不足

原油がなくなった後の生活の見通しは暗澹(あんたん)たるものだが、これはまだ想像の世界にすぎない。しかし、水の不足が人間の生活に与える悲劇的な影響については、私たち人類はすでに十分、経験している。

国連児童基金(UNICEF)と世界保健機関(WHO)は、2012年というここ最近になっても、世界人口の11%(およそ7億8,300万人)が安全な飲料水を手に入れることができない状況にあると推定している[46]。国連によると、2006年、世界の人口の5分の1が非常に深刻な水不足に直面していた[47]。恐ろしいことに、現在の消費パターンに基づくと2025年には、この数字が3分の2に膨れ上がると予測される[48]。

しかも石油と同じく、水の不足は需要の爆発的増大によっていっそう悪化する。人口の増加により、現在から2030年までの間に世界の飲料水の消費量は、300%増加するであろう[49]。

レアアースの独占

「レアアース」とは、少なくとも1つの意味で矛盾した語である。レアアースは決してレアではなく、地殻中に豊富に存在するからであ

る。銅、ニッケル、亜鉛などのよく知られた資源と同程度に豊富にある。しかし、レアアースは存在量は多くても、経済的な採取可能性という意味で希少である。地球上に1億1,400万トンあると推定される埋蔵量のうち、毎年12万5,000トンしか採掘されていない。わずか0.1％ほどである[50]。

地理的な分布という意味ではさらに希少である。採掘が行われている場所は世界のごく限られた地域にしかない。事実上、世界中でほとんど1カ国だけといってもよい。現在、中国が世界の生産量のおよそ90％を占めている[51]。かつて鄧小平が述べたように、「中東は石油を持っている。中国はレアアースを持っている」のである[52]。

石油と同様に、先進国はレアアースに完全に依存している。それは自動車からコンピュータや携帯電話まで、私たちが日常に使用している何百もの製品に不可欠の材料である。また、飛行機、医薬品、原子力発電など、現代生活に欠かせない多数の分野で高度に技術的な応用がなされている（「ありとあらゆるところに使われているレアアース」のセクションを参照）。ロイターは2009年に、数年以内に世界全体でのレアアースの需要が供給を年間4万トンほど上回るだろうと警告した[53]。

10分の9を1つの供給源に依存する商品の需要が急増しているということは、需要と供給の法則によって価格がどんどん上がるということを意味する。2つのレアアース、磁石を製造するために使われるネオジムとジスプロシウムの中国の輸出価格は2005～2011年のわずか6年の間に6000％近く上がった。その後、2011年末からの18カ月間で、ネオジムの価格は10倍、ジスプロシウムの価格は15倍になっている[54]。

ありとあらゆるところに使われているレアアース

　ほとんどの人はおそらく、レアアースの名前を1つでも挙げよと言われたら困惑するだろう[55]。イッテルビウムやプラセオジムなどという名前はほとんど発音もできないし、ビールを飲みながらの会話に出てくることはない。しかし、気がついていないが、私たちはみなレアアース依存症である。これがなければ、とにもかくにも現代生活を送ることができないのである。

　レアアースは野球のバット、自転車、電球、LED画面、ブラウン管、携帯電話、自動車、カメラや望遠鏡のレンズ、色ガラス、陶器、磁石、たばこのライター、マイク、拡声器、ヘッドフォン、コンピュータのハードディスク、蛍光灯などに使われている。また、航空機の部品、炭素アーク灯（フィルムの製造に使用されている）、レーザー、原子炉、舶用推進システム、光ファイバーケーブル、高温超伝導体、風力発電装置など、驚くほど多くの特殊な機器や専門的装置に使われている。さらに、医薬品、MRI装置、X線撮影装置、がんの治療など、医療分野でも幅広く使用されている。

　たとえば、拳銃の中など思いがけないところにも、レアアースは顔を出す。ユーロ紙幣に偽造防止のために施されている蛍光インクにユーロピウムというぴったりの名前のレアアースが含まれている。ユーロ圏に暮らす3億3,000万人以上の人々は、それを財布の中に入れて毎日持ち歩いているのである。

　この章の趣旨からいうと皮肉なことに、レアアースは環境への影響を最小にしようとする自動車業界の努力においても、中心的な役割を果たしている。触媒コンバーターに使われ、燃費を最大にするうえで活躍している。ハイブリッドカーでもレアアースは重要な要素である[56]。たとえば、トヨタのプリウスでは、バッテリー、電気エンジンと発電機、触媒コンバーター、25の電動機、ガラス、ミラー類、LCD画面などに使われている。さらにディーゼル燃料の添加物でもある[57]。

表面化しつつある緊張

　地表や地中にある不可欠な資源の不足は、大きな国際的緊張、あるいは紛争を生み出す危険をはらんでいる。この懸念は、水不足に関して書かれた上述の国連報告書の中で示されている。

　しかも、減少する資源の供給に偏りがあることは、まず間違いなくこのリスクを強化する。石油のおよそ85％、天然ガス埋蔵量のおよそ93％は発展途上国にある[58]。ピークオイルの後、最終的に油脈が残るのは、ほとんど中東だけになるだろう[59]。

　経済学者も軍事戦略家もこのシナリオが示唆する世界の力関係のシフトに注目している。経済学者であり、政治アドバイザーでもあるジェレミー・リフキンは、著書『水素エコノミー』で、このシフトが地球上のあらゆる国の経済と政治の安定を脅かす恐れがあると警告している。前述したピークオイルに関するドイツ連邦軍の報告書は、これらのリスクについて驚くほど詳細に分析している[60]（「痛みの連鎖反応」のセクションを参照）。

　レアアースの供給を中国が支配していることは、すでに国際的な議論を引き起こしている。中国はときとして鉱山を閉鎖したり、生産量に上限を設けたり、輸出を制限したり（2010年だけで40％削減[61]）、埋蔵量の減少と環境問題を理由として日本、ヨーロッパ、アメリカへの出荷を停止したりしている。世界貿易機関は、こうした政策の一部は不当であると宣言しているが、その裁定を中国は拒否している[62]。

　地政学的な緊張をいっそう高めているのが、一部の政府と国際投資家が「土地収奪」をしていると非難を浴びていることである。金融危機の影響が残る中、活動家グループGRAINは、国際的な金融機関に加えて中東やアジアの資金力のある政府が、貧しいが資源を豊富に持つ国の農地を取得していると主張した[63]。続いて出された世界銀行の報告書も、同様の動きについて詳しく取り上げている[64]。一部の国は

自国の食料供給を安定させるために、他国の農地と水源を買おうとしている。銀行、ヘッジファンド、年金基金などにとっては、金融危機によって引き起こされた混乱の中で、比較的安全な投資先からの利益を最大化するという単純な理由ではあった。しかし、これは事実上の、食糧生産のアウトソーシングとなっている。

痛みの連鎖反応

飢餓、国の財政破綻、資本主義制度全体の崩壊、安全保障の脅威——そのような暗い将来展望が軍事戦略の冷静な分析から導かれると予想する人はあまりいないのではないだろうか。しかし、2010年に出されたドイツ連邦軍変革センターの報告書には、ピークオイル後の驚くような結果の一部としてこうした予測が記述されている[65]。この報告書は、石油に代わって世界の経済・社会システムの潤滑油となる実現可能な選択肢が見つけられない場合に起こりうる、長期にわたる恐ろしい連鎖反応を描き出している。

- 石油価格の上昇は消費と経済生産を減少させ、広範にわたる景気後退を引き起こす。輸送コストの上昇がすべての財とサービスの価格を上げ、世界貿易を抑制し、移動の能力を大幅に低下させ、経済の低迷を激しくする。すべての先進国で失業率が大幅に上がる。
- 食料の生産と流通に問題が生じる。深刻な財政難に陥った場合、食糧供給の確保と従来の採掘方法による石油供給の代替物への投資を両立することが難しくなる。一部の国は必要な食糧を買うことができなくなり、飢餓に襲われる。
- 地球の経済縮小に終わりが見えず、利益が望めないため、商業的な投資が干上がる。銀行は取引を行う基盤を失う。金融市場、証券取引所、銀行システム全体（「グローバル経済の屋台骨」）がすべて崩壊する。
- 貨幣の価値維持機能に対する信頼がなくなる結果、バリューチェ

ーン（価値連鎖：企業の活動が最終的にどう貢献するのか体系的に検討する手法）が崩壊し、ハイパーインフレーション（急激にインフレが進むこと）が起こり、ブラックマーケットが生まれる。地域に物々交換経済が出現する。
- 国の税収がなくなる。インフラはそれを維持するための資源がなくなるために荒れ果てていく。
- 国の機関とそれらの問題解決能力に対する信頼が危機的状況になるために、政治的な不安定さが増し、過激な思想が広まる。

　この報告書は、「減少し、偏在する資源をめぐる争いの激化」とともに、この「高度に不安定な」状況が内乱や国際紛争の見通しを複雑にし、その危険性を高めると警告している。石油の争奪戦を繰り広げる石油輸入国同士の間でも、有利な地位を確保しようとする輸出国同士の間でも、また輸入国と輸出国の間でも、政治的な衝突が勃発するであろう。内乱も頻発すると思われる。
　この報告書はさらに、「他の安全保障の問題ならば結果が想像できる」が、ピークオイルの結果は誰にもわからないと認めている。

負のスパイラル

　これまで述べてきた流れ（気候変動、異常気象、石油や水やレアアースの不足）は、それぞれ単独でも非常に心配な問題である。しかし、言うまでもなく、それらは個別にやってくるのではない。互いに密接に関連し合い、それぞれが他のものを強化し、環境危機を悪化・加速させる。また、それぞれは世界人口の増加と新興市場における富と消費の拡大によって、さらに激しくなる。
　食料、水、エネルギー、生産の世界の需要はこれからも拡大し続けるであろう。食料の需要増大は、より多くの農業生産を必要とし、それはより多くの水を使用し、いっそうの森林減少を引き起こす。これ

も温室効果ガス排出の大きな原因の１つである。また、森林減少にはそれ自身の脅威がある。気候問題の専門家は、アマゾンの森林減少がいわゆる貿易風のパターンを変化させ、メキシコ湾流の流れに影響を与えると考えている。これはさらに多くの異常気象を引き起こし、ヨーロッパにこれまで以上に厳しい冬、ブラジルに干ばつをもたらす恐れがある[66]。

ますます豊かになる消費者の存在は、生産に拍車をかける。より多くのエネルギーが必要となり、化石燃料を燃やす必要性や、石油やレアアースを使用する必要性が高まる。それはより多くの温室効果ガスを大気中に放出し、さらに地球表面の温度を上げ、干ばつと洪水を激化させ、作物に壊滅的な打撃を与え、工場や原子力発電を含む発電所を脅かす。

生産と消費の拡大は大量の廃棄物も生み出す。それは何らかの形で処分せざるを得ず、必然的に土地、水、空気が汚染される。たとえば、中国における大気汚染のレベルは、WHOのガイドラインで定められている基準の５倍以上である。2007年、中国政府の要請を受けてコストの推定を行った世界銀行は、中国経済における大気汚染と水質汚染のコストがGDPのおよそ5.8％にあたると結論した[67]。

生産と消費の拡大から生じる温暖化は極地の氷も溶かす。1880年より海面水位は20センチ近く高くなっている。海面がさらに50センチ高くなれば、海岸の低地に暮らす人々、すなわち世界人口の10％が住まいを失う。

かつて幾多の物語を生み出した北極海の北西航路の氷は長年にわたって減少している。そのためこの海峡がどんどん航行可能になっており、国際的な緊張を引き起こしている。2010年、北極海の氷が６月としては記録的な少なさになった[68]。カナダ軍はその海峡を「カナダ内水（Canadian internal waters）」と「名称変更」し、大西洋と太平洋を結ぶこの戦略的・商業的に重要な航路の領有権を明確に主張した。こ

れはここを公海と考える他の多くの国との間に緊張を生んでいる[69]。

　気候変動はロシアの北の北東航路にも、同様の影響をおよぼしている。2013年8月、1隻の貨物船が中国からオランダに向けて出港した。氷が減って通れるようになったこの航路を利用する初めての中国船である。この会社はこのルートならば、中国とヨーロッパの間の航海を最大15日縮めることができると主張している[70]。

　極地の氷の融解がもたらす影響は、政治的ないざこざや壊滅的な海面上昇にとどまらない。氷の消滅は地球の気候システムをいっそう混乱させ、温室効果にきわめて大きく寄与する。それは海の温度を変化させ、蒸発のサイクルをさらにゆがめる。また、永久凍土に閉じ込められていた大量の二酸化炭素とメタンを放出する。それは利用できる航路が増えるという商業的な利益を帳消しにしてしまう。2013年7月の『ネイチャー』に発表され、『ガーディアン』紙に取り上げられた研究は、北極の氷の融解から放出されるメタンがさらに大きな気候変動を引き起こし、世界経済に60兆ドルもの損害をもたらすと警告している[71]。

環境危機が持つ意味

　環境危機の結果は、その規模も重大さも複雑さもほとんど推測不能である。しかし、ビジネスリーダーたちはそれを推測しなければならない。いずれ消費者はこの危機に対処することを産業界に要求するようになるだろう。市場も政府もそれを要求するに違いない。気候変動のロジスティック面への影響からも、企業はそれに対処せざるを得なくなる。

新たな出発

　最終的に、企業には環境に関連する領域における倫理的な行動のあ

り方について大きく変化することが求められる。カーボンフットプリント（炭素の足跡：温室効果ガスを含めたCO_2換算量）にどのように対処するかは、単純にCSRの問題ですまなくなる。それは企業の競争力を決定し、ゆえに業績結果を左右する問題となる。二酸化炭素の排出を埋め合わせるために木を植える費用を支払うだけではなく、純粋に炭素の使用を大幅に削減することが不可避である。企業は自分たちが環境におよぼす影響を最小にするために仕事の仕方を根本的に変化させ、現在利用している資源に代わる新しい持続可能な技術を追求しなければならない。

これがすでに始まっていることを示すサインがある。KPMG（オランダに本部を置く知的専門家集団）によると、大企業の3分の2は2011年までに持続可能性の問題だけに焦点を絞った報告書を出しており、さらに12％が2年以内にそのような報告書を出すことを計画している[72]。2009年、ダウ・ジョーンズは、サステナビリティ・インデックスを開始した。これは環境、社会、経済のレンズを通して世界の大企業の株価パフォーマンスを分析するものである。

いわゆるクリーンエネルギーの世界市場が活況を呈しているのも重要なサインである。2011年、バイオ燃料、太陽エネルギー、風力発電、太陽放射エネルギーによる太陽光発電の世界全体での売上が30％近く増加し、前年の1,880億〜2,460億ドルになった[73]。興味深いことに、国連とフランクフルト・スクール・オブ・ファイナンスの共同研究によると、中国は化石燃料を貪欲に消費する一方で、2011年には再生可能エネルギーに世界最大の投資をしている[74]。

加えて、フォードや中国政府のような大きくて多様性のある組織が「ゆりかごからゆりかごへ（C2C）」のような環境にやさしい設計・製造アプローチを実験している。これはリサイクルにとどまらず、廃棄物を完全になくし、製品が環境に対して再生効果を持つようにするものである（ケーススタディ「リサイクルから再生へ」を参照）。

ケーススタディ ■ リサイクルから再生へ

「成長は良いものだ。問題は何を成長させるかだ。貧困か、それとも繁栄か」[75]

— **ウィリアム・マクダナー**　クレードル・トゥー・クレードル・
　　　　　　　　　　　　　　　プロダクツ・イノベーション研究所の共同創業者

　フォードの幹部はかつて、ミシガン州にある自社の古びたリバールージュ工場を「21世紀には、もはや受け入れられないもの」と表現した[76]。以前にはアメリカ最大の産業拠点であったが、施設の多くが時代遅れとなり、1980年代には発がん性物質で汚染されていた[77]。

　しかし、それは昔のことである。1990年代後半に大規模な改修が行われ、600エーカーの最新のセンターが作られた。『Architectural Record』はこれを「21世紀の製造のモデル」と呼んでいる。目玉はセダム（植物）でできた10エーカーの「生きた屋根」である。これは雨水を蓄え、浄化し、ビル内部の温度を調整する。その結果、エネルギーのコストが7％削減され、空気の質が40％改善された[78]。この屋根は年間750億リットルの雨水を浄化する1,800万ドルの雨水処理システムの一部である。このおかげでフォードは機械的な処理施設を作る必要がなくなり、年間5,000万ドルを節約している。

　リバールージュの複合施設は、環境への影響を小さくするだけではない新しい設計と生産のアプローチの1例である。C2Cは、環境への害を完全に避けるだけではなく、再生効果によって地球に戻すものを作り出すことを目指した持続可能な設計方法である。

　C2Cは、生物学的なプロセスを再現できるように綿密に考えられた生産方式を再構築するために設計する考え方である。使用されるすべての物質は地域の自然環境の中で分解されなければならず、それは土壌に栄養を与えるか、そうでなければ環境への影響がなく、質や完全性を損なうことなく再使用できなければならない。

　この概念を発案したのは、ドイツの科学者マイケル・ブラウンガート

とアメリカの建築家ウィリアム・マクダナーである。彼らが設立したクレードル・トゥー・クレードル・プロダクツ・イノベーション研究所を通して、C2Cは正式な認証プログラムとなっている。彼らによると、この研究所はこれまでにおよそ400の製品の認証を行い、1,300万トンの炭素排出を削減し、450トンの有害廃棄物をなくしたということである。

　リバールージュ複合施設の再生が成功したのに続き、フォードは自動車の生産設計にもC2Cを取り入れている。この自動車巨大企業は、創業百周年を迎えた2003年、モデルUコンセプトカーを発表した。モデルUは水素を動力源とする内燃機関で走り、ハイブリッドの電気式変速装置を搭載している。シートの詰めものや後部扉には大豆を原料とする素材が用いられている。この車は生産だけではなく利用の面でもC2Cである。変幻自在のこの車は、所有者のライフスタイルの変化に合わせてSUV（スポーツ用多目的車）からピックアップトラック（キャビン以降に開放式の荷台があるトラック）に変化させることができ、買い替えの必要性を低下させるのである。

　設計理念としてのC2Cは、製品、建物、さらにはコミュニティ全体まで、ほとんどすべてのことに適用できる。たとえば、スイスの企業Rohner Textilは、天然繊維で作られた綿の代替品による多様な織物を開発した。これは農薬の必要性をなくし、水の使用を大幅に削減している。同社の製造プロセスには有害物質を一切使わず、その素材は土中で100％生物分解される。

　研究機関の建物も、C2Cの原則に従って設計されるようになっている。たとえばカリフォルニアのライル再生研究センターや、オランダにいくつかの住宅やコミュニティの共同ビルを持つオランダ生態学研究所などである。中国政府もC2Cに強い関心を示している。ただし、マクダナーとの協力で黄柏峪（Huangbaiyo）に持続可能な村を建設する試みは成功しなかった[79]。

　もちろん、認証された400の製品だけで、設計、製造、建設方法の環境革命ということはできない。C2Cは環境への悪影響を削減する多くのアプローチの1つにすぎない。しかし、これはクリーンテクノロジー

を探索するうえで大きな一歩となる可能性がある。少なくとも理論的に、地球に対する人間活動の影響を削減するだけではなく、逆転させる力を持っているのである。

環境危機はモラルだけの問題ではない

　クリーンテクノロジーは組織がより持続可能な形で経営するための新たなきっかけとなるだろう。しかし、結局のところ企業は企業固有の環境に対する倫理観か、市場経済の法則のいずれかによって動かされる。

　一部の企業はできる限り持続可能な形で経営し、生態系への影響を最小にし、地球の将来を守りたいという望みが明らかに企業活動の根底にある。こうした企業にとって、環境に対する倫理観は創業理念に含まれており、環境保護はCSRの実行や市場への対応ではなく、基本原則である。「環境にやさしい」ことが企業のDNAの中に刷り込まれている。これまでに見てきたように、一部の組織は実際に地域の環境を再生させるために製品と経営を設計している（ケーススタディ「リサイクルから再生へ」を参照）。あるいは、環境だけではない社会的な善（ソーシャルグッド）を利益の最大化よりも優先する低利益法人として設立されている会社もある。アメリカのいくつかの州は、低利益有限責任会社（low-profit limited liability company）「L3C」を合法的な企業形態の1つとする法律を可決している。

　しかし、すべての企業に固有の環境に対する倫理観を動機として活動するよう期待するのは甘い考えであろう。それは資本主義のルールを放棄するようにと求めるのに等しく、企業にとって自殺行為となりかねない。

　組織が環境意識を強める理由は大まかに2つある。1つは道徳の観点である。企業が環境問題に対応しなければ、これまで見てきたよう

に、将来の世代の生活は破滅的なものになる。これは環境に対する倫理に基づいて行動する組織にとって十分な根拠であり、多くの場合、そうした組織の存在理由そのものになっている。

　もう1つの理由は資本主義の論理である。これは価格競争と財務実績を最優先する。道徳的な根拠だけではほとんどの企業にとって十分ではない。新たな種類の市場経済「利益という動機が、もはやすべてではない市場経済」を社会が受け入れるようになるまで、ほとんどの企業にとって持続可能な経営の必要性は市場が決定するであろう。

　私たち人間は、できる限り自分たちの生活の質を高めたいと思う。それはお金や物質の面だけではない（これについては第3章で詳しく論じる）。そして、私たちは将来の世代も同じようにすることができると期待している。市場経済では、この不合理とは言えない望みに対応することで企業は利益を追求している。

　環境危機が恐ろしいものとして現れてくるにつれ、この自己利益追求の姿勢が消費者にとって環境問題の優先順位を高めることを期待できる。組織に対して信頼できる真摯な姿勢で持続可能な行動をするよう求める圧力が強まっていくであろう[80]。企業は市場で競争力を維持したいと思うならば、消費者（および従業員と投資家）のこのような要求の変化に対応しなければならない。環境にやさしいことは、ビジネスにとって不可欠の要素になると思われる。

　この優先順位のシフトはすでに始まっているという証拠がある。2010年、シンクタンクのベルテルスマン財団が2,000人のドイツ人とオーストリア人を対象に環境に関する考え方について行った調査は目を見張る結果となった。金融危機の後に行われたこの調査では、回答者のおよそ90％が、将来は環境保護と資源の責任ある使用がこれまでより大きな関心事になるだろうと答えたのである。5分の4の人は、富の増大が資源の効率的な利用や環境へのよりよい対応と切り離せないと考えている。4分の3の人は、物質的な富は将来の世代のために

第2章　気候変動と資源の欠乏：環境危機

環境を保護することに比べて重要性が低いと答えている[81]。

　もちろん、ドイツは環境意識の高い社会として有名である。しかし、環境への意識の高まりはヨーロッパに限られたことではない。『ナショナル・ジオグラフィック』の持続可能な消費者行動に関するグリーンデックス調査によると、2010〜2012年の間に環境的に持続可能な行動が最も増加したのは韓国の消費者であり、第2位がドイツ、次いでスペイン、中国の消費者であった。また、自分たちがもたらす環境への影響に関して消費者が、最も罪の意識を感じている国はBRICs（ブラジル、ロシア、インド、中国：このうちインドが1位、中国が2位）、韓国、メキシコ、アルゼンチンであった[82]。

　「もっとグリーンに」という圧力は政治の領域からもやってくるであろう。当然ながら政治家は有権者である消費者のもつ要望の変化に対応しようとする姿勢を持っている。また、財政システムも法や規制のシステムもますます持続可能な行動を奨励するようになり、それに応じない企業への締めつけを強化するであろう。20〜30年前には急進的な環境保護主義と考えられたものが、政治の主流になるに違いない。実際すでにそうなりつつある。

　そして、企業がこうした圧力に対応し始めていることを示す兆候も見られる。前述したKPMGの2011年の報告書によると、企業の95％が全社的なサステナビリティ戦略をすでに定めているか、その過程にあった。また、それを実際に実行しているのは、3年前にはおよそ半数の企業であったが、2011年には、およそ3分の2に増加した[83]。

　2012年、石油メジャーとして初めて、フランスのトタルが北極での石油掘削に警告を発した。CEOのクリストフ・ド・マルジェリがそのような判断をした最大の理由は、会社のレピュテーション（評価・世評）の問題であった。マルジェリ氏はグリーンランドで石油漏出が起これば、「会社のイメージに取り返しのつかない傷がつく」と述べている[84]。

変革の糸口

　持続可能な方針に沿って組織のモデルを改変するためには、包括的で多岐にわたる変革が必要である。このパラダイムシフトは、極めて根底的な次元から戦略と経営の革新を必要とする。

　企業はこれまでよりもずっと戦略的に機敏にならなければならない。市場と経営にとっての破壊的な脅威を予測し、それに対応する戦略を取ることが肝要である。営利的、経済的、環境的、社会的な目的を調和させるためには、複数の、ときとして矛盾し合う目標を達成することが必要になるであろう。

　企業はそれぞれの意思決定、文化、構造、プロセス、手順の中に、環境に関する十分な認識を埋め込む方法を考える必要がある。社内のエコブランドを作り出すということは、企業の社会的責任を最も重要な資産の1つにすることを意味する。

　また、持続可能で経済的にも妥当な経営方法を見つけ出し、実行することも求められる。これには、たとえばエネルギーの利用の最適化、再生可能資源への変更、ITのグリーン化、ペーパーレス・オフィスの実現、バーチャル会議（出張が望ましくないものになるため）、C2C設計の採用などが含まれる。水とカーボンのフットプリント（サプライヤーのフットプリントを含む）の監視と環境基準の順守が必要になる。

　それがもたらす変化とイノベーションの課題の程度は、1つの組織やそのリーダーたちに対処できる範囲を超えるものになると思われる。ゆえに、企業は社内外で「境界を超えて協力すること」を学ぶ必要がある[85]。環境面でより高い能力を持つ最前線の企業、ときには競合する企業さえ、新しい形の協力関係を結ぶことによって、持続可能な経営への共同ソリューションを探る必要が出てくる。ハイブリッドな電気エンジンのコンポーネントを設計するためにBMWとプジョーが合弁事業を設立したのが、その1例である。

変革を推進する主体

　事業の変革が必要な際には、いつでもリーダーが大きな難題に臨むことは不可避である。特に、大規模な組織変革の取り組みを適切に実行するのは難しい。そして環境危機は、かつてない複雑さを持った変革を企業に余儀なくするであろう。

　リーダーは変革を推進する主体となる必要があるだろう。リーダーは変化を取り入れ、実行し、それを手助けしてくれるパートナーを探し、社員に伝えなければならない。実際的な問題（構造、役割、責任、タスク、目標）だけではなく、変革の背後にあるより大きな価値を明確にする必要がある。そして、意図される結果を見失わないようにしながら、持続可能な戦略に本気で取り組むように社員を促す形で、それらすべてを実行しなければならない。

　そのような深く入り組んだ変革を進めるため、リーダーには卓越した認知能力と意思決定能力が必要となる。変革を進めなければならないという圧力を受けて、自分たちの組織の直接的な環境を超えて物事を考えることが求められる。たとえば、持続可能な組織を作り、その価値を外部のステークホルダーに伝達するのに役立つ適切な協力パートナーを見つけ出すときなどに、そうした姿勢が重要になるはずである。

環境危機の要求

　リーダーはいかにして持続可能な事業経営を確立し、資源の枯渇とともに上昇するコストに対応すればいいのだろうか。ここに企業とそのリーダーたちにとっての主な課題をまとめておく。

1. **革新的な思考**　環境への影響を最小にするために、戦略、組織構造、意思決定、業務運営、文化、プロセス、手順をすべて進化さ

せなければならない。そのためには大規模なイノベーションが必要である。リーダーにとって、創造的、戦略的、概念的な思考が決定的に重要なスキルになる。
2. **実行**　変化のイニシアチブが概念段階で失敗することはあまりない。組織にとって難しいのはその実行を成功させることである。ビジネス変革を実現した実績を持つリーダーは、人々の称賛を浴びるであろう。
3. **ビジョンの伝達**　組織は惰性で動いていくのが自然な状態である。リーダーは変化を推進する主体として、新しい持続可能な組織の実現に向けて努力するよう社員を刺激する必要がある。また、そのような新しい組織が社員一人ひとりの役割や業績にとって現実的に何を意味するのか、疑問の余地がないように明確にして伝えることが必要である。
4. **新たな形の協力**　気候変動への対処に必要な知的能力は、1人のリーダーや1つの組織の範囲を超えている。ゆえに、機能を超えた協力や外部のパートナーとの協力が不可欠になる。競合同士も共通の解決策を見出すために協力せざるを得なくなるだろう。

第3章
個人へのパワーシフト：
「個の台頭」と価値の多様化

> 「富とは多くのお金を手にすることではない。
> 多くの選択肢を持つことだ」
> ― **クリス・ロック**　コメディアン

概説 ■ 個の台頭と価値の多様化

5つの基本ポイント

1. **新興国が豊かになるにつれて、「個の台頭」が進む。** 人々は所得レベルが上がるとさまざまな文化的資本にアクセスできるようになり、人生と仕事における多様な選択肢に触れる機会を生みだす。
2. **人々の価値観がますます多様化する。** 所得レベルが上がると、新たな選択肢から何かを選択する際に自分自身の優先順位や好みに従う自由度が高くなる。
3. **ローカル市場でニッチな機会が生まれる。**「個の台頭」のペースは一様ではない。機動力のある企業は、「個の台頭」によって作られるローカルな市場で機会を見つけ出し、活用することができる。
4. **組織内外の環境が複雑化・細分化する。** 富の増大によって個々人の期待が変化すると、会社はすべての社員、すべての顧客を個人として考えなければならなくなる。これに失敗すると人材を失い、事業が破綻する。
5. **よりいっそうの柔軟性と感受性が求められる。** ロイヤリティーはさらに貴重なものとなるため、組織はこれまでよりも市場と労働者に近づかなければならない。顧客と社員のニーズを理解してそれに対応するためには、より柔軟で、中央集権的ではなく、より階層の少ないフラットな構造が必要になる。

ビジネスリーダーが考えるべき5つの問い

1. わが社の構造と経営情報は、市場のダイナミクスと企業環境の変化を察知することができるか。
2. わが社の戦略は、それぞれのローカル市場が個人化する速度の違いに対応できるか。
3. わが社のリーダーは、これから社員を個人として扱っていく覚悟ができているか。
4. わが社の社員は、これから顧客を個人として扱っていく覚悟ができているか。
5. 高度に個人化した世界で、どのようにしてロイヤリティーを育てていくのか。

次の事実に共通するのは何だろうか。
- 世界の自動車モデルの数が1990〜2006年の間に40％以上増加した[1]。
- 中国では2010年、高等教育機関に進学する学生の数が3,000万人に達した。2005年に比べて35％の増加である[2]。
- ドイツ人男性従業員のうち、法的権利である父親の育児休暇を取った人は2006年にはわずか3.5％であったが[3]、2009年前半には23％になった[4]。
- イギリスでは、2011年、60歳以上で政府の見習いプログラムに参加する人の数が900％増加した[5]。

これらの一見ばらばらなデータの背後には重要なトレンドが隠れている。それは世界中の人にとって人生の選択肢が広がっているということである。

世界はグローバル化しているだけではない。個人化しているのである。

メガトレンド:「個の台頭」と価値の多様化

聖書をパロディ化した1979年の映画、モンティ・パイソンの『ライフ・オブ・ブライアン』に、主人公ブライアンが彼を救世主だと勘違いした群衆に向かって説教をするシーンがある。群衆は彼の一語一語を熱心に聞いている。ブライアンは彼らが大挙してついてくるのを止めさせようとして、「君たちはみんな個人個人なんだ」と言う。するとみんなは一斉に「そうです、私たちは個人個人です」とオウム返しに繰り返す。

哀れな主人公が再び「君たちはみんな一人ひとり違う人間なんだ」と言ってみても、群衆は声をそろえて「そうです、私たちは一人ひとり違う人間です」と言う。

そのとき、1人の声が「いや、私は・・・」と言い、群衆が困惑する。

群衆が第1章で見た新しい消費者層であったならば、ブライアンはもっと楽にみんなを説得することができたであろう。工業化が進み、市民が豊かになるにつれて、日常生活が個人の選択や決定によって動かされるようになるからである。

懐に入るお金が多くなると、人々は過去の経済的な制約から解き放たれる。裕福になった社会は、食料や住居といった人間が存在する基本的な必需品の欠乏に悩まされずにすむようになる。

その結果、人々は生活の他の面を向上させることに関心を持つようになり、人々の優先事項はマズローの欲求の階層[6]のより上位のものになる。ミシガン大学のロナルド・イングルハート教授が1970年代に明らかにしたように、これによって個人は、より複雑な脱物質主義的な価値観を重視するようになる[7]。次の食事がもはや差し迫った関心事ではなくなると、人々は脳の欲求、たとえば帰属、自立、自己実現、自己表現といったものを満足させたくなる(中国でのツイッターの不正使用を見てもらうとよくわかる。「あらゆる領域へのアクセス」のセクションを参

照)。こうした人々は、ヒューマニズム、信仰、社会正義、環境保護など、より高尚な価値に従って行動する。また、感情的により満足できる活動に熱中し、知的チャレンジを求め、自分の美的選好を追求する自由を手にしている。

　政府が弾圧的な国であっても、人々はこれらの価値観に導かれる選択の自由を見出す。自分独自の倫理、優先事項、選好の組み合わせに基づいて物事を決定し始める。これは家族、職業、政治から自分の車、あるいは車に乗るかどうか、また、持ち歩く携帯電話、身につけるファッションブランドまで、ほとんどあらゆるものについての選択を方向づける。ワークライフバランス、充足感、自己改革、自己表現など、以前には考えられなかったものも目標となる。

　価値観に基づいた物事とのかかわり(自分の価値観に従って仕事、ライフスタイル、趣味、買うものを選ぶこと)が徐々に標準になる。その結果、人々は伝統的な社会構造や旧態依然たる文化に疑問を投げかけるような決定をするようになる。

　加えて、ますます多くの人が中間層の仲間入りをするにつれて、社会ではそうした価値観が多元的に共存するようになる。すると、かつてないほどの多様な需要が生まれる。人々は以前には手に入らなかった製品やサービスだけではなく、以前には想像しなかった職業、キャリア、ライフスタイルを求めるようになる。

　第1章で見たように、グローバリゼーション2.0は世界でおよそ20億人の物質的な水準を押し上げ、選択のための情報源となる文化的資本へのアクセスを可能にしている。おそらく人類の歴史で初めて、選択がグローバルになっているのである。

広い視野

　社会の富が増大すると、教育や多様なメディア(新聞、本、テレビ、映画、

そしてもちろんインターネット)への市民のアクセスも増大する(インターネットについては本章の後半と第4章で詳しく論じる)。こうした文化的資本に接することが、新しいライフスタイルの選択肢に関して人々の目を開かせる。

グローバルなコミュニケーションが容易になり、世界中のメディアに触れることができるデジタル時代の今、この効果がいっそう強まっている。1976年のヴィム・ヴェンダース監督の映画『さすらい(Im Lauf Der Zeit)』の中で、登場人物のローベルト・ランダーは、アメリカが「私たちの潜在意識を植民地化している」と言う。この映画は、現代的なアメリカ文化が数十年にわたって世界中にばらまかれた時代に公開された。世界中の人々は映画やテレビや音楽を通して、アメリカの価値観、あるいは少なくともアメリカの価値観を伝える何か1つに接することになった。これほどまでに、文化的資本を外国に輸出した国は他にない。

ところが今、インターネット、VoIP、ファイル共有、ストリーミングメディア、ソーシャルネットワーク、モバイルコミュニケーション、衛星テレビ、1日24時間毎日放送されるニュースメディアなどを利用することができる。私たちは、もはやアメリカの文化にばかり、ついでに言えば欧米の価値観にばかり触れているわけではない。

増大する中間層の人々は、指先でちょっとクリックするだけで世界中の文化に接したり、同じような考え方や価値観を持つ世界中の人々と直接コミュニケーションしたりすることができる。人々に影響を与える文化的資本は、ほとんど無限である。ここ10年ほど、インド発の「ボリウッド映画」[8]やナイジェリア発の「ノリウッド映画」[9]が世界中でいかに人気を博しているか見て欲しい。

デジタル技術によって推進される「個の台頭」と価値観の多様化を知るには、私たちのオンライン行動を考えてみるだけでよい(これについては第4章で詳しく取り上げる)。インターネットは情報(文化的資本を

含む)へのアクセスの手段であると同時に、自己表現という人間の欲求の実現手段でもある。ゆえに、世界のトップテンのウェブサイトは、情報への渇望を満たしてくれるもの、たとえば、検索エンジンのグーグル(第1位)、ヤフー(第4位)、中国のバイドゥ(第5位)、オンラインの百科事典ウィキペディア(第6位)などと、フェイスブック(第2位)、YouTube(第3位)、ツイッター(第8位)といったソーシャルメディアによって占められている。後者は、人々がニュース、意見、好きなもの、嫌いなものを世界と共有するプラットフォームを与えてくれる(「あらゆる領域へのアクセス」のセクションを参照)。

あらゆる領域へのアクセス

ソーシャルメディアは自己表現の手段であることから、新興市場における個人化の広がりがこれらの市場でのインターネットアクセスとソーシャルネットワークの急速な導入を後押しすると考えられる。事実、インターネットユーザーは、2011年に世界で20億人に達した。そのうちのおよそ半数(45%)はアジアに暮らしている[10]。フェイスブックやツイッターのようなソーシャルプラットフォームがアジア(どちらも開始されていない中国を除く)と南アメリカで急拡大している。

次に示すのはフェイスブックのデータである。

- フェイスブックのアジアのユーザーは、2011年3月～2012年3月までの間に48%以上増加した。この間の世界全体での成長率は26%である[11]。
- ブラジルとタイにおけるフェイスブックユーザーの数は、2012年9月までの12カ月間に倍になったと推定されている[12]。
- インドでは同じ期間におよそ52%成長した[13]。
- 南アメリカには2012年10月現在、1億3,500万人のフェイスブックユーザーがいる。これはこの大陸全体の人口の3分の1以上であり、ヨーロッパよりも浸透率が高い[14]。

次にツイッターのデータも見ていただこう。

- ブラジルはアメリカに次いで２番目に大きなツイッター市場である。
- また、ブラジルはプロフィールの数でもアメリカに次いで２番目に多いのに加え、ユーザーが最も活発であり、すべてのツイートの10％以上がブラジルで生み出されている。
- ツイッターのランキングで、まもなくインドネシアがイギリスを抜いて４位になると思われる。ユーザープロフィールの数はイギリスが3,220万、インドネシアが2,940万だが、インドネシアのほうが成長のペースが速い。
- ジャカルタは世界で最もツイッターが活発に行われている都市である[15]。
- 2012年９月、中国は国家によりツイッターがブロックされているにもかかわらず、ツイッターの利用が最も活発な国であるという報告が出されている[16]。

「個の台頭」にほとんど境界はないのである。

カルチャークラブ

　世界中で「個の台頭」が進んでいることは、国の文化に関する従来の知識と矛盾するように思われるかもしれない。これまで個人主義的な欧米に対してアジアは、全体に集団主義であると考えられてきた[17]。たとえば、経営学の研究者であるヘールト・ホフステードは、世界の何万人ものIBM社員を調査した有名な研究において個人主義の程度について各国の順位づけを行ったが、これによると、最も個人主義が強い国上位10カ国は例外なく北米、西欧、オーストラリア・ニュージーランドであり、アジアの国はほぼすべてリストの下半分に入っている[18]。

　しかし、個人主義の程度が高い地域は、アメリカ、カナダ、イギリス

など、世界で最も工業化が進んだ国に集中しているということに注意する必要がある。これらの国の国民は、世界の他の地域よりもずっと長い間、少なくとも経済的に、選択の自由を享受できるレベルの富を保持してきたのである。

アジアで最も豊かな国の1つである日本がホフステードの順位づけで上位半分に入っているということが多くを物語っている[19]。日本の文化は個人の必要性より集団の必要性を重んじることで有名であるが、予想よりも個人主義の順位がはるかに高い。「出る杭は打たれる」という格言が一般的な社会でも、富のレベルが高くなれば個人主義のレベルも驚くほど高くなるのである。

だからといって、国の文化が「個の台頭」と無関係なわけではない。それどころか、文化は大きな影響力を持つ。それぞれの社会が個人主義——集団主義の連続のどこに位置するかは、ある程度、価値観の多様化のペースを決める。そして、文化的な規範は本質的に人々の価値観と選択に影響をおよぼす。しかし、人は機会が与えられれば、自分の価値観に最もよく合った選択をするものである。そして何が重要なのかは人によって違う。個人の選択を決めるうえで、その人独自の価値観の組み合わせが中心的な役割を果たすのである。

既存の構造の破壊

少なくとも表面的には、世界中で数十億もの人々の富の増加と選択の自由の拡大は全面的に望ましい動きのように思われるかもしれない(「良いものが多すぎる?」のセクションを参照)。しかし、組織にとって、その結果は非常に困惑するようなものになるだろう。「個の台頭」と価値の多様化は企業の内外の環境を分断・細分化し、これまでの構造や市場のダイナミクスを破壊する。

こうした動きは、市場、販売経路、顧客の行動の性質を変化させ、

機動力に劣る大企業に難題を突きつけ、ニッチ・サプライヤーに機会を生み出す。また、さまざまな関係やネットワークの性質に劇的な変化をもたらし、組織の構造、社員の期待、キャリアパターンに影響をおよぼす。

良いものが多すぎる？

　2008年、スターバックスは8万7,000種類という途方もない数のコーヒーを販売していることを自慢する広告を出した[20]。4年後、イギリスの百貨店チェーンのデベンハムズは全く逆のことを行い、平易な英語で書かれた新しい簡素なコーヒーメニューを発表した。カプチーノ、モカ、ラテ、エスプレッソという名前をやめ、代わりに泡立てコーヒー、チョコレート、「とてもとてもミルキーな」コーヒー、「ストロングショット」と呼ぶことにした。また、カップサイズもトール、グランデ、ベンティではなく、昔ながらのマグかカップで注文できるようになった。デベンハムズは、「コーヒーの混乱」への戦いを宣言したのだった[21]。

　デベンハムズは意図せず、顧客が「選択肢のパラドクス」を避ける手助けをしているのかもしれない。心理学者のバリー・シュワルツ教授は、『Paradox of Choice』(邦訳:『なぜ選ぶたびに後悔するのか──「選択の自由」の落とし穴』)という著書で、人は選択肢が多いほど満足できるという仮説に疑問を投げかけ、過剰な選択肢がもたらす危険について警告した。シュワルツは、現代の消費者には、コーヒーを注文する、ジーンズを買う、携帯電話を選ぶといった日常的な決定をするときから、大学に願書を出す、生命保険に加入する、投資プランを選ぶといった重要な決定をするときまで、あまりにも多くの選択肢がありすぎると指摘している。

　この選択肢の激増は、非現実的な期待を作り出し、混乱や不安を引き起こし、選択をした後にいつまでも後悔を感じさせる。こうした感覚は満足感を上回ってしまう。今や選択肢の多さは、物質的な富とともにやってきた個人の自由と自己決定の証というよりも、問題になってしまっ

ているのである。

　逆説的なことに、選択の負荷が大きくなりすぎると選択することに対してマヒ状態になることさえある。シュワルツは、アメリカのある退職貯蓄プランの例を挙げている。それぞれのプランで投資ファンドの選択肢がたくさん提供されればされるほど、雇用主が半額を拠出するという事実にもかかわらず、従業員のプラン加入率が下がるのである。シュワルツは、選択肢を減らすことが現代生活のストレスや不安や和らげ、混乱を減らすことにつながると主張している[22]。言い換えると、自分が何を望むかについて慎重でなければならないのである。

どんな製品でも望みのままに

　ヘンリー・フォードがモデルTを販売するとき、「どんな色でも〈お客さんの〉望みのままに提供しますよ、それが黒であるならね」と言ったのは有名な話である[23]。20世紀初め、大量生産のニーズが顧客の選択より優先されていた。

　100年後、価値観に基づく市場の基本原則は「顧客を個人とみなすこと」である。「個の台頭」と価値の多様化という２つの力は、フォードの標準化された大量生産システムとは対極的な、製品の多様性を要求する[24]。

　台頭する中間層が新たに手にした経済力を駆使し始めたならば、選択の自由は需要のパターンを崩壊させ、企業はますます多様になる顧客の好みを満足させるために、どこまでも製品とサービスの幅を広げていかなければならなくなる。「個の台頭」はかつてない規模でニッチな機会を生み出す。それには短期のものもあれば、長期のものもあるだろう。

　好例は「ロングテール」市場である。ロングテールとは、アマゾンやアップルのようなインターネット販売者が、販売量が変化していくヒッ

ト商品やベストセラー商品に加えて、一部の人にしか売れない多種類の本や音楽を少量ずつ売る手法である。「物理的な空間という悩みの種」[25]が、もはや制約にならないオンラインの世界では、ロングテールモデルを追求する企業は、ほとんどあらゆるものを取り揃えることができる。このモデルを支えるのは、「すべての人の好みはどこかで主流から外れている」[26]という事実である。

　市場細分化のもう１つの形は、カスタマイズやパーソナライズした商品の需要の増大である。カスタマイズに関する2008年のある研究は、それぞれの顧客の好みにぴったり合わせた商品やサービスへの関心の「爆発的拡大」が見られると指摘した[27]。それは、オリジナルプリントのTシャツやカスタム印刷をしたグリーティングカード、ユーザーがキュレーションを行うフォトアルバム、ユーザーが選んだレシピで構成される料理の本、カスタマイズされた朝食用シリアル、オーダーメードのお茶のブレンドなど、枚挙にいとまがない。リーボックは顧客の好みの曲を反映してスタイリングすることができるスニーカーさえ発売している。

　ドイツのチョコレートメーカー、リッタースポーツの顧客は、自分の好みの味や香りのチョコレートを作ることができる。カナダの会社マイバーチャルモデルは、買い物客が自分に合った色やサイズを選ぶことができるように、ファッションブランドのためのパーソナライズしたアバターとバーチャル試着室を提供している。この会社のウェブサイトでは、このサービスのおかげで売れた商品の数が常に表示されている。本書の執筆時点でどんどん増えていくこの数字は、１億2,500万に達している。

　しかし、この市場の細分化は両刃の剣である。上述した研究は、対応する機動力に欠ける企業に対して警鐘を鳴らしている。「結局のところビジネスを動かす力は顧客にあり、顧客は自分がほしい物を手に入れたいのである」。

ロングテールに関する著書の副題「これからの企業はなぜ多くのものを少量ずつ売ることになるのか」[28]は、組織にとっての課題を一言で表わしている。グローバリゼーションの経験が示しているように(第1章参照)、大きな組織は「少数・少量の法則」をうまく活かすのは得意ではない。その規模と構造のゆえに、ニッチな機会を見つけて活かす能力が妨げられ、小さくて機動力のある、しばしばローカルプレーヤーに道を明け渡すことになりやすいのである。

緩やかな関係

　「個の台頭」は、組織の外部環境を混乱させるだけではなく、組織の内部環境もゆがめる。仕事やキャリアに対する態度を変化させ、人間関係――社員同士の関係、そして雇用主と社員の関係――の構造、量、質を変化させる。

　多くの人が個人の表現の場としてソーシャルネットワークを利用するようになるにつれて、人々は私的なコミュニケーションも仕事上のコミュニケーションもますますそうしたネットワークに頼るようになっている。2012年9月に世界のフェイスブックの利用者は、10億人に達した[29]。前年に比べておよそ33%の増加である[30]。ツイッターは2012年6月にユーザーが5億人を超え[31]、本書の執筆時点でアメリカのツイッターユーザーは、全人口の54%に達している[32]。2012年6月現在、ビジネス向けネットワーキングサイトのLinkedInは1秒ごとに2人が新たにサインアップしているという[33]。

　これは私たちのプライベートと仕事との境界を曖昧にする(詳しくは第4章で取り上げる)。これまでよりも広い、しかし必然的に緩やかな個人的、職業的なネットワークを作り出す。2012年2月現在で、フェイスブックの平均的なユーザーは245人の「友達」を持っている[34]。これはどう考えても、人が意味のある形で知り合うことができる人数を

はるかに超えている。

　デジタルの世界は、気ままに人間関係を作る態度も生み出す。思いのままに相手との接触を始めたり止めたりすることができるからである。この緩やかなつながりは、価値あるロイヤリティーを作り出すという意味では企業にとって大きな頭痛の種になる。カスタマーロイヤリティーとは取引を繰り返すことを意味するが、社員のロイヤリティーとは会社に愛着を持って熱心に働き、優れた業績を上げることを意味する。しかし、ノートパソコンやスマートフォンで友人関係や仕事上の関係を操る人々の間に、どうやってロイヤリティーを育てることができるだろうか。

目標の変化

　前述したように、「個の台頭」によって人々はそれまで達成できなかった個人的目標を追求するようになる。その影響が、どこよりも大きく、あるいは破壊的な形でおよぶのは職場である。職場ではこれまでのルールブックが破り捨てられつつある。

　給与、手当、昇進の見込みなど、キャリアに関する従来の決定基準が基本的な期待事項にすぎなくなっている。代わりに今や従業員は充実感、社会的な認知、自己実現、個人的成長、自己表現、そして何より大事なワークライフバランスといった「ソフト」な要素を求めている。

　2011年のヘイグループの調査によると、マレーシアのジェネレーションY の大学卒業者は、仕事環境で重視する要素の最上位にワークライフバランスを位置づけている[35]（「ジェネレーションY」のセクションを参照）。アーンスト・アンド・ヤングの調査も、シンガポールの労働者たちが仕事の目標として仕事と家族生活のバランスを優先させ、給与は3番目にしか重視していないことを示している[36]。

　この章の初めに記したように、ドイツで育児休暇を取る男性の数が

突然増加したのも同じ流れである。きっかけとなったのはちょっとした法制度の変更であった。片方の親だけならば休業手当期間は12カ月間であるが、これを2カ月伸ばして両親で合わせて最大14カ月休業できるようにしたことにより、父親の育児休暇取得が社会的に許容されるようになり「男らしくない」、あるいはその後のキャリアに支障が出るというこれまでの見方が崩れた。これによって、家族を優先したいというこれまで抑えられてきたドイツの父親たちの要求が解き放たれることになった。最近、ドイツでは、アディダス、BASF、コメルツ銀行、ダイムラー、RWE、SAP、シーメンス、ティッセンクルップなど多くの大手企業が社内幼稚園を設立している[37]。

加えて、ヘイグループが調査したマレーシアの大学卒業生の例からもわかるように、労働者はもはやキャリアを成功させるために長時間働きたいとは考えていない。ワークライフバランスを強調しているにもかかわらず、労働者の多くは依然として働き始めてわずか1年で昇進することを期待している[38]。

労働者が仕事に期待する内容の変化は、社員の離職率の高まりを引き起こしている。労働者が人生の目標を探し求めていろいろな職場を渡り歩くからである。人々が絶え間なく動くことは、世界の労働市場の一般的な現象になりつつある。アメリカのジェネレーションYの社員の90％以上にとって、1つのポジションにとどまろうと考える期間は3年以内である[39]。2012年のケリー世界労働力指数によると、世界の労働者の半数以上が1つの会社にとどまるよりも仕事を頻繁に変えることを好み、半数近くが現在の仕事に満足しているときでさえ継続的に仕事を探していると認めている。こうした傾向が特に顕著なのは、急速に発展しているアジア太平洋地域である[40]。

変わる期待は、専門職、サービス業、クリエイティブ産業により多くの人を引きつける。それらは収入が高いだけではなく、より充実感がある仕事だと受け止められているからである。

トロント大学のリチャード・フロリダ教授は、示唆に富んだ（一部の人の批判を招いている[41]）著書[42]で、アメリカの脱工業化社会の経済発展の鍵となる力は新しい「クリエイティブ階級」であると論じている。彼によると、この社会経済集団はアメリカの労働者の30％にあたるおよそ4,000万人で構成されており、アメリカの平均賃金の2倍を稼いでいる。これらの労働者は、科学、教育、工学、IT、研究、医療、法律、ビジネス、金融などの多様な分野で働いている。フロリダ教授が見出した彼らの基本的価値観のリストには、個性と自己表現が含まれている。

ジェネレーションY

「近頃の若い者は……」という表現は、40歳くらいから上の人々にはなじみ深いものではないだろうか。これらの人々にとって、ジェネレーションY（あるいは「ミレニアル」とも呼ばれ、大まかに1980年代と1990年代に生まれた人々を指す[43]）は、異なる世代であるばかりでなく異なる人種である。

彼らは企業の慣例に反するような態度、希望、期待を持っている。彼らにとって、長時間労働、責任、ロイヤリティー、伝統的なキャリアパスはあまり重要ではない。重視するのはワークライフバランス、早い昇進、そして、そこそこの給与だ。また、彼らが考える雇用主との力の関係は上の世代と全く異なる。

マレーシアの大学卒業生が期待することについて2011年にヘイグループが行った調査が明確に示している。13業種のうち9業種で働く大学卒業生は自分が期待したほどの収入が得られていないと答えたが、1年以内に最初の仕事をやめた人の4分の3は、よそでよりよい機会を得るためにやめたと答えた[44]。同様に、アシュリッジ・ビジネススクールによる世界的な調査でも、イギリスのジェネレーションYのうち現在の職に2年以上とどまるつもりだと答えた人は、57％にすぎなかった[45]。

アシュリッジの調査が指摘しているように、若い世代と上の世代は「職

場を異なるレンズを通して見ている」[46]。管理職はジェネレーションYが職場に持ち込む知性とエネルギーを称賛しているが、若い世代が持つ他人に認められたがる態度、自己中心性、過剰な自信、チームワークを嫌うこと、一部の年上の労働者が感じる敬意の欠如を不快に思うこともある[47]。

ミレニアルの「なすべきことリスト」に入っていないもう1つの項目は、リーダーの役割を果たすことである。おそらく組織にとって、これが最も憂慮すべきことだろう。アシュリッジの調査が明らかにしているように、「ジェネレーションYは、管理職の仕事を望まない」のである[48]。マレーシアの大学卒業者のうち、意思決定の機会を経験したいと答えたのは38％にすぎなかった。また、望まない、あるいは予期していなかった仕事の責任を負わなければならなくなったということが、1年以内に最初の職をやめた2番目に大きな理由であった（54％）[49]。

ヨーロッパ・スクール・オブ・マネジメント・テクノロジー（ESMT）も、若い人材が責任を負いたがらない傾向が大きくなっていることに気づいている。幹部候補生として各組織からこの学校に派遣されてくる人々が、「管理職になるように努力しなくてもかまわないでしょうか」と相談にくることが増えている。このことに関心を持ったESMTは、幹部養成プログラムに参加した900人にアンケート調査を行った。その結果は驚くほど明白であった。ESMTは「責任の回避は非常に大きな現象である。企業はそれに対処する方法を見つけなければならない」と結論づけている。リーダーになりたくない理由の第1はワークライフバランス、次いで、他者に対して責任を負いたくないことと、権力闘争や駆け引きに関わりたくないことであった[50]。

ドイツリーダー協会（Deutscher Fuhrungskrafteverband）によるジェネレーションYの調査も同じ結論に達している。回答者の3分の2以上が、責任の度合いと報酬の増大はそれに伴う仕事の圧力と家族生活への影響を埋め合わせるものではないと答えた。組織内の序列におけるポジションより仕事の内容に関心があると答えた人は約83％にのぼった。それに対して、昇進がキャリアの主な目標であると答えた人は、27％にすぎなかった[51]。特に先進国ではベビーブーマーたちの退職年齢が近づき、まもな

く幹部が大量に抜けることを考えると、これは非常に憂慮すべき事態である[52]。

しかし、ミレニアルたちがチャレンジを恐れていると結論するのは、安易すぎる。実は全く逆である。アウディが行ったジェネレーションYの従業員の調査によると、彼らは積極的にチャレンジを求めている。ただ、チャレンジの定義の仕方が違うのだ。アウディの人事役員は、ドイツの新聞『Der Spiegel』に、こう語っている。「彼らにとって組織の統率や他の従業員への責任よりも、具体的な業務や課題に取り組む方が重要なのです」[53]。

ライフサイクルの変化

「個の台頭」はキャリアだけではなく職業生活全体を自分に合った形にしたいという望みを後押しする。伝統的な3段階のライフサイクル——青春時代、職業生活、退職後——という考え方は、かつてのような固定された鋳型ではない。人々は教育が修了したらすぐに働き始め、一定の年齢に達したら退職するという今までの生き方を疑問視するようになっている。その結果、キャリアは徐々に3段階から5段階に拡大している。経済的に可能ならば、職業生活の開始を遅らせ、旅行やボランティア活動などを行う「青年期後」のフェーズをライフサイクルに取り入れる人もいる。ドイツは2011年に徴兵制を廃止し、連邦軍への志願制度を設けた。すると、すぐに多くの人々が志願してきた。一部の人は待機者名簿に載せられているくらいである[54]。

職業生活の後期では、退職後のフェーズの開始を延期し、60歳や65歳を過ぎても働く人が増えている。もちろん、経済的な必要に迫られて働く人もいるだろう。年金基金の投資の失敗や高齢者福祉のコストのために年金制度に綻びが生じる場合もあるからである。しかし、健康状態がよくなり、寿命が延びたために、成熟した大人としての自分の価値に合ったキャリアに向けた再訓練によって高齢者が人生後半に

新たな道を歩む機会が生まれていることも一因である。本章の初めに示したようにイギリスで高齢の見習いプログラム参加者が増えているのは、その典型例である。ドイツの連邦軍志願兵制度でも、志願者の20％が50歳以上である[55]。

「個の台頭」と価値の多様化が持つ意味

　組織は構造を持つこと、すなわち共通の目的を達成するために人々をまとまった構成体にすることを好む。言うまでもなく、企業にとってその目的とは、利益を得るために顧客に提供するモノやサービスを生産することである。この目的をできる限り効果的かつ効率的に達成するために、企業は従業員を組織にまとめ、顧客を市場セグメントにまとめる。

　しかし、「個の台頭」はこの構造とそぐわず、価値の多様化は組織の性質そのものと衝突する。これまで述べてきたように、「個の台頭」と価値の多様化の力により、企業はすべての従業員、すべての顧客を個人として考えること、つまり組織の行動方針とは異なるそれぞれ独自の行動方針を持ったユニークな存在として考える必要がある。

　それは組織の自然な考え方と異なる。

　これは非常に手ごわい難題である。一人ひとりが自分の行動方針を持っているときに、すべての顧客、すべての社員を引きつけておくにはどうすればよいのだろうか。しかも、市場によって個人主義の伝統が強いところと集団主義の伝統が強いところがあり、それらがそれぞれ異なるペースで個人化していくとき、企業はどのようにして多様な戦略を設計し、実行すればよいのだろうか。

　答えは、これまで以上に顧客と従業員に近づくことである。これは当惑するほどの複雑さを生み出す。組織は何千人もの社員、何百万人もの顧客の急拡大する価値の組み合わせを理解する必要がある。個人

が何を重要だと考えているかを突き止め、自社のブランドや文化をそれに結びつける方法を考え出さなければならない。そうでなければ、顧客と従業員は選択の自由を行使し、買わない、あるいは会社を辞めるという行動によって自分の意思を示すだろう。

より高度な目標

　社員の愛着心や意欲を育てるうえで、もはや金がすべての人にとっての解決策ではない。これまでに見てきたように、経済的なゆとりができ、選択の自由を手にした労働者は、キャリアの決定をするときに金銭面で最も条件がよい仕事を選ぶわけではない。そして、グローバリゼーション2.0の進行とともに、ますます多くの人が、この贅沢を享受できるようになる。これからの労働者にとって金銭的な利益よりも重要なのは、意味のある仕事と適切なライフスタイルである。

　ジェネレーションYはワークライフバランスをそのように理解している。実際、「ワークライフバランス」という語の持つ意味は、それぞれの世代によって異なるということを認識しておくべきであろう。

　ベビーブーマー、およびそれより前の世代にとって、ワークライフバランスとは基本的に仕事の時間を減らして家族の義務のために、もっと多くの時間を作ることを意味した。仕事に生活費を得る以上の何かを期待することはほとんどなかった。次の世代(しばしばジェネレーションXと呼ばれる)は、仕事期間の後に休暇やサバティカルを要求した。そして、今、ミレニアルにとってプライベートと仕事の区別が曖昧になっている。彼らは、自分に最も合った形で仕事の時間と個人的活動の時間を組み合わせたいと考えている。彼らは仕事に意味を求め、仕事が個人的なアイデンティティや価値観と一致することを期待する。

　ゆえに、キャリアの選択はますます個人的な価値観に影響されるようになっている。私たちの友人である技術者を例に挙げよう。彼女は

ある鉱山会社で働くことを検討していたが、この会社がCSR方針を持たないことを知ってショックを受けた。そのためまさに自分が住みたいと希望していたイギリスの、ある場所に本社があるにもかかわらず、この会社への就職を断った。

こうした傾向に対応するため、組織はこれまでよりも柔軟な構造を必要とするであろう。組織はプライベートと仕事、個人的目標と仕事上の目標を調和させたいという社員の希望に対応しようと思うならば、仕事のプロセスと手順を根本的に設計し直す必要がある。

社員は自分の仕事と時間についても、また自分のプロジェクトやアイディアを推進する範囲についても、これまでより大きな自律性を求めるようになるだろう。ハイパフォーマーを引きつけるためには、サバティカルや留学など、自己の成長と人生の目標達成を奨励する仕事環境を作り出し、それに適した雇用条件を定めることが必要になる。育児と仕事を両立させる働き方とフレックスタイムは、基本的な権利とみなされるようになるはずである。人事部はこうした社員の要求と、組織に必要とされるスキルの間でうまくバランスを取らなければならない。

開かれた関係

この高度に個人化した世界では、社員のロイヤリティーを育て、流出を防止することが(少なくとも従来的な意味においては)、非常に難しくなる。必要な人材にアクセスするために組織は、充実した仕事に取り組める機会を提供し、人々が自分のライフスタイルの要求を満たす形でそれを実行できるようにしなければならない。

これは、従来通りの雇用主と社員の契約関係だけに頼ることはできないことを意味する。企業は適切なときに適切なスキルを利用できるようにするために、人材の緩やかなネットワークを築く必要がある。

必要な資源を自在に利用したいと思うならば、こうしたネットワークや長期的な関係を確立し、それを維持することが不可欠になる。

緩やかな世界で人々を率いるリーダー

　組織の構造を緩やかにすると、リーダーの役割が根本的に変化する。人々が1つの組織だけではなく社会的なネットワークや職業上のネットワークに対してもロイヤリティーを持っている世界では、リーダーの第1の仕事は、チームの真剣な関与を確保することになる。

　ロイヤリティーは、もはや勤続年数で判断されるのではなく、関係の長さと質で判断されるようになる。リーダーは現在のチームメンバーだけではなく以前のチームメンバーも含め、拡大し続けるネットワークと永続的な関係を築く必要がある。そのためにはどのような形で会社の価値を利用して、社会的なネットワークにアクセスするかを考えなければならない。

　ますます人の出入りが激しくなる中で、リーダーは誰の能力開発に投資するかを慎重に判断することが求められる。その際、部下一人ひとりの潜在力だけではなく、希望や目的も考慮することが必要になるだろう。チームメンバーのうち、成長を望んでいるのは誰か。仕事の内容さえ良ければ満足で、やがて別の会社に移っていくのは誰か。これらの両方の人々の熱意や意欲を維持するためにリーダーは何をすべきか。

　この難題をさらに複雑にするのは、チームがますます異質な人々で構成されることになるということである。メンバーそれぞれの動機、目標、優先順位、仕事のスタイルなどがすべて異なる。そのため成長の目標を各自に合わせて慎重に調整し、うまく個別化した業績評価を行うことが必要になるだろう。また、リーダーは個人の貢献を評価するうえでこれまで以上の細やかさが必要である。

また、多様性に富んだチームのマネジメントを行うには、争いの予防と解決の高度なスキルも求められる。何人かのメンバーが職場を去ったとき、リーダーは速やかにチームの再編を行い、ドミノ効果が起こるのを防ぐことが必要である。

　さらに、リーダーには、チームメンバーが自己管理をしながら自律的に働ける状況を作り出すことも期待される。これは目標を設定し、それを全員が確実に理解していることを確認し、チームと個人が解決策を見つけることを期待するということである。これには難しい綱渡りが必要になるだろう。つまり、管理者とリーダーという2つの役割の適切なバランスを見出さなければならない。あまり細かく管理を行いすぎると部下が望む創造性を殺してしまいかねないが、あまり手綱を緩めすぎるとチームが分裂し、活動がばらばらになってしまう。

ケーススタディ ■ プログラマーの働き方

　みなさんに著者らの友人であるアルヴィ(仮名)を紹介しよう。アルヴィは、テクノロジー業界の多国籍企業のプログラマーである。彼は、なぜ伝統的な雇用主——社員の関係にとどまっていては最高の人材を引きつけることができないかを示す典型的な例である。アルヴィは新しいグローバルな中間層の1人であり、独自の雇用条件で働くための交渉を可能にする能力を持っている。

　30歳のアルヴィは、伝統的な意味での「本物の」仕事をした経験がない。9～5時までという働き方はしない。彼は労働時間も、働く場所も、コミュニケーションの方法も自分で選択する。そして、自分の仕事の特許権を維持するのは会社ではなくアルヴィである。

　彼にどこに住んでいるのかと尋ねると不思議そうな顔をする。彼のアパートはロンドンにあるが、それは世界各地に移動するのに便利だからにすぎない。彼はバリ島のビーチに寝転びながら、あるいは黒海のほと

りの音楽祭で音楽を聞きながらプログラムを書くことで知られている。彼のコミュニケーションのほとんどはバーチャルである。

しかし、彼にリーダーになりたいかと尋ねると、即座に答える。「誰がそんな責任なんかを望むんです？」

彼は会社で最も熟練したプログラマーの1人であろう。彼はこのテーマについて最初の本を出版したところだ。しかし、会社の階層をのぼって出世したいという欲求は持っていない。彼は、最高の人材は伝統的なキャリアパスを追求する必要がないとわかっている。

幸いなことに、彼の会社はこのことを認識しており、アルヴィのような有能な人材が望むワークライフバランスを提供できるように柔軟な雇用の取り決めをしている。この会社はグローバルで、ハイテクで、移動性が高く、ますます個人化する市場で必要なスキルを集めるには、こうした社員を個人として扱う以外にはないと知っているのである。

「個の台頭」と価値の多様化の要求

「個の台頭」と価値の多様化は社員と顧客の価値観の細分化、さらに多様性に富んだチーム、集権的ではない構造、フラットな階層構造、柔軟な働き方、激しい社員の入れ替わりを生み出すであろう。その結果、組織とリーダーは、以下を行うことが必要になる。

1. **知的なオープンさと好奇心を示すこと**。ロイヤリティーを育むためには、個人のニーズを敏感に理解し、それに対応する柔軟さが決定的に重要になる。何が人々を動機づけているかを理解し、人材を引きつけ、熱心に働いてもらい、引きとめておこうと思うならば、リーダーは社員と顧客を動かすさまざまな要因に対して好奇心を持ち、それを受け入れることが必要である。
2. **多様性に富んだチームを団結させるために、一定の制限の範囲内で権限を与えること**。リーダーは、スタッフメンバーがそれぞれの違いを尊重しながら互いの長所を認め合うようにし、多様な人で構成されるチーム

と高度に個人主義的なチームメンバーを管理し、彼らに仕事への熱意と会社への愛着心を持たせるため、適切なリーダーシップスタイルを用いることが必要である。チームをうまく機能させる状況を作り出すには、明確に設定された制限の範囲内で権限を与えることによって安定性と方向性を確保することが必要である。

3. **ロイヤリティーの定義を見直し、拡大されたネットワークを管理すること。**
もはや社員の入れ替わりを防ぐことができない時代にあって、社員のロイヤリティーを育めるかどうかは、リーダーが組織の内外で現在および以前の部下と永続的な関係を発展させ、それを維持することができるかどうかにかかっている。

第4章
バーチャルな世界で働く:デジタル時代

「インターネットは人類が初めて作った人類に理解できない物だ」
— **エリック・シュミット** グーグル会長

概説 ■ デジタル時代

5つの基本ポイント

1. **私たちの生活はデジタル化が標準になっている。** いつでもどこでもインターネットに接続でき、モバイルデバイスが激増し、ソーシャルネットワークが広まっている今、私たちは家でも職場でも「いつでもオン」の状態になっている。これは伝統的なプライベートと仕事の境界をなくしている。

2. **デジタルネイティブが影響力を強めている。** デジタル技術がどこまでも進歩し続けるために、テクノロジーに精通している若い「デジタルネイティブ」と、年上の世代の間に分裂が生じている。若い人々は職場の年上の人々よりも技術面で優れているが、多くの場合、企業の世界で期待される態度や社会的スキルが欠けており、権力に刃向う傾向がある。組織は両方の集団に対応し、両者のスキルを掛け合わせなければならない。

3. **バーチャル化は会社、顧客、社員の力の関係を崩壊させている。** デジタル時代が生んだ新しいバーチャルなビジネスモデルとビジネスプラットフォームにより、消費者はこれまでよりも容易に物事を選択し、商業的な提供者を通さずに自分たちの間で取引できるようになっている。これは顧客にこれまでにないレベルの選択肢を与える。また、不満を持った社員がオンライン上で公に会社の責任を問うと、会社のレピュテーションに傷がつく。

4. **職場が寸断されつつある**。社員がいつでもオンであると、仕事と職場の概念が流動的になる。多くの場合、社員はいつでもどこでも仕事ができるため、実際のオフィスや伝統的な組織階層の必要性が問われることになる。流動的な職場は特にデジタルネイティブ、すなわちバーチャルな働き方や仕事のツールを容易に取り入れることができ、伝統的な構造や階層を尊重しない若者たちにとって魅力的である。
5. **リーダーはロイヤリティーとレピュテーションの管理を優先しながらチームを「リモートコントロール」する必要がある**。リーダーは、IT技術レベルが異なる多様なメンバーが世界のあちこちに分散して緩やかにつながったチームをうまく管理しなければならない。チームのロイヤリティーを作り出すためには、リーダーは一体感と会社への愛着心を育て、めったに会うことのない人同士の共同作業を促し、こうしたグループ間で効果的な決定ができるようにしなければならない。透明でバーチャルな世界で生き残るためには、率直さ、清廉潔白さ、レピュテーションの管理が鍵となる。

ビジネスリーダーが考えるべき5つの問い

1. IT能力の高い人材を引きつけ、従来とは違うデジタル世代のイノベーションと創造性を活用するにはどうすればよいのか。
2. どうすれば若い世代の技術的な能力と年上の世代の企業社会スキルを掛け合わせて、両方を豊かにすることができるのか。
3. コストと生産性に関して、バーチャルな働き方の恩恵を得るにはどうすればよいのか。現在の組織構造にとって、それはどのような意味を持つか。
4. リモートコントロールで部下を管理し、会社への愛着心や仕事への意欲を持たせるには、リーダーにどのような能力が求められるか。わが社のリーダーたちに、それを身につけさせるにはどうすればよいのか。
5. 透明なバーチャル世界で、リーダーはどのようにレピュテーションを管理すればいいのか。

本書を書いている今、スウェーデンで一風変わったキャンペーン活動が勢いづいている。スウェーデン語でnürd、英語でnerd（日本語では「オタク」）の辞書の定義を変更し、もっと肯定的な意味を与えようという運動である[1]。

しばらく前、技術オタク――ITに熱中している人――というのは蔑称だった。しかし、デジタル化が進むにつれて、オタクが当たり前になっている。この言外の意味の変化は2000年代に起こった。メリアム＝ウェブスター辞典の共同編集者の1人によると、より多くの人がHTMLを学んで自分のウェブサイトを作るようになるとともに、この言葉は軽蔑的な含意をなくしていったという[2]。

現在、わずか10年前には想像もできなかった高度な技術的プロセスを実行するのにオタクである必要すらない。人々は日常的に自分の電話で写真やビデオを撮影し、それを自分でウェブサイトにアップし、VoIPネットワークでテレビ電話をかけ、ノートパソコンやタブレットや携帯電話でビデオを見たり音楽を聞いたりゲームをしたりしている。

毎月2,500万件以上のコンテンツがソーシャルメディアで共有される[3]。フェイスブックだけで1日に2億5,000万という信じられない数の写真がアップロードされ、このサイトで費やされる時間は1カ月で5億分にのぼる[4]。2012年のある3カ月の間にVoIPサービスであるスカイプにユーザーがログインした時間は合計1,150億分であった[5]。YouTubeには、毎分、24時間のビデオがアップされている[6]。あるテレビゲームシリーズの1作「コール・オブ・デューティ：ブラックオプス」だけで、2010年の発売からわずか1カ月の間に世界中でプレイされた時間が何と6万8,000年にのぼった[7]。

何百万人もの人々にとって、そうした技術の操作は決して「オタクっぽい」ものではない。それは単純な日常の活動であり、自分のプライベートと仕事になくてはならない一部である。

第4章 バーチャルな世界で働く：デジタル時代

メガトレンド：デジタル時代

　デジタル化は世界中で急発展している現象である。第3章で説明したように、インターネットとソーシャルメディアの利用はすでに欧米先進国では一般的であるが、アジア、ラテンアメリカ、アフリカの新興国で急速に拡大している。実際、デジタル化は第3章で論じた「個の台頭」のメガトレンドと密接にかかわっており、この2つのメガトレンドはある程度重なり合っている。しかし、デジタル時代が組織のリーダーに与える影響の大きさを考えると、このトレンドは独立して検討する価値がある。

　とどまるところを知らないデジタル化は、私たちがコミュニケーションを行う方法を変化させているばかりではない。仕事をする方法も、またプライベートと仕事の関係の性質も変化させている。これは新たな分裂を作り出し、長い間既定のものだった境界を曖昧にし、伝統的な序列を逆転させている。

いつでもオン

　1971年に最初の電子メールが送信されて以来[8]、インターネットはコミュニケーション、商取引、協力のための媒体としてきわめて広く浸透し、また教育や文化にアクセスする経路としても広く行き渡っている。これはインターネットの発明以前には存在しえなかった数え切れないほどの産業、ビジネスモデル、製品、サービス、企業を作り出している。インターネットサービスプロバイダー、検索エンジン、セキュリティソフトウェア、ウェブデザインとウェブホスティング、VoIP技術、ウェブ会議、オンラインデーティング、ソーシャルネットワークや職業ネットワーク、ストリーミングメディア……と、数え上げればきりがない。

そして過去15年間、デジタル技術が進歩するにつれてウェブがモバイルになっている。いっそう強力で洗練されたデバイスを使い、どんどん高速化するモバイルネットワークやWi-Fiネットワークを通して、私たちはいつでもどこでもアクセスできるようになっているのである。その結果、私たちは「いつでもオン」である。いつでも友だち、同僚、上司にアクセスし、おしゃべりをし、携帯メールやインスタントメッセージや電子メールを送り、テレビ電話をかけ、情報にアクセスし、コンテンツを見ることができる。グーグルのLatitudeというモバイルアプリケーションを使用すれば、設定した他のユーザーがどこにいるかをいつでも知ることさえできる。実際、デジタル時代には、オフのスイッチがないのである。

今後、デジタルの世界はますます豊かになるだろう。2020年には、すべての携帯電話がインターネットに接続できるようになると予想される[9]。拡張現実メガネのようなデバイスによって、私たちを取り巻く世界も強化されるに違いない。それは常にリアルタイムで情報を提供し、事実上、環境全体を実物大の３Dコンピュータスクリーンとして使うようになると思われる[10]。

サイバースペースの幹部候補生

こうした技術の進歩は、新しいデジタル市民を生み出している。若い世代はインターネットとモバイル技術のない生活を知らない[11]。そうしたデジタルネイティブたちは、オンラインで育ち、ファイル共有を楽しみ、ソーシャルネットワーク、ブログ、ツイッターなどで活発に活動し、マルチプレイヤーゲームで何時間も遊ぶ。彼らは意識することなく自然にデジタルライフスタイルを生きている。この世代のおよそ95％が何らかのソーシャルネットワークの会員である[12]。彼らにとってデジタルの世界は、現実世界と同程度に居心地のいいものであ

る。実のところ、両者の間にほとんど区別はない。企業向けITネットワークプロバイダーのシスコの報告書に書かれているように、「人体には206本の骨があるが、ジェネレーションYはスマートフォンを207番目の骨と感じている」らしい[13]。

オンラインで生活するデジタルネイティブたちは、独自のバーチャルな社会資本を作り出す。彼らはオンライン上で仕事のプロセスと実行方法を合理化し、個人的関係と仕事上の関係を管理し、世界中の人々とやりとりをし、協力し、社交的なつきあいをする。

公的な生活

　第3章に暗示されたように、デジタル時代の1つの側面は、人々が友人、家族、仕事上の関係者と接触するためにオンラインネットワーキングにいっそう依存するようになり、その結果、私生活と公的な生活の区別が曖昧になるということである。先ほど取り上げたシスコの調査によると半数以上の人々は、インターネットがなくては生きていけないと言う。この研究は、今や人々が個人的な関係を維持する主な方法として、直接顔を合わせるよりもオンラインコミュニケーションの方が、主流となりつつあることを示している[14]。

　シスコはオンラインでの生活、特に学生「次世代の労働者」の生活について注目すべき発見をしている。世界中の大学生の3分の2にとって、オンラインアクセスは車を所有するよりも重要なのである。5分の2はインターネットがデートや友達よりも重要であると考え、4分の1以上はフェイスブックが、やはりデートや友達よりも重要だと回答している[15]。

　フェイスブック、LinkedIn、ツイッターなどのようなソーシャルサイトでは、私たちはバーチャルな金魚鉢の中で生きることを選ぶ。最新状況、社会的な取り決め、自分の最新のニュース、写真、ビデオ、

好きなこと、新しい仕事、昇進、会議、参加するイベントなどについて常に投稿したりツイートしたりする。私たちは自分の最新の履歴を進んで公共の場に置く。それは公的な自己と私的な自己を融合させる。このデジタル時代、私たちはいつでもオンであるのに加えて、「常に記録されている」のである[16]（「影を追いかけて」のセクションを参照）。

そのような公的で常にオンである生活では、伝統的に分けられていた人々の個人的生活、社会的生活、職業的生活の垣根がなくなる。シスコは、今では会社員のおよそ70％がフェイスブック上で上司と「友達」であることを発見した。また、同じくらい多くの会社員（68％）がツイッター上で上司や同僚をフォローしている。驚いたことに、自分の私生活をプライベートなままにしておきたいと答えた人は、3分の1以下にすぎなかった[17]。

影を追いかけて

1994年の映画『ショーシャンクの空に』で、主人公のアンディ・デュフレーンは、太平洋は「記憶のない海」だというメキシコの言い回しを引用する。その対極にあるのがインターネットである。インターネットは「忘れる能力のない海」である。しばらく前に、『ニューヨークタイムズ』に「ウェブとは忘却の終焉を意味する」という見出しが掲載されたことがある[18]。

この新聞は、2006年に大学卒業の数週間前に学位授与を拒否された教育実習生、ステイシー・スナイダーの事例を紹介している。彼女は軽率にも、仮装パーティーでプラスチック製のコップで飲んでいる自分の写真をMySpaceに掲載し、「酔っ払った海賊」というキャプションをつけた。大学は、これは未成年の生徒に飲酒を勧める行為だったと判断した。彼女は提訴し、そして敗北した。

彼女の悲運は、私たちが個人的なことや仕事上のことでサイバースペースを歩き回るたびに、自発的に足跡を残していくということをはっきりと描き出している。この「ウェブの影」は、私たちがオンライン上で行う

ことのすべて、1つひとつのリンク、ウェブサイト上のコンテンツに自分について言及されたことや含まれたことすべてで構成される[19]。『ロンドンタイムズ』の記者が気づいたように、「グーグル検索不能 (unGoogleable)」であることは、事実上不可能なのである[20]。

ウェブ検索技術が上がるにつれて、このネット上の足跡はますます検索可能になり、削除不能になる。たとえばドイツ最大の金融機関は、個人の信用度の評価をするときにフェイスブックのページを調べる[21]。『ハーバード・ビジネス・レビュー』によると、人材を募集するとき、75％以上の企業が求職者のウェブ上の行動をチェックする。ウェブ上で発見したことが理由で実際に求職者を不採用にしたことがある企業は、70％を超えている[22]。

人材リクルーティングサービスのTalentBinは、ウェブ全体をスキャンして、応募者のオンライン上での活動を見つけ、そのスキル、関心、活動を分析するという検索エンジンである。同様の会社、Jobviteが行った調査によると、2011年、アメリカの企業の89％以上が人材を集めるためにソーシャルネットワークを使うつもりだと答えている[23]。

このオンラインの透明性が私たちの職業生活に非常に大きな意味を持っているのは間違いない。公私の区別がない世界では、その人の生活全部が履歴書になる。TalentBinのウェブサイトに書かれているように、「手の届かないところにいる人は誰もいないように思われる」のである。

仲間の圧力

また、デジタル時代は企業と顧客の従来の力の関係を崩壊させ、伝統的な市場構造とバリューチェーンを分断し、絶え間なく移り変わる機会と脅威の万華鏡を作り出す。

バーチャルなビジネスモデルとビジネスプラットフォームが増加することは、新しいビジネスモデルを生み出し、企業と顧客が取引をする新しい形を生み出すだけではない。これは消費者にかつてない選択

肢と力を与える。今ではどんなモノに関しても、消費者一人ひとりが購入前に比較サイトやレビューサイトで価格とサービスの質を比べることができる。これは消費者の購入行動に大きな影響をおよぼしている。仲間の推薦を信じると言う人が78％にのぼるのに対して、広告を信じると言う人は14％にすぎないのである[24]。

　コーネル大学のある調査から、ホテルの宿泊料金はオンラインレビューによって10％以上、上下しうることがわかった[25]。同様に、カリフォルニア大学は、オンラインでのレストランの評価が星半分上がるだけで、ピーク時に予約がすべて埋まる確率が49％上がることを見出した[26]。

　バーチャル化は、消費者が商業的な組織と取引をすることそのものを回避する手段さえ提供する。今や人々は自分たち同士で大量の取引をしている。オンラインの市場であるeBayは2013年6月現在でおよそ1億2,000万人のアクティブユーザーを持っている[27]。2011年にこのサイトで行われた支払いのおよそ3分の2はピアツーピア（P2P）の販売によるものであった[28]。項目別の短い案内広告を扱う会社、Craigslistは70カ国の700都市以上をカバーしており、このサイトの世界全体での1カ月のページビューは500億件を超える[29]。

　eBayやCraigslistのようなサイトのP2Pの考え方は、企業成長の活力源、すなわち融資、借入、資本調達も変容させ始めている[30]。「バンキングのeBay」と言われるように、P2Pの融資とは銀行を通さずに直接オンラインで金銭の貸し借りをすることである。このモデルは、伝統的な銀行セクターを犠牲にして、企業向けの融資市場も消費者信用市場も原形をとどめないほどに変化させる可能性がある（ケーススタディ「新しい資金調達」を参照）。

　同じように破壊的な影響を持つ可能性があるのが、群衆（crowd）の寄与を募るクラウドソーシングの形で資金を集めるクラウドファンディングである。クラウドソーシングは、通常オンラインのプラット

第4章　バーチャルな世界で働く：デジタル時代

フォームで、共通の目的のために多数の人々の力を結集させる。クラウドソーシングの典型例はウィキペディアである（ただし創設者はそのように呼ばれていることに異論を唱えている）[31]。クラウドファンディングはこのモデルを利用して、個人が自分の望みの金額をさまざまなプロジェクト（営利的、政治的、チャリティ、非営利など）に貢献することを可能にしたものである。企業は見返りとしてその会社の少数の株を投資者に提供することが多い。このアプローチの例は、創造的なベンチャーのクラウドファンディングを専門とするKickstarterである。Kickstarterは、2009年のスタートから2013年8月までに470万人がこのプラットフォームを利用し、4万7,000件以上のプロジェクトに7億5,700万ドル以上を提供したと述べている[32]。

ケーススタディ ■ 新しい資金調達

　最新のオンラインビジネスモデルについて感情的な誇大表現の出所として、伝統あるイングランド銀行ほど予想外の場所はないように思われるかもしれない。しかし、この銀行の金融安定化担当ディレクター、アンディ・ハルデインは、2012年、P2Pの融資がいずれ本当に伝統的な金融機関に取って代わる可能性があると予測した[33]。

　P2Pの融資はバーチャルな信用市場で行われる。貸手と借手がZopa、Funding Circle、RateSetter、ThinCats、Lending Club、Prosper、Smavaなどのサイトで直接接触する。個人や中小企業が、既存の銀行を通さずに融資と借入の金利について合意する。

　このモデルが登場したのは2000年代半ばである。金融危機後、銀行が融資に消極的になる中、このモデルの誘引力が大きくなっている。P2Pの資金調達は、まだ規模は大きくないものの、成長が著しい。たとえばイギリスのサービス運営会社Zopaの場合、2005年に開始して以来、これまでにローンが成約した金額は1億8,500万ポンド程度にすぎないが、2012年までの4年間で800％という目覚ましい成長率を示している[34]。

> アメリカのLending ClupとProsperでは、2012年までの6年間におよそ10億ドルのP2P融資が行われている[35]。
>
> 　イギリスでは、このセクターが政府の経済政策の焦点の1つにさえなっている。2012年末、ヴィンス・ケーブル商務大臣は、中小企業への融資を支援するために政府が拠出する1億1,000万ポンドのうち、半分は伝統的な銀行ではなくP2Pの融資者を通して貸し出すと発表した[36]。
>
> 　このモデルにリスクや課題がないわけではない。知名度はまだ低い。加えて、この業界は規制の対象となっておらず、焦げつきから貸し手を保護する手段がない[37]。融資者の1つであるQuakleは、デフォルト率が100％近くなったために閉鎖された[38]。
>
> 　しかし、基本的に、アンディ・ハルデインが指摘しているように、「最終貯蓄者と最終投資者が直接接触できない理由はない」。何十年も伝統的な金融機関が握ってきた個人融資と企業融資の主導権は、「これまでよりもはるかに多様なエコシステム」が進化するにつれて「後退しつつある」と彼は考えている。
>
> 　ハルデインは、最終的に銀行にとって厳しい時代がやってくるだろうと警告する。「仲介者としての銀行の役割は、いずれ鎖の中の余分な輪になるかもしれない」のである[39]。

　バーチャル化は第3章に示した2つの重要なトレンドを押し進める。1つは製品のカスタマイゼーションである。オンラインプラットフォームにより、消費者は自分の服、カード、チョコレートの味や香り、お茶のブレンド、フォトアルバム、料理の本、カレンダーをデザインすることが可能になる。また、これらのプラットフォームは、ニッチで少数派の娯楽商品へのアクセスも可能にする。実店舗環境では商業化が不可能だったこうした「ロングテール」ビジネスはamazonやSpotifyなどが活用している。

　2つ目は、デジタル技術が企業とその「サプライヤー」の現在のあり方に挑戦状を突きつけるということである。ブラックベリーのメー

カーであるRIMが気づいたように、企業はモバイルアプリケーションを作り出すサプライエコシステムを自分たちがコントロールすることができなくなっている。2011年、グーグルは、ブラックベリーのデバイスでのGmailアプリケーションの提供とサポートを中止した[40]。グーグルはその決定の理由を示さなかったが、ブラックベリーの市場シェアの低下が要因の1つだっただろう、と推測せずにはいられない。

どこでも何でも

　バーチャル時代のもう1つの特徴は、仕事と職場の「流動化」である。前述したように、今日の「いつでもオン」の文化では、人々もデータも、いつでもどこでもアクセスできる。この環境では、職場はもはや単一の物理的な事務所である必要はなく、人々がそこに出かけていく必要もない（これは組織のサステナビリティ戦略にとっては、恩恵である）。会社のイントラネットに接続さえすれば、労働者はどこでも好きな場所で仕事をすることができる。また、クラウド技術の採用により、メリル・リンチによると2011年の世界全体でクラウドは1,600億ドルの収入を生み出したと推定される[41]。企業のデータセンターは世界中のどこにあってもホストとして機能することができる。

　その結果、仕事がこれまでよりも流動的なものになる。空間だけではなく時間的な意味でも、仕事のパターンが変化する。人々が一定の場所にいる理由がなく、いつでもオンであるならば、硬直した労働日を設ける理由はなくなる。

　このような伝統的な労働構造の変化は、デジタルネイティブたち「リーダーになることに尻込みするジェネレーションYの若者（第3章に説明）」にとって、大いに歓迎される。もともと契約で決められた時間以上に働きたがらないこの労働者たちのデジタルライフスタイルは、9〜5時までオフィスで働くということ自体に疑問を投げかける。こ

のバーチャル時代、第3章で取り上げた私たちの友人アルヴィのように能力のある人々はいつ、どこで、どのように働くかを選ぶことができる。

事実、ますます大きくなるクリエイティブ・ワーカーの集団は、永続的な雇用を放棄することによって、自分の経済的な行く末を自分でコントロールしている。『We call it Work（僕らはこれを仕事と呼ぶ）』[42]という本の中で「デジタルボヘミアン」と呼ばれるこれらの人々は、コミュニケーション、情報収集、自己宣伝の主たる方法としてインターネットを使った新しい労働ライフスタイルを選択する。この本は、デジタルボヘミアンたちはたとえ収入が減っても、永続的な従業員として働くよりも「自分のコンピュータという居心地の良い場所で働く」ことに満足を感じるということを示す多数の調査結果を引用している。この本の共著者は、「私たちの未来の働き方を示す地図は……多くの人が現在想像しているよりも、ずっと空白が多い未知のものなのである」と書いている[43]。

仕事の世界の新しい地図を描くという作業は、新たなグローバル業界を生み出している。oDesk、Elance、Fiverrといったサイトは、創造的・技術的なフリーランサーを、そのサービスを必要とする世界中の組織と結びつけるバーチャル市場である[44]。oDeskのCEOであるゲーリー・スワートは、これを新しいグローバリゼーションの波の1つであると述べている。このサイトが請け負う依頼の80％以上は、国境を越えたものなのである[45]。

デジタル時代が持つ意味

企業にとって、将来の成功はオンラインの世界でのデジタルな能力を持てるかどうかにかかっている。今後、デジタル知識はグローバル経済の通貨になるだろう。イノベーションがきわめて重要になり、技

術的能力を持った人材の獲得戦争が激化するだろう。

　競争力を保つためには、企業は、デジタルツールとスキルが生み出すコストと生産性の恩恵、すなわちより安価で、簡単で、迅速なコミュニケーション、協力、組織作り、意思決定、生産という恩恵を解き放って利用しなければならない。また、デジタル時代がもたらす機会と脅威にどのように対応するかを知らなければならない。この難題に立ち向かうため、組織とそのリーダーたちは地図のない未踏の領域に乗り出さざるを得ないだろう。デジタル時代に備えることはこれまで自分たちが知っていた世界をひっくり返すことになるに違いない。

　これまでの力の関係が逆転する。先ほど述べたように、市場の構造が変化し、企業と顧客の上下関係が変わりつつある。職場の世代間や社員と雇用主の間の伝統的な指揮命令系統でも、同じことが起こっている。

職場で力を持つ若者

　この勇ましく新しいバーチャル世界がデジタルの桃源郷と感じられるか、困惑するような技術の暗黒郷と感じられるかは、ある程度、その人がいつ生まれたかによって決まる。デジタル化は、はっきりとしたデモグラフィー（人口統計学）の分裂を作り出している。

　若い世代が生まれながらにしてテクノロジーに安心感を覚えるのと対照的に、年上の人々にとってバーチャルな世界は、第二の自然のようには感じられない。それを理解するのに悪戦苦闘することもある。不可解で、ややこしく、ときにはおじけづいてしまうような世界である[46]。デジタルな環境から逃れられなくなっている今、伝統的な組織階層に反して、若い社員のほうが職場で明白な競争優位性を持つようになっている。テクノロジーに精通した若者たちは、自分たちが50代の上司よりも大きな影響力を持ち、大きなインパクトを与えることが

できることに気づいている。上司たちは、技術的なスキルやこれほど多くのビジネスが行われている場について、基本的な知識を持っていないのである。

清廉潔白さとレピュテーションの管理

しかも、バーチャル世界の透明性のため、従業員は自分たちが適切だと思う形で上司と組織に責任を持たせる力を持っている。組織は事業、秘密情報、社員の品行不良をファイアーウォールの裏側にとどめておくことが以前より、はるかに難しくなっていることに気づいている。ビッグ4と呼ばれる世界の大手会計事務所のうちの2社も、社内メールがアイルランド共和国で漏れたときにこのことに気づき、大いに狼狽した。PwCとKPMGの男性社員があからさまに性的な、ときにひどく下卑た言葉で女性の同僚にメールを送っていたという驚くほどよく似た状況が、広く人々の耳目を集めたのである[47]。

このような状況では、レピュテーションリスクが拡大される。不品行や苦情はまたたく間に世界を駆け巡り、瞬時にして企業と個人の信頼性を傷つける。

バーチャルなショーウィンドウに企業のレピュテーションがディスプレイされる現代、組織は非難の余地のない品行と倫理を維持することが必要である。そのためにはリーダーの率直さ、誠実さ、清廉潔白さが求められる。リーダーはロールモデルとして行動し、すべての言動においてそうした価値観を体現することが期待される。透明性というのはオンラインの世界が進んで取り入れてきた役割なのである。

TalentBin検索サービス(「影を追いかけて」のセクションを参照)の創業者らは、以前にはUnvarnished(「ありのまま」を意味する)というサイトを運営しており、これが後にHonestly.com(「正直」を意味する)に改名された。この物議を醸すサイトでは、匿名のユーザーが過去や

現在の同僚についてのオンラインプロフィールを作り、その人たちの率直でありのままの評価を投稿することができる[48]。このサイトの設立者であるピート・カザンジは、当初メディアから批判を受けたとき[49]、自分が目的としているのは「生産的な会話」を生み出し、「人の職業的なアイデンティティを見ることができる正直で率直な窓」を提供することによって、レピュテーションの問題に透明性を与えることだと反論した。ABCニュースで、彼は「職業上のレピュテーションは一緒に働いている人たちの頭の中にあるが、それにアクセスするのは非常に困難」だと語っている[50]。

批判もあったが、多くの人は明らかに彼の考え方に賛同した。Honestly.comは立ち上げから最初の数カ月の間に何万人ものアクティブユーザーと多くの投稿を引きつけ、人材のスカウトや募集をする人々の注目を集め、120万ドルの投資資本を得た[51]。

Honestly.comの速射版とも言えるCubeduelも、2011年に登場するとすぐに人気を博した。Cubeduelはビジターに対し、LinkedInを通してランダムに選ばれた2人の同僚のうち、どちらと一緒に働きたいかを投票するように求める。ユーザーは自分がどのように評価されているかを見ることもできる[52]。LinkedInは、このサイトがスタートしてから数日のうちに、アクセス量が多くなりすぎてしまったために一時的にこの「ゲーム」を停止しなければならなかった[53]。

このようなオンラインの透明性は会社とリーダーに非の打ちどころのない行動を要求するが、皮肉なことに労働者には反対の影響を持つこともある。特に、彼らが自分の身元を隠して匿名で批判を投稿できるときにそうした問題が生じやすい。

人々の生活がますますデジタルの領域に依存するようになるにつれて、期待されるレピュテーションも変化していくであろう。「ウェブ上の影」は私たちの仕事の未来にとってそれほど重要ではなくなっていくと思われる。オンライン技術雑誌『Tech Crunch』の創業者が理

論的に説明しているように、誰も彼も、若いときの分別のない行為がオンライン上に掲載されるようになると、しばしば自分自身で掲載するのだが、それは「あまり重みを持たなく」なるはずである。社会がデジタル時代に適応すると、仕事に関係のないプライベートな行動は大目に見られるようになる。大学時代の酔っ払った写真が就職活動に不利になるということはなくなるだろう。マリファナを吸っている写真がオンライン上に見つかっても、それが求職者のほとんど全員だったならば、会社にとってそれは「もはや大したことではなく」なる[54]。

しかし、だからといって自分の望みのままに行動してもよいというわけではない。今後も清廉潔白さはレピュテーションの基礎であり続ける。そして、それはその人の価値観、言葉、行いの誠実さと一貫性によって判断される。職場外でのちょっとした軽率な行動は寛大に扱われるであろうが、清廉潔白さの欠如は許されない。そして、デジタルな透明性の時代では、清廉潔白さの欠如が暴露されるリスクがこれまでよりはるかに高まっている（「清廉潔白さの教訓」のセクションを参照）。

清廉潔白さの教訓

　デジタル時代の清廉潔白さの重要性と脆さは、ドイツのある政府高官の例にはっきりと見ることができる。2012年、教育大臣のアンネッテ・シャーバンは、33年くらいも前に書いた博士論文の盗用疑惑が匿名のブログに掲載されたことから、30年におよぶ政治生命に終止符が打たれた。

　この疑惑は、博士論文の盗用を見つけ出すために開発されたソフトウェアを基礎にしたものであった。彼女の母校、デュッセルドルフ大学は、9カ月にわたる調査を行った結果、最終的にブロガーの主張を認め、彼女の学位を取り消した。シャーバンは、その疑惑を強く否定し、また大学を訴えるつもりだと発表したにもかかわらず、結局、2013年2月に辞任した[55]。そのときまで、彼女は一切スキャンダルもなく、政治家として長く順調なキャリアを歩んできた。また、科学界の情熱的で見識ある擁護

者という申し分のないレピュテーションを得ていた。

　ところが、そんなことはすべて吹き飛んでしまった。突如、清廉潔白さが問題となった。特に彼女が教育大臣であったことと、アカデミックな業績と肩書が大いに尊重される文化であったことが問題を大きくした[56]。(教育大臣が大学を相手取って訴訟を起こすという厄介な問題もあった)ゆえに、シャーバンは辞任せざるを得なかった。彼女はあるインタビューで、学位や肩書をなくしたことよりも清廉潔白さに傷がついたことが何よりつらいと語っている[57]。

デジタルの叡智

　おそらく本書で検討する他のどんなメガトレンドにも増して、デジタル化の結果、リーダーたちは自分の安心領域から足を踏み出さざるを得なくなるだろう。リーダーは、ときとして自分では完全には理解できない技術を使った概念、アイディア、発展に対して、心を開くことが求められる。

　企業の幹部は技術的な専門知識は持たないかもしれないが、「デジタルの叡智」を持たなければならない。提案された戦略について、必ずしも技術的な実行面を理解しなくても、その商業的な可能性を判断するのはリーダーの責任である。また、そうした提案を実行することが自分たちの組織とリーダーらにとってどのような意味を持つのかを理解しなければならない。

落ち着きのないネイティブたち

　リーダーにとって最も差し迫った問題の1つは、扱いにくいデジタル世代をどう管理するかということである。ミレニアルたちは重要な技術的スキルを持っていると自慢する。それはある意味で、経験を積

んだ年上の社員たちよりもこのバーチャル時代に指導的役割を果たすのに適しているとも言える。また、彼らはデジタルな優れた能力のために効果的に多くの仕事を同時にこなし[58]、大量のデータを素早く効率的に検索し、ふるいにかけ、それに基づいて迅速に決定を下すことができる[59]。

しかし、こうした重要な知識を持っているにもかかわらず、彼らは組織のリーダーに求められる社会的なスキルや意識を持たないことが多いため、技術に依存しすぎる傾向がある。UCLAの調査によると、インターネットを頻繁に使うことによってデジタルネイティブたちの脳の働き方が変化し、非社交的な態度が生まれ、集中できない傾向が強化されるという[60]。そのため、直接顔を合わせて人に向かい合うとき、微妙な非言語コミュニケーション（ボディランゲージ、声の調子、顔の表情）を敏感に読み取ることができず、他者に共感したり個人的な関係を発展させたりする能力が低いということが、いろいろな調査から明らかになっている。『ハーバード・ビジネス・レビュー』はこれを次のように表現する。「若い人々は十分な刺激を受けていないために神経経路が未発達であり、社会的スキルが十分に磨かれていない」[61]。

こうした能力は企業環境にとって重要であるばかりではなく、リーダーとしても欠かせない（第7章と第8章で論じるように、本書で取り上げる6つのメガトレンドによって形作られる未来にはそうした能力がいっそう肝要になる）。しかも、こうしたスキルを持たないだけではなく、若い社員たちは第3章に示したようにそもそもリーダーとしての責任を担おうという意欲をほとんど持たない。これは近い将来、リーダー不在という憂慮すべき事態を作り出す可能性がある。第5章で論じるように、現在の幹部経営陣の半数が今後、数年のうちに退職年齢に達するからである[62]。

しかし、社会的スキルが足りないとはいえ、若い社員の技術面での能力は組織にとって不可欠の資産であり、企業の成功に大きく貢献す

る。こうした社員たちの創造性、革新性、好奇心、新しい物事を受け入れる姿勢を取り込むことによって、彼らの潜在力を利用することがリーダーにとってきわめて重要である。リーダーは、若い人々が知識と自由な働き方を企業環境に溶け込ませるのを後押しする状況を作り出すことが必要である。

同時にリーダーは、若い人々が自分たちにとってなじみのない企業環境の中でうまく暮らしていけるように、適切な手引きをすることが求められる。リーダーは、適切な枠組みを設け、企業秘密の扱い、公私の区別、社会人としての振る舞いを取り入れる方法などについて助言をする必要がある。

高値で取引される新世代

インターネットの夜明け以来、将来有望な新興企業が数百万ドルで売却される話は珍しくない。しかし、2013年3月、ヤフーがニュース要約サービス会社「サムリー」を3,000万ドルで買収したというニュースは世界のメディアを興奮させた。

サムリーの創業者、ニック・ダロイシオは、この取引が行われたときで17歳、同名のアプリを開発したときにはわずか15歳だった[63]。彼が作り上げたアプリは確かに素晴らしいが、ダロイシオとサムリーの物語がデジタル時代の生活を完璧に体現していることを考えると、それほど驚くような話とは言えないのかもしれない。

サムリーはスマートフォンのない生活を知らず、いつでもオンで動き続けている世代にぴったりのアプリである。このソフトウェアはニュースを集め、モバイルデバイス用にそれを要約する。100語というフォーマットは、携帯メール、インスタントメッセージ、140字のツイッターでコミュニケーションを行うことに慣れているデジタルネイティブにとって理想的である[64]。

実際、ヤフーのシニアバイスプレジデントのアダム・ケイハンは、「本当

にモバイルであるとはどういうことか」を考える能力を持つダロイシオは「世代交代」の象徴だと評している。ケイハンは、ダロイシオの世代にとっては「初めにモバイルありき、というだけではありません。彼らにはモバイルしかないのです。これは新たなモノの見方です」と言う[65]。

ダロイシオ自身がデジタル世界に必要な技術的能力の典型例である。ケイハンはこのティーンエージャーを「比類のない製品思想家」と呼んだ。ダロイシオはこの取引によって大金持ちになったばかりではなく、ヤフーのロンドン事務所に職を得た。これはモバイルに重点を置くことによって苦戦中の業績をアップさせるという同社の戦略の一部であると思われる[66]。デジタル時代の前進につれて、今後もきっと何人ものダロイシオが生まれることであろう。

足りないところを補い合う

デジタルネイティブのスキルを取り込むことは、世代間の双方向の知識移転を実現する機会になる。

若い世代は、年上の社員たちのために技術をわかりやすく説明するよう奨励されなければならない。デジタルツールがあまりにも急速に増殖するため、どんなにその使い方の正式な研修を行おうとしても追いつかないからである。これは協調的な新しい学習プロセスを必要とする。新しいデバイスやアプリケーションを早い時期に採用する「アーリーアダプター」は、それほど容易に技術の変化について行けない人々に、その機能だけではなく、できるだけ生産的にそれを利用する方法を教える必要がある。

同時に、社会的な能力が高くない若い社員が企業生活をうまく歩んでいけるように、経験豊かな社員が指導するプロセスも設ける必要がある。

自分のデバイスの使用

　流動的な職場をマネジメントするとき、リーダーにとって非常に大きな2つの難題がある。(1) 組織のITシステムの堅牢性を確保すること、および (2) 遠く離れた場所にいるチームを率いることである。

　リーダーは今後、企業の信頼できるITアーキテクチャを確保することにいっそう大きな責任を負うようになるだろう。絶え間のないデジタル化によって職場にどんどん新しい技術やツールが採用されるようになっていることから、最近、10年前には考えられなかった「自分のデバイスを持ち込む (bring-your-own-device)」(BYOD) 文化が生まれている。会社は市場で増え続けるスマートフォンやタブレットなどに対応しきれないため、単純に、仕事の目的で自分のデバイスを持ってくることを社員に認めるようになりつつあるのである。テレコム分析会社のジュニパーリサーチは、職場で使用される社員個人のモバイルデバイスが2014年には世界で3億5,000万台に達するだろうと予測している。この数字は2012年の合計の倍である[67]。これは秘密情報を守らなければならない企業にとって、セキュリティ上のきわめて大きな問題を生み出している。

　ITセキュリティ会社のマカフィーとカーネギー・メロン大学が行った研究によると、モバイルに関する会社方針を作成して実行するのは難しくないと答えた企業は10％にすぎなかった。その結果、自社のモバイル方針について十分に認識しているのは社員の3分の1にも満たなかった[68]。また、本章の前半に取り上げたシスコの調査によると、社員の70％は会社のITセキュリティ方針を知りながら、日常的にそれに反する行動を取っている[69]。また、調査会社のオーバムは、IT部門の28％は社員のBYODの習慣を見て見ぬふりをし、さらに18％はそれに気づいていないことを発見した。つまり、ほぼ半数の組織は社員が「自分の」デバイスを職場で使うことを完全に放置しているのであ

る[70]。

　したがって、法令を順守し、プライバシーと企業データを保護するために、ハードウェア、ソフトウェア、アプリケーション、ウェブツール、クラウドを職場で使用する明確な方針を定めて社員に伝えるのはリーダーの仕事になる。

リモートコントロール

　また、リーダーは離れた場所から管理を行うという難しい課題にも立ち向かわなければならない。今後、仕事をいつ、どこで実行するかを社員が選択することがますます増えていくため、バーチャルなコミュニケーションが直接対面によるコミュニケーションに取って代わることになるであろう。

　そうした中で、リーダーは、たまにしか顔を合わせないスタッフの間に一体感を作り上げ、社員の愛着心や意欲を高める必要がある。また、同時に同じ場所にいることがめったにない分散したチームの間で、効果的な共同作業、知識の共有、意思決定ができるようにしなければならない。チームメンバーの多様化が進み、個人の台頭とともにスタッフの入れ替わりが激しくなるため（第3章を参照）、この課題はいっそう難しくなるであろう。

　人々がオンラインで暮らし、公私の区別がほとんどない時代に、ますますデジタルネイティブが増える分散型のチームに本気で仕事に取り組ませる主たる環境は、ソーシャルメディアになるだろう。ソーシャルネットワークサイトにアクセスすることを禁止するとモチベーションと生産性に悪影響が生じることが明白であるにもかかわらず、いまだに多くの組織がこれを禁止しているのは驚きである（「禁止されるほど見たくなるフェイスブック」のセクションを参照）。

禁止されるほど見たくなるフェイスブック

「人は自分が持つことができないものをほしがる自然の性癖を持っている」。これはインターネットアクセスが規制された講義室での学生の行動を観察したある技術ジャーナリスト兼大学講師が引き出した結論である。

教室に入ると、学生たちは「携帯電話の上にかがみこんで」フェイスブックのページを更新している。彼らはどこかよそから漏れてくる弱いWi-Fiの信号をつかまえるため、講義室の端に集まろうとする。この講師がブログに書いているように、「情報を共有したいという飽くなき欲望と、ウェブにアクセスする方法がほとんど無限にあるという状況の中で」ソーシャルメディアを禁止しようとしても無駄なのである[71]。

しかし、会社はなかなかこれが受け入れられないように見える。2009年でもまだ、企業の半数以上が職場でソーシャルネットワークサイトを使用することを禁止している。さらに3分の1は限定的な使用のみを認めている[72]。デジタル時代にこのような方針を取るのは近視眼的であり、どうしようもなく時代遅れのアプローチであることは言うまでもない。それどころか悪影響さえある。

会社の意図とは裏腹に、ソーシャルネットワークの禁止は実のところ生産性を低下させる。コペンハーゲン大学のある研究は、面白いビデオを見ることを許された人たちは、それを明白に禁止された人たちよりも、数を数えるという単純な課題の成績が良いことを明らかにした。この研究は、意思の力は有限の資源であることを示している。職場で「フェイスブック禁止」という方針に従うことに意思力を使うと、仕事に集中する力が減ってしまうのである[73]。

そうであるならば、社員が禁止を回避する方法を見つけたり、痕跡を隠したりするために時間とエネルギーを費やすことほど、会社が望まないものはないだろう。KPMGの調査によると、アクセスを禁止された会社で働くスタッフの3分の1以上は、ファイアーウォールを回避する方法を見つけ出していた。

職場でのソーシャルメディアの使用禁止は、社員のエンゲージメント

にも悪影響をおよぼし、これがさらに生産性を低下させる。KPMGは、自分たちの仕事に満足していると答えた労働者の比率がソーシャルメディアへのアクセスを認められた組織では63％であるのに対し、禁止されている組織では41％であることを明らかにした[74]。

さらに、そのような禁止をしている会社は、これからやってくる重要なデジタル人材の獲得競争において明らかに不利になる。別の研究では、18〜24歳の若者の39％は職場でフェイスブックの使用が禁止されたならば仕事をやめることを考えると答え、さらに5分の1はそのような禁止に当惑すると答えている[75]。

おそらく各組織は、1世紀以上前にオスカー・ワイルドが語ったことを慎重に考えてみるべきであろう。「誘惑を取り除く唯一の方法は、それに屈してしまうことである」[76]。

総合的な効果

会社から離れた場所での仕事、フラットな組織構造、個人主義化してますますハイテク通の反権威主義的なミレニアルが中心となるバーチャルな世界が重なり合うと、どのような結果が生じるのだろうか。序列を表わす物理的な階級がないと、若い世代は企業の指揮命令系統を尊重しなくなるのだろうか。上司や仲間にバーチャルなアクセスができることで、責任感が薄れるのか、あるいはマイクロマネジメントを促すのか、それとも下から上へ決定を上げていくことが可能になるのだろうか。

あるいは、デジタル時代の特性が組み合わされた結果、意思決定が民主的になり、頻繁に変化するインフォーマルな集団に近づいていくのだろうか。それは会社への愛着心や真剣な取り組みを強化し、イノベーションを促進するという利点もあるだろう。しかし、それは意思決定を時間のかかる困難なものにするのではないだろうか。

この問題に対処するため、リーダーは効果的な集団決定のための適切な状況を作り出さなければならない。そのためには、チームメンバーの目標と責任を一点の曇りもなく明確にすることが必要である。それはつまり、第3章で説明した一定の制限の範囲内での権限を与えるということである。

デジタル時代の要求

　組織とそのリーダーがデジタル時代に直面する主な困難をここにまとめておこう。

1. **溝の橋渡し**　リーダーは、職場の若い世代と年上の世代のデジタルデバイドを埋めるとともに、企業生活とリーダーシップの役割に対するデジタルネイティブの非伝統的な態度にも対処しなければならない。デジタルネイティブたちが企業生活に適応し、必要な社会的スキルを身につけることができるように、枠組みとガイダンスする場を用意し、コーチングをしながら、彼らが会社にもたらす創造性、好奇心、イノベーションを取り込む必要がある。
2. **バーチャルな働き方**　世界中のどこにいてもいつでも仕事ができるようにし、分散したチームが効果的に共同作業を行えるようにするため、新しい構造、序列、ITインフラが求められる。また、増え続けるデバイス（その多くは会社ではなく社員が所有する）がインフラとセキュリティにおよぼす影響を把握しなければならない。
3. **デジタルの叡智**　リーダーは、自分が完全には理解できないかもしれない計画について決定し、それを実行するという難題に直面する。リーダーは、構造とプロセス、および必要なスキルと能力という面で、これらの決定の意味を理解する必要がある。
4. **リモートリーダーシップとロイヤリティーの管理**　リーダーは世界中に分散し、めったに会うことのないチームを組織し、管理し、メンバーたちが働く意欲を持つ方法を見出さなければならない。本質的に異なる集

団を率いるためには、新しい意思決定のプロセスと、ロイヤリティーを育てる新しい方法が必要である。

5. **清廉潔白さとレピュテーションの管理**　マウスを1回クリックするだけでレピュテーションが地に落ちることもある透明な世界では、組織は非の打ちどころのない行動を取らなければならない。これはリーダーに高度な率直さ、誠実さ、清廉潔白さが求められるということであり、価値観、言葉、行いが一貫していなければならないということを意味する。

第5章

社会の不安定化：人口動態の変化

「このペースで［人口増加が］続けば……2600年には我々は全員、
文字通り肩を並べて立っていなければならなくなるだろう」
― **スティーヴン・ホーキング**　物理学者・宇宙学者

概説 ■ 人口動態の変化

5つの基本ポイント

1. **世界の人口増加と高齢化が同時に起こっている。**世界の人口は、途上国と新興国を中心に増加するとともに、先進国を中心に急速に高齢化している。どちらの傾向も、今世紀のかなりの期間にわたって続くばかりか、一段と進むだろうと予測されている。また、移民も増えている。今後数十年、一連の「プッシュ」要因と「プル」要因のために、さらに移民が増加するであろう。

2. **人口動態の変化は、社会構造と(特に欧米の)企業に大きな圧力をかけている。**人口の増大、および高齢化による扶養率（労働年齢人口に対する被扶養者の割合）の高まりのために国の福祉制度が限界に達しつつある。しかも、多くの欧米社会（および中国）は社会経済的に効率が下がり始めるポイントを超えて高齢化している。

3. **人材獲得戦争が激化する。**世界の人口の高齢化は、世界の労働力が減少し、特殊なスキルを持つ人、ハイパフォーマー、有能なリーダーの奪い合いが起こることを意味する。企業、さらには国家も、鍵となる人材を巡って世界的な競争をせざるをえなくなる。

4. **企業が人口動態の変化に順応するにつれて、労働力が多様化していく。**成功する組織は、十分な人材パイプラインを確保するためにますます多様な労働力を育成することが必要になる。これは、必要に応じて移民に

頼ることを含め、多様な文化的バックグラウンドを持つすべての年齢の男女を採用することを意味する。さまざまな年齢、民族、性別の多様なニーズを反映した働き方、雇用条件、人事手続きが発展していくであろう。
5. **多様性を管理することが、リーダーの中心的な能力の1つになる。**リーダーらは、多様なチームのロイヤリティーを育て、パフォーマンスを最大にするために、社員のニーズや能力に関してきわめて繊細な対応をする必要がある。そのためには自分のチームをよく知り、メンバーについて深く理解することが求められる。

ビジネスリーダーが考えるべき5つの問い

1. わが社のブランドは世界的な人材市場で競争力を持つか。
2. わが社の人材採用方法はできる限り多様な候補者のプールを引きつけることができるか。
3. わが社はすべての年齢と民族の人材を引きつけて維持するための有形無形の条件を作り出すことができるか。これらの条件は、男性の社員にも女性の社員にも等しく魅力があるか。
4. ますます多様化する労働力を管理し、やる気を引き出すことができるリーダーをいかにして育成するか。
5. 年上の社員と若い社員が互いに学び合うようにするにはどうすればよいか。

　人類の数が10億人に達したのは、1800年代の初めである。地球上に人類が誕生してから10億人になるまでに数万年かかったことになる[1]。ところが、その人口が7倍になるまでには2世紀と少ししかかかっていない[2]。2013年1月1日、アメリカ国勢調査局に掲載された世界人口オンラインカウンターは70億5,670万180という数を示している。それだけではない。これから40年間で、世界の人口にはさらに30億人が加わると推定されている[3]。
　世界の人口増加と同じくらい急速に進んでいるのが人口の高齢化で

ある。2030年には西欧の人口の半分は50歳以上、4分の1は65歳以上になるだろう。ヨーロッパの平均寿命は90歳に達する[4]。人口の高齢化は欧米だけの現象ではない。日本ではすでに大人用のおむつの売上高が、乳幼児用を超えている[5]。

世界の人口動態構成の変化は他にもある。2011年、ナショナル・ジオグラフィック・ソサエティは、世界の「典型的な」人の顔の合成を作った。28歳の漢民族男性である。そして2030年には平均的な人間は、インド人になると予想している[6]。これから数十年の間に人類の容貌は大きく変化するのである。

メガトレンド：人口動態の変化

人口動態の分析は、組織の情報活動の重要な要素である。企業は、自社の製品やサービスを売る市場の規模と構造や、ターゲットとする顧客の性質を理解することに膨大な時間と資金を投じる。同様に、公共機関もそれぞれの地域の人口動態の特性に基づいてサービス提供の計画を立てる。しかし、先進国でも新興国でも、その特性が目の前でどんどん変化している。

この人口動態の変化は主に、同時に起こっている3つの現象、すなわち人口の増加、社会の高齢化、移民の増加の組み合わせとして生じている。これは世界の人々の力学を変化させ、企業の製品と雇用市場を大混乱に陥れる。

著しい増加

世界の人口は2025年には80億人[7]、2050年には106億人になると推定されている[8]。この増大は主として、新興国と途上国の出生率の高さによる（一人っ子政策を取る中国は例外である。「最後の小皇帝？」のセクシ

ョンを参照。）これらの地域の出生率は緩やかに低下し、合計特殊出生率（一人の女性が一生の間に産む子どもの平均数）は2005年に2.9、2050年に2.0になると予測されている。しかし、平均寿命の伸びと組み合わされるため、これでも急速な人口増加が持続するのに十分な高さである。

　その結果、これらの地域の人口はどんどん増加している。2005年、世界の人口増加の半分を占めるのは7つの国であり、そのうちの6つは途上国と新興国であった（バングラデシュ、中国、インド、インドネシア、ナイジェリア、パキスタン）[9]。現在から2050年まで、途上国が世界の人口増加の95%を占めることになると思われる[10]。

　それに対して先進国の人口は安定しているか、一部で減少している。先進国における平均寿命の着実な伸びは、1.6という合計特殊出生率の低さによって相殺されている[11]。国連によると、ヨーロッパの人口は2000～2050年の間におよそ4,400万人減少すると見積もられる[12]。

最後の小皇帝？

　増大する人口を抑制するための中国の「一時的な」措置は、おそらく社会工学的に世界で最も長く続き、最も議論を呼んでいる政策であろう。導入から四半世紀以上を経てもまだ実施されているこの国の一人っ子政策には、同じくらい強固な賛成意見と反対意見が存在する。

　この国の「家族計画政策」は決して全国民に適用されているわけではなく、対象は主に都市部の漢民族である。外国人と少数民族、農村の住民、第一子が女児であった夫婦、およびどちらも一人っ子である夫婦には適用されない。中国の国家人口・家族計画委員会によると、この政策の対象となるのは人口の36%である。それでも、この制限が意図された効果を上げているのは間違いない[13]。

　この政策が1979年に鄧小平によって導入されたとき、中国は急激な人口増加を経験していた。人口は1949～1976年の間に75%も増えた[14]。

各種の推定値にはばらつきがあるが、現在、この人口抑制策は何億人もの誕生を回避することに成功したという点で専門家の見解は一致している[15]。公式の推定値(中国国外では異議も提起されている)[16]によると、2011年までに防がれた出生数の合計は4億人である[17]。

この政策は明らかに社会的、経済的、そして心理的な副作用を持っている。それには望ましくないという程度のものから衝撃的なものまでが含まれる。その一部は中国の経済的な健全性にとって正真正銘の脅威となっている。

中国社会科学院の推定値によると、2001年、女児100人あたり男児119人が生まれた。これは、彼らが結婚適齢期に達する2020年には、2,400万人以上の男性が結婚できないことを意味する[18](アジア全体での男女の不均衡については、「少ない性」のセクションを参照)。また、社会経済的な視点に立つと、この政策のために中国の労働力から女性という重要な集団が奪われていると言える。

また、この政策は中国のいわゆる「四二一問題」も生んでいる。中国では伝統的に、家族が高齢者の面倒をみる。一人っ子政策の下で生まれた子ども自身が親になると、その夫婦から生まれる一人っ子は、2人の親と4人の祖父母の世話をしなければならなくなるのである[19]。

1979年以降に生まれた一人っ子の心理的な問題についてもいろいろと議論されている。両親の愛情と注目を一身に浴び、人生を共有する兄弟姉妹がいない彼らは、「貴重な雪片(precious snowflake)」世代と呼ばれる[20]。中国社会は、「自分本位でうぬぼれが強い」と言われる彼らとともに生きていかなければならない。実際、一人っ子は採用しないという方針を取っている会社すらある[21]。

2013年に行われたある研究は、この「小皇帝」効果が中国経済の未来に重大な意味を持つかもしれないと示唆している。この研究ではオーストラリアの学者らが、1979年以前生まれと以後生まれの約400人の中国人の社会経済的な実験を行った。その結果、一人っ子政策の下で生まれた人たちはそれ以前に生まれた人に比べて、ずっと悲観的であり、誠実さ、競争性、リスク嫌悪、人を信じる態度、信頼性がはるかに低いことがわか

った[22]。また、彼らには神経症的な傾向も見られた[23]。この研究を行った学者らは、ゆえにこれらの人々は「自営といったリスクの大きい職業につく可能性が低く」、中国社会の「起業力が下がっていくかもしれない」と結論している[24]。

　この壮大な社会実験は、この国の強まる経済的優位性を揺るがす弱点となるのだろうか。今、中国で最も影響力のある研究者、人口統計学者、政策アドバイザーらの間では、この政策を中止すべきだという意見が大きくなっている[25]。また、政府レベルでも、これを完全にやめる可能性が議論されている。上海の復旦大学のある客員教授が、イギリスの『ガーディアン』紙に語ったように、「政策の転換は不可避である……いずれその日は来る」であろう[26]。

人口の高齢化

　2002年、国連は人口の高齢化を描き出した報告書を発表した。その表現はメガトレンドの定義そのものにぴったりあてはまる[27]。国連は、世界の人口の高齢化は「先例のない」ものであり、その速度は「人類の歴史上比べるものがなく」、21世紀にはさらに急速に進むだろうと警告する。そしてこの趨勢を、「普遍的なもの——すべての男性、女性、子どもに影響するグローバルな現象」と呼んでいる。

　さらに国連は、人口の高齢化は「継続する」と述べ、「祖先たちが知っていたような若い人口構成に戻ることはないだろう」と断言する。ゆえに、この趨勢は「人間の生活の多くの側面に深く大きな影響」をおよぼす。

　また、この報告書は、世界中のほぼすべての地域で高齢者人口が人口全体よりも速いペースで増加することに注意を促している。60歳以上の人口は20世紀後半の50年間に、ほとんど3倍になった。1950年には世界中で2億500万人であったが、2000年には6億600万人になって

いるのである。

　世界の人口の高齢化は、出生率の低下と平均寿命の伸びという2つの強力な動きの結果である。1950〜2010年の間に、世界の平均寿命は20年伸びて68歳になった[28]。その結果、2005年には28歳だった世界の人口の平均年齢は、2050年には38歳になると思われる[29]。2050年には、先進国の人口の4分の1以上が65歳以上になると予測されている。現在、65歳以上が人口の30％以上を占めているのは日本だけであるが、2050年には64カ国ほどになると思われる[30]。2020年には、世界全体で65歳以上の高齢者の数が、初めて5歳未満の子どもの数を上回るであろう[31]。

　しかし、そのときまでには平均寿命の予測がすでに古びてしまっている可能性もある。人間の寿命があまりにも急速に伸びていくため、正確な予測をするのは非常に難しいのである[32]。1980年という最近の時点でさえ、人口統計学者らは、平均寿命の伸びは緩やかになり、最終的には止まるだろうと予想していた[33]。

　医学と栄養学の進歩（第6章で考察する技術のおかげで、長足の進歩を遂げている）により、世界中で人々が生きると期待される年齢がどんどん押し上げられている[34]。また、グローバリゼーション2.0によって、世界人口の大きな部分が比較的豊かな集団に仲間入りしている（第1章参照）ため、より多くの人々が医療、質の高い食べ物、健康的なライフスタイルの選択肢、より活発な余暇活動にアクセスができるようになっている。

世界中で最も高齢化している国

　世界で最も高齢化が進んでいる日本は、『エコノミスト』誌の言葉を借りると、「人口動態変化の渦の中を突き進んで」[35]いる。実際、日本の人口統計値はひどく心配な状況にある。平均寿命が世界で最も長い(83歳)[36]日本

は、他のどんな国よりも急速に高齢化している。2050年には日本人の4割が65歳以上になる。

　その結果、この国は世界で初めて、人口の自然減を経験している[37]。2011年、人口は20万4,000人減少した。これは1947年以降で最も急速な減少である（そのうちのおよそ10％はその年の3月に東北地方を襲った破壊的な地震と津波によるものであった[38]）。これからの40年で日本の人口は30％、およそ3,800万人減少すると予測されている。このペースでいくと、2050年の日本の労働年齢人口は、1950年よりも少なくなる[39]。

　加えて、日本のベビーブーム世代が退職年齢に到達しようとしている。政府のある人口統計学者が言うように、これはこの国の軋む社会保障制度の「土台を揺るがす」動きである[40]。

　日本は1990年代初期のバブル経済崩壊と、その後の「失われた20年」と呼ばれる長い停滞のために財政赤字から抜け出せない中で、少子高齢化という人口動態上の困難に突き当たっている。すでにGDPに対する国の借金が200％に達している[41]（世界で最も高い国の1つである[42]）上に、公式の予測によると、人口の高齢化などのために政府は2025年には、国の税収のほぼ34％を福祉のために支出しなければならない[43]。

　2000年、国連は労働者と退職者の適正比率を維持するには、日本政府は退職年齢を77歳に引き上げるか、今後半世紀の間、毎年1,000万人の移民を受け入れなければならないと試算した[44]。ほとんど完全に均質な社会である日本では、現在のところ正味の移民はほとんどゼロである[45]。

黄金のとき？

　世界の人口の急速な増加は、明らかに心配の種の1つである。とりわけ第2章に取り上げた環境への圧力は重大な問題である。しかし、世界の平均年齢の着実な上昇は、本当に悪いことなのだろうか。

　最終的には、やはり問題であると言わざるを得ない。アメリカの人口統計学者リチャード・シンコッタは、アメリカの国家情報会議のブ

ログで、社会は４つの構造的な段階を経ながら高齢化すると説明している。「若い」フェーズでは平均年齢が非常に低く、25歳未満である。次いで25～35歳が「中間」フェーズ、35～45歳が「成熟」フェーズ、それ以上が「成熟後」フェーズである。

シンコッタによると、国は社会経済的な意味で、中間フェーズから成熟フェーズの前半が「スイートスポット」（野球のバットやテニスのラケットなどの最適打球点を指す）であり、パフォーマンスが最も高くなる。この時期、扶養率（労働年齢人口に対する被扶養者の割合）は最も低く、一般に経済が持続的に繁栄し、政治的にも安定し、国民のほぼ全員が中等教育を修了する。

成熟後フェーズでは、多くの高齢者が労働力から外れ、年金と貯蓄に頼り、特に医療面で国に依存するようになるため、そうした利益が徐々に消えていく[46]。

日本の経験が示しているように（「地球上で最も高齢化している国」のセクションを参照）、高齢化する人口は扶養率を上げ、その社会の労働年齢人口に負担をかける。そしてシンコッタは、今後20年、ヨーロッパと東アジアでは退職者１人あたりの労働年齢成人が「かつてない速度で」減少すると警告している。2005年、日本の人口の５分の１が65歳以上であった[47]。イギリスでは、2030年までに65歳以上の人の数が50％増加し、85歳以上の人の数が倍になると予測されている[48]。2005～2025年の間に、15～64歳の人口は、ドイツで７％、イタリアで９％減少すると推定されている。

この構造的な変化は、国の福祉制度に深刻な脅威を突きつける。『フィナンシャルタイムズ』は、ヨーロッパの一部の国について、これは「ぞっとするほどの問題」であると表現している。この新聞は、戦略国際問題研究所が人口動態と国の福祉負担の分析に基づいて作成した「財政持続可能性指数」を引用している。これによるとイタリア、スペイン、フランス、オランダは、日本が直面している「悪名高い人口

動態の破綻」よりも厳しい財政状況にある[49]。

同様に、『フォーブス』誌は2012年のアメリカ大統領選挙の前に、アメリカの社会保障制度は未積立債務が20兆5,000億ドルに上り、「深刻な破綻状態にある」と指摘した[50]。また、2009年、アメリカ50州の従業員年金基金は合計で1兆2,600億ドルの赤字（前年度比26％増）であった[51]。

そうした状況を受け、各国の政府はあわてて国民の労働生活を引き延ばそうとしている。アメリカ、ドイツ、フランス、イギリスなどで定年が段階的に引き上げられている。イギリスの雇用年金大臣は、2013年、イギリスでは「早く老後を迎える時代は終わった」と宣言し、若い労働者がいつ退職することになるのか政府にはわからないと警告した[52]。

リチャード・シンコッタによると、アメリカ、日本、ドイツはすでに成熟後フェーズに入っている。そして、2030年までには29カ国がその仲間入りをする（そのうち26カ国がヨーロッパ）。中国も、わずか2年くらい後にはこのフェーズに入る。2007年におけるアメリカの幹部経営陣の75％が2010年までに年金受給資格のある年齢に達する。この数値はヨーロッパの数値をわずかに下回るにすぎない。アメリカの最大手企業500社の幹部経営陣の半数が、今後5年以内に退職する可能性がある[53]。

少ない性

2012年後半、ニューデリーのバスの中で23歳の女性が5人の男性からレイプされ、殺害されるという事件が起きた。これは世界中の怒りと国際的な非難、そしてインドでの数週間におよぶデモを引き起こし、インド社会における女性の役割と扱いについて国内外のメディアでさまざまな省察がなされた。オーストラリアの新聞『ジ・エイジ』は、インドで1時間に

22件という信じがたい頻度で女性への性的暴行が起きている原因は、男女比の大きな偏りにあると断じた[54]。

著名な学者らによると、人口性比が男性に偏っているのは、「消えた女性」現象、すなわちアジア、北アフリカ、東欧の一部に見られる性差別から生じた現象の結果である。インドの経済学者でノーベル賞受賞者であるアマルティア・センは、1990年に、アジアと北アフリカでは「1億人を優に超える女性」が「消えて」しまっていると推定した。センは、その原因は女性が受けられる医療と栄養が男性に比べて相対的に不十分であることにあると主張した[55]。

元世界銀行の人口統計学者で性差別問題の第一人者であるモニカ・ダス・グプタは、1981〜1992年のアジアの3つの社会のデータを分析し、女性1,000人あたりの出生児の男女比を調べた。その結果、消えた女児の数が韓国で34人、インドで45人、中国で46人にのぼることがわかった[56]。ダス・グプタは、「親による家族構成の操作」の一貫したパターンがあると指摘し、これは「東アジアと南アジアで親が娘を差別している証拠」[57]であると表現している。実際、インドの2011年の国勢調査によると、6歳以下の人口は女児のほうが男児より3,700万人以上少ない[58]。

ダス・グプタは、この「消えた女性」現象の原因は、家庭が息子を望む「男児選好」にあると説明する。これは文化的に深く染み込んだ意識であり、「経済と社会の激変」にもかかわらず、インドや中国の農村だけではなく韓国のような工業化した社会でも根強く残っている。

男児選好は、ライフサイクルの各段階で女児の差別を引き起こす。これは、妊娠の前には男児が生まれたら子どもを持つことをやめる、妊娠中には男女産み分けのための中絶を行う、出産時には女児を殺す、乳幼児期には女児の世話を放棄するという形で現れる。これは男児選好がない社会に比べて、女児よりも男児が大幅に多いという結果を生む。

男児選好の理由は、社会に深く根ついた文化的なものである。アジアの父系社会の秩序は、男女に不平等な地位を与える。男の子を産むことが誉であると考えられ、それが女性の地位を低下させる。社会の構造に組み込まれたこの偏見は、富の増加、教育へのアクセス、都市化の影響を

受けることなく継続することが証明されている。

　経済的な要因もある。多くの農村社会では、男性のほうが田畑で働くのに適していると考えられる。また、娘に結婚持参金を持たせなければならないインドでは、息子のほうが親にとって「金がかからない」[59]。

　道義的な議論は別としても、性差別には明白な落とし穴がある。特に、『ジ・エイジ』が指摘しているように、犯罪と男性比率の高さの相関は大きな問題である。中国では、男性の比率が上がるにつれて犯罪率が倍増している。また、インドではレイプが急増している。この国では、レイプの発生数が1971年に比べて792％増という恐ろしい数字にのぼっているのである[60]。

　また、女性が高齢者の世話をすることが期待されている社会が高齢化するとき、男女比の偏りは社会に人口動態上の問題をもたらす。高齢者が増える一方で女性の数が減ると、最終的に男性が高齢者介護の責任の一部を担わなければならなくなる。これはますます多くの人が、労働力から外れることを意味する。

　しかし、善悪の問題を棚上げにするにしても、また中国、インド、韓国で人口性比の男性への偏りが緩和され始めているという初期の徴候が見られるにしても[61]、ジェンダーバイアスがいまだにアマルティア・センのいう「今日世界が直面している重要で、しかも軽視されている問題の１つ」であることは間違いない[62]。

移民の増加

　2008年までの25年間に、生まれた国以外に住む人の数はほぼ２倍になった[63]。この数値は、2010年までの20年間で37％増加し、2010年には２億1,400万人に達した。これらの人々のうち60％以上が先進国への移民であり、移住先として最も多いのはヨーロッパである（7,000万人）[64]。

　本書の最初の２章に示した経済と環境問題の進展を考えると、今後

数十年、移民を加速する「プッシュ」要因と「プル」要因がいっそう強まると仮定するのが合理的である。環境破壊はすでに多数の移民を生み出しており、2010年までにその数は約5,000万人に達している[65]。しかも、この傾向は今後ますます増大すると思われる（第2章参照）。また、ドイツ軍の予測が正しければ（同じく第2章参照）、まもなくやってくる石油の枯渇が世界的な不況、飢餓、政治的な不安定、市民の暴動、さらには武力衝突さえも引き起こすかもしれない。これらはすべて、想像を絶する規模で移民を発生させる要因になりうる。

しかし、世界がピークオイルを迎えているまさにそのときに、グローバリゼーション2.0がますます多くの国で富の増大と生活水準の向上を追求する機会を生み出す（第1章参照）。これはアジア、ラテンアメリカ、アフリカの新しい中間層の間で、活動の場を求めて国境を超える経済的移民を増加させるだろう。そのような移民の最初の波の人々が新天地で成功すると、残された人々の自国の制約を逃れたいという思いが助長され、さらに移民の波が大きくなると考えられる[66]。

人口動態の変化が持つ意味

日本の大人用おむつの市場が明白に示しているように、人口動態の変化は、企業の顧客ベースを認識できないほど大きく変容させている。人口が増え、高齢化し、年齢のばらつきが大きくなり、かつてなく多くの人々が移住する世界市場は、ダイナミクスが変化している。

その結果として出現する機会と脅威を察知するためには、洗練されたビジネス情報や経営情報が必要とされる。移民の動きはグローカル化した市場にどのようなチャンスを生み出すのか（第1章参照）。高齢化は医療、医薬品、医療機器の市場にとって具体的に何を意味するのか。社会の高齢化は製品のデザインにどのような影響をおよぼすのか。

製品デザインの問題は特に、消費者製品業界に課題を突きつける。

視力、器用さ、知的能力が落ちていく顧客に合わせて製品をどのように変化させるべきか。市場の高齢化はムーアの法則[67]に従って、より小さく複雑なデバイスにより多くの機能を詰め込むことによって繁栄してきた家庭用電化製品に、どのような影響をもたらすのか。

人材獲得戦争

　人口動態の変化というメガトレンドは、組織の内部にも深刻な課題を生み出す。人間の数は勢いよく増えているが、高齢化がどんどん進むため、特に先進国において労働年齢人口が減っていく。

　企業にとってその結果の1つは、スキルを持った労働者が欠乏するということである。ゆえに、人材を巡る戦いが激しくなる。今、ベビーブーム世代が退職年齢に達しつつあるため、組織は「リーダーシップの断崖」に直面している。人材獲得戦争についてヘイグループが2007年に発表した報告書[68]には、次の点が指摘されている。

- コーポレート・リーダーシップ・カウンシルによると、およそ97％の組織がリーダーの深刻な不足を報告している。
- 40％の組織はこのリーダーの不足を「喫緊の課題」と表現している。
- イギリスのナショナル・カレッジ・オブ・スクール・リーダーズは、この国では校長が足りなくなっていると警告している。
- アメリカ医師会は、保健医療セクターのCEOの60％が5年以内に退職年齢に達すると危惧している。
- アメリカの経営幹部の75％は2010年までに退職年齢に達する。そのうちの50％はCEOである。

　さらに、人口の増加は主に、多くの人がすぐにデジタル技術にアクセスできるわけではない途上国と新興国で起こっている。経済が豊かになるにつれて、そうした技術へのアクセスは改善されているが、短

期的には、デジタル時代に不可欠なハイテク技術に精通した人材が不足すると考えられる。

組織は潜在的なハイパフォーマーの十分なプールを引きつけ、組織に組み込み、育成するために大いに努力しなければならない。そうしたプールには（後述するように）、国際的な移民、高齢者、女性、高齢者の介護や育児の責任を負う社員が含まれる。これは人材を採用し、社員の能力を知るための新しいアプローチを見つけなければならないことを意味する（ケーススタディ「社員を育てる」を参照）。

ケーススタディ ■ 社員を育てる

「わが社の社員は自分のキャリアを自分で磨いていきます」とムベアのマネージングディレクター、シュミット・ドーナは誇らしげに言う。年商15億ユーロ(18億ドル)のドイツの自動車部品メーカー、ムベアは、世界20カ所で働く8,000人の社員を有する。その顧客には、読者が名前を上げることができるすべての自動車メーカーが含まれている。しかし、こうした強力な企業でありながら、優秀な人材を集めるうえでは苦労もある。

ムベアが有能な技術者を採用するうえでは、2つの大きなハードルがある。第1の問題は、表舞台に出ない部品メーカーだということである。そのため、ムベアのブランドは、大手OEMのような牽引力を持たない。この会社が得意とするのは、シュミット・ドーナがいうところの「非常にテクニカルで伝統的なエンジニアリング」である。第2の問題は、この会社の本社が、優秀なエンジニアを引きつけやすいドイツの主要都市から遠く離れた場所にあるということである。

そのためムベアは、固有の人材採用・開発のニーズを満たすために独自の人事管理方法を発展させてきた。早い段階で(キャリアを開始する前の場合さえある)高い潜在力を持った人材を見つけ出し、彼らを熱心に育て、他社では経験できないような機会を提供するのである。

ムベアは、ドイツの各大学との連携を通して、複雑で急速に変化するグ

ローバルビジネスの世界で活躍できそうな工学部の学生に接触し、彼らにインターンシップ、研究プロジェクト、仕事と学業を組み合わせた職場体験を提供する。

　ムベアの人材確保戦略の第2の柱は、技術者のニーズに対応することである。ドイツの多くのエンジニアリング企業と同じく、ムベアは国際的に評価の高いドイツの徒弟型実習プログラムを通して人材を集める。しかし、管理職につくのが一般に大学の工学部卒以上に限定される他社とは異なり、ムベアは、この徒弟型実習で募集した社員も管理職に育てることに大いに力を入れている。これによって、学歴が高くない社員にも他社にはないキャリアアップの機会が与えられる。これはOEMでは、ほとんど開かれていない道である。

　「通常、わが社では工学の学位を持っていなくてもガラスの天井はありません」と、ドーナは説明する。「私たちは有能な技術者に、国際的な業務に取り組み、マネジメントのスキルを磨き、リーダーへと昇進するチャンスを与えるのです」。

　ドーナによると、同社のほとんどの管理職はこの独自の人事管理方法によって生まれているという。「社内で人を育て、昇進させるのが私たちの基本理念です。モットーと言ってもいいでしょう」と、彼は断言する。

　世界に急速に事業を拡大しているムベアは、現在、この人事戦略をグローバルに展開している。事業を行うすべての国でドイツのモデルに類似した徒弟型実習制度を設け、現地の技術者がドイツの専門ディプロマを取得できるようにしているのである。

　人材危機のため、企業には人材パイプラインを作り上げて維持することが不可欠である。そのために社員に一生にわたる学習と能力開発の機会を用意しなければならなくなるであろう。

頭脳還流

　かつてなく人材が不足するようになると、有能な労働者の市場は真にグローバルになる。企業は、自社が求める高い潜在力を見つけて採用するために、国際的な移民に依存するようになるだろう。

　以前には、これは新興国から給与や労働条件が良い先進国への「頭脳流出」を引き起こした。オハイオ州立大学の調査によると、論文が最も多く引用される世界の科学者の8人に1人は、1981～2003年の間に途上国で生まれている。そしてそれらの科学者の80％は、先進国に移住している[69]。

　しかし、今、新興国でローカル企業が市場を支配するようになり、以前よりも競争力のある労働条件が提供されるようになっているため、「頭脳還流」が発生している。一時は移民であった熟練者たちが自国に帰ることを考えるようになっているのである。そのとき彼らは欧米で身につけた知識と能力を持ち帰る。それは故国の発展をいっそう加速することになるだろう。

　2000年、インドのビジネススクール卒業生の100％が地元の組織よりも欧米の多国籍企業で働きたいと言っていた。ところが、2010年にはこの数字が半分になっている。中国でも状況は同じである。欧米の多国籍企業で働きたいと考えるビジネススクール卒業生は、2007～2010年までの3年間に55％からわずか18％へと激減した[70]。

　また、各国もそれぞれの政策をアピールして世界的な人材獲得競争を勝ち抜こうとするようになるだろう。特に、科学や医療など各国が重視するセクターについてそれが顕著になると思われる。中国の「千人計画」は、イノベーションを推進するために海外から世界最高の研究者を招致し、また、中国の学者の帰国を奨励するものである。一方、EUは、欧州研究地域（ERA）の研究プログラムでの活動を促すインセンティブを提供している[71]。

こうした交渉は緊張と論争を生むであろう[72]。地政学的な緊張が生じる可能性もある。

年齢の問題

　また、組織は高齢化する労働力の性質とニーズの変化に対応することも学ばなければならない。労働者の年齢の幅が広がる中、企業は第3章に取り上げた世代間の分裂の拡大に対処するため、効果的で双方向的な知識移転プログラムを計画し、実行することが必要になる。

　今後、それぞれの年齢に合った雇用モデルが一般的になるであろう。たとえば、高齢社員との労働関係はこれまでより流動的なものになると思われる。定年に達したとき、労働者、特に技術的なスキルが貴重である専門的な分野（科学や工学など）の人々は、組織内に知識や経験が乏しくなっていることに気がつくことがあるだろう。彼らは自分の知識や経験を生かし、非常勤や相談役などの形で組織への貢献を続けようと考えるかもしれない。

　年齢を問わずできるだけ幅広い人材プールを引きつけるためには、家庭生活に配慮したアプローチが求められる。これは年齢の幅の両端にいる社員のニーズを満たすこと。たとえば、高齢者の介護や育児などと両立できる働き方を認めることを意味する。

　2010年、ピッツバーグ大学は、アメリカの多国籍企業で働くアメリカ人従業員1万7,000人以上の調査を行い、12％の人が高齢者介護の責任を負っていることを発見した。これらの労働者は、介護をしていない人に比べて健康状態が悪かった。彼らは年齢、ジェンダー、職種にかかわらず、うつ、糖尿病、高血圧、肺の病気にかかっている率が有意に高かった。その結果、雇用主は8％多くの医療費を支払わなければならなかった。これはアメリカの全企業にあてはめると年間134億ドルに相当する[73]。

企業も政府も、高齢の家族・親類の世話という労働者の負担が強まっていることを認識し始めている。いまや高齢者介護の支援は、IBMやHPといったアメリカ企業の福利厚生の一部になっている[74]。また、ドイツとスウェーデンの政府は、従業員に「介護休暇」の権利を与え、この間、雇用主は給与の75〜80％を支払わなければならないという法律を導入している[75]。

「ガラスの天井」を取り除く

　労働力の多様化を促す要因は高齢化と移民だけではない。人口動態の変化は、職場で女性が直面するガラスの天井を打ち破ることに貢献するかもしれない。企業はもはや、幹部人材を探すときに女性の候補者を除外することはできなくなるだろう。今でもヨーロッパを中心に女性の登用を促す政治的な圧力があるが、それだけではなく、世界的な人材不足のために、企業は女性にも役員室のドアを開かざるを得なくなるはずである。

　しかし、企業にとって女性（および一部の男性）をリーダーのポジションにつくよう説得するのは、かなり難しいだろうと思われる。第3章で論じたように、個人化する雇用市場では家庭生活が優先される。また、重役の仕事や文化は、一部の女性（および一部の男性）には魅力的には思われないかもしれない。特に組織の上層部で、家族とキャリアの望ましいバランスを実現するためには、性別にとらわれない雇用条件と人事的な手続きが必要である。

介護の責任

　最近の書籍『新興市場で人材獲得競争に勝つ：なぜ女性が解決策なのか』（日本語版未訳）によると、新興市場は人材を巡る世界的な戦いにおいて、

強力な武器を手にしている。それは教育を受けた野心的な女性たちである[76]。こうした女性は紛れもなく存在している。この本の共著者の1人、シルヴィア・アン・ヒューレットは、『フォーブス』誌で、中国の大学卒業者の65％、ブラジルの大学卒業者の60％が女性であると述べている[77]。インドもほぼ同じ数字である[78]。

さらに、インドの女性の80％、中国とブラジルの女性の70％は経営幹部になることを望んでいると、ヒューレットは言う（アメリカの女性でそのような高い地位に上りたいと考える人は、36％にすぎない[79]）。

そして、中国とブラジルの女性にとってこれは絵空事ではない。ヒューレットは、2009年、インドのCEOの11％は女性であったと指摘する[80]。世界経済フォーラムによると、ブラジルでも2010年に同じ比率に達した[81]。それに対して、アメリカのフォーチュン500社とイギリスのFTSE100社[82]では、恥ずかしいことにわずか3％にすぎない。中国では幹部経営陣に女性がいる企業が、91％にのぼる[83]。

しかし、水面下を見ると、新興市場の女性には大きな社会的制約があり、それが働く女性にとって障壁になっている。意外に思われるかもしれないが、主な問題は育児ではない。新興国社会は大家族を重んじる傾向があり、保育園や家政婦も比較的安く利用することができる。しかし、人口動態が変化する中で、自分の親と夫の親の面倒をみるという義務がしばしば女性にとって育児より大きな制約になっている[84]。BRICs諸国では、高等教育を受けた女性の何と70％が高齢者介護の実質的な責任を担っている[85]。

また、経営幹部に向けてキャリアの道を歩んでいるとはいえ、女性に不利なジェンダーバイアスはなくなっていない。インド、中国、ブラジルの女性労働者の半数は不平等な待遇のために辞職を考えている。週に60～70時間という労働時間も働く意欲を低下させる。さらに、通勤する女性にとって、基本的な身の安全が確保されないという問題もある。

ヒューレットと共著者のリパ・ラシドは、その著書で、女性がこれらのハードルを乗り越えるのを企業が支援する4つの主な戦略を提案している。(1)女性が仕事に対する意欲を維持できるように、やりがいのある職

務とグローバルな役割を与えること、(2)女性がリーダーの地位に就くための基礎を整え、ジェンダーバイアスと戦うことを手助けすること、(3)安全な交通手段を提供すること、(4)家族への責任と両立できるように柔軟な働き方を取り入れること、である[86]。著者らは、こうした戦略を実行することによって、企業は職場の変化の触媒となるだけではなく、新興市場の根底的な社会と文化を変化させる触媒になることができると主張している[87]。

多様性が突きつけるもの

　職場がこれまでになく多様化することは、経営幹部の役割を劇的に変えるであろう。労働力の年齢の幅が広がると、一人ひとりへのきめ細かな対応が必要になる。リーダーはチーム内の各世代から最高の力を引き出さなければならない。個人に合わせ、年齢に適した働き方（柔軟な労働時間など）と業務の配分が不可欠である。また、知識と経験を積んだ年上のメンバーと、冒険的でリスクに挑戦したがる若いメンバーの間に立ち、最も有効な針路を見きわめて舵取りをしていくのがリーダーの仕事になる。

　そのためには、リーダーは部下一人ひとりについて十分に把握していなければならない。そうでなければ、それぞれの長所が生かせるような決定と業務の配分を行うことはできない。

　また、移民が増加すると、チームはいっそうグローバルになる。ゆえに（多世代であるのに加えて）、多文化の人々のチームワークと協力を促し、さまざまな年齢、文化的背景、価値観を持つ男女が責任を持って意欲的に仕事に取り組むようにすることがリーダーの重要な目標の1つになる。そのためには、社員を一体化させ、会社への愛着心を持たせることに責任を持つリーダーが、多様な文化についての理解を深め、チームビルディングの戦略を慎重に考えなければならない。

リーダーは、たとえば家族を重視できる新しい管理職の働き方を作り出すなどによって、より多くの女性や文化的マイノリティが幹部のポジションにつくよう促す方法を見つけ出す必要がある。民族的マイノリティや女性の流出防止を強化するためにはメンタリング・プログラムが必要になるかもしれない。

　加えて、一生にわたるロイヤリティーを築き上げることが非常に重要である。高齢の労働者が持つスキルと経験が社内で乏しくなっていき、いっそう貴重なものになるとき、「老賢者」が非公式に組織に貢献し続けるよう促す拡大されたロイヤリティー育成プログラムが必要になるであろう。リーダーにとって、そうした人々との関係を断つ余裕はなくなるのである。

人口動態の変化の要求

人口動態の変化によってリーダーが直面する主な課題をここにまとめておく。

1. **新たなレベルの多様性をうまく機能させること。**業績は言うまでもなく、ロイヤリティーとコミットメントを育てることができるかどうかは、チームメンバーの国籍、文化的背景、性別、年齢、個性、仕事へのアプローチの仕方、経験、スキル、能力にかかわらず、チームの一人ひとりが生き生きと働ける職場を作り出せるかどうかにかかっている。組織は、そうした多様性をうまく生かすための構造、方針、環境を整備しなければならない。
2. **異なる世代および異なる文化をつなぐこと。**リーダーは互いの理解、協力、知識の交換を促すという形で、世代間や文化間の溝を乗り越え、みんなで生産的に仕事ができるようにするうえで中心的な役割を果たさなければならない。
3. **多様性に富んだチームを管理し、モチベーションを高めること。**チームメンバー各自の文化や個人的観点から話し合いで決められることと譲歩できないこととを見きわめることが、リーダーにとって難しい課題にな

る。何がそれぞれのチームメンバーのモチベーションを高めるのかを知るためには、相手の話にしっかりと耳を傾け、共感する能力が求められる。チーム全体に向けて１つのスローガンを繰り返すだけでは十分ではない。リーダーは白黒がつかない状況を受け入れ、ぶつかりあう傾向や要求に基づいて決定を下すことを学ぶ必要がある。

第6章

大いなる期待？：技術の融合

「人にとって15歳の誕生日を迎える前に発明されたものは、すべて自然の摂理である。その人にとってそれが当たり前なのだ。15歳から35歳の誕生日の間に発明されたものは新しく、わくわくするようなものである。それを職業にすることもできるだろう。しかし、それより後に発明されたものは自然に反し、禁止されるべきものである」

— ダグラス・アダムズ　小説家

概説 ■ 技術の融合

5つの基本ポイント

1. **技術の進歩は私たちの生活の多くの側面を大きく変容させるだろう。** 先端的な科学分野、すなわちナノテクノロジー、バイオテクノロジー、IT、認知科学、ロボット工学が医学、物流、食物といった重要な分野で大きなイノベーションを起こすと思われる。

2. **最大のイノベーションはそうした技術の融合から生まれる。** 多様な科学分野が一体となることにより、きわめて大きな前進が実現され、一部の業界が変化し、他の業界が脅かされ、無数の新しい製品市場が生み出されるであろう。

3. **R&D（研究開発）が舞台の中心に位置づけられる。** R&Dは多様な分野にまたがる仕事となり、これまで以上に高度なスキルの集積が必要になる。R&D部門の中に適切なスキルの組み合わせを確保することが、リーダーの主な責任の1つになる。

4. **融合は新たなレベルと新たな形の協力を必要とするだろう。** 他に先駆けて新たな研究プログラムを実行するために、多様な科学分野、企業、学界、ときには競合企業とさえ協力する必要がある。企業は従来の組織の境界を取り払い、かつてないレベルの協力と知識の共有ができるようにしな

ければならない。
5. **社会が技術的進歩の倫理的な境界について議論することになる**。社会は、イノベーションの一部の分野、たとえば、老化の速度を抑えることや人間の認知力を強化することなどの是非を問いかけ、受け入れられる進歩の枠組みを定めなければならない。企業はこの議論を尊重する必要がある。

ビジネスリーダーが考えるべき5つの問い

1. わが社はいかにして、科学的イノベーションに遅れずについていくためのスキルとシステムをリーダーたちに備えさせればよいのか。
2. NBIC（ナノテクノロジー、バイオテクノロジー、情報テクノロジー、認知科学）とGNR（遺伝学、ナノテクノロジー、ロボット工学）におけるイノベーションは、わが社の市場と社員にどのような意味を持つのか。
3. 技術が融合するこの新しい時代に、わが社のR&D部門に加えなければならないスキルはどのようなものか。わが社はいかにしてそれを獲得するのか。
4. わが社の組織で社内外での十分な共同作業を行うことが可能か。わが社のリーダーは、共同作業に必要なスキルを持っているか。
5. わが社のリーダーたちが、技術の進歩に関する社会の倫理的な懸念や期待から逸脱した行動をしないようにするにはどうすればよいか。

　1940年代、アメリカのコミックの主人公で押しの強い刑事、ディック・トレイシーは、当時では考えられなかったハイテクの装置に向かって話しかける姿で読者を魅了した。トレイシーは腕につけた双方向無線機で連絡を取ったのだ。この未来的な空想は、サムスンが新しい「スマートウォッチ」を発表したことによって現実のものとなった[1]。

　グーグルで「real-life Star Trek inventions（現実となったスタートレックの発明）」を検索してみてほしい。このSFテレビシリーズに出てきた当時は夢物語だったが、今では日常生活の一部になっている技術を解

説したサイトが何百もあることに気がつくだろう。パソコン、タブレット、自動ドア、テレビ会議、MRI検査、痛みのない注射、声紋認証やその他のバイオメトリック認証、PDA、携帯電話、ワイヤレスイヤホンなど、すべてSFが現実になった例である[2]。

技術の未来は、現在から見ると常に輝かしく見える。有名な未来学者で発明家・SF作家であったアーサー・C・クラークは、「十分に発達した技術は魔法と区別がつかない」と述べている。

今日私たちが暮らしている世界は、私たちの親が想像もしなかったものであろう。そして、いつの世でもそうなのである。1907年、全米教員協会の機関誌は「今後もペンとインクが鉛筆に取って代わることは決してない」と宣言した[3]。それからほぼ90年後、全く同じように、ある地区委員会の教師が「教師は今後も決して電子メールを使わない」と断言した。

わずか数十年前、壁にはめこまれた機械からお金を下ろすことや、行き先を告げる自動車内の装置に耳を傾けることなど、SFの世界の行動であると思われた。私たちの知識のほとんどすべてを、いつでも、どこでも、電話で取り出せると一昔前に一体誰が考えただろう。

21世紀の生活の多くの側面を変化させると思われる技術について考えるとき、この視点を見失わないことが重要である。

メガトレンド：技術の融合

注目すべき技術分野はNBIC（ナノテクノロジー、バイオテクノロジー、IT、認知科学）やGNR（遺伝学、ナノテクノロジー、ロボット工学）など、いろいろな形で分類される。NBICやGNR技術の可能性を探求する前に、それぞれの分野の内容を整理しておこう。

- ■ ナノテクノロジー：原子および分子レベルでの物質の操作。これは一般に100ナノメートル（1ナノメートルとは、1メートルの

10億分の1）以下の物質や装置にかかわるために、このように呼ばれる。ナノテクノロジーは新しい化学合成、物質、微粒子の創造を可能にする。活用できる領域は、医学、栄養学、自動車製造、食品生産、コンピュータ、スポーツ用具など幅広い。

- バイオテクノロジー：生物や生物系を利用した製品やプロセスの生成または改良。厳密に言うと、バイオテクノロジーの歴史は人類の歴史そのものと同じ長さを持つ。作物の栽培、動物の家畜化、アルコールの発酵といった基本的な活動もこの定義に含まれる。しかし、現代の用語法でバイオテクノロジーに含まれるのは、遺伝学、発生学、細胞生物学、分子生物学、生化学、化学、バイオプロセス工学である。
- 情報テクノロジー：データを保存、伝送および操作するための（ハードウェアおよびソフトウェアの形での）コンピュータシステムの応用とネットワーキング。言うまでもなく、ITは、パソコン、ノートパソコン、携帯電話、ソーシャルメディアのユーザーである私たちにとって、他の分野よりもなじみ深い概念である。これは第4章で取り上げたデジタル時代を推進する。
- 認知科学：心、心理作用、知能、知的行動の学際的な研究。脳は非常に複雑な器官であり、認知科学は、1つの学問領域だけで知性や心を完全に理解することはできないと認識している。そのため認知科学は神経科学、心理学、言語学、人工知能、社会学、人類学、哲学で構成される。
- 遺伝学：遺伝子、遺伝的継承、生物の変異の研究。
- ロボット工学：通常は人間によって行われる複雑なタスクを行うことができる。ソフトウェアで制御された機械システムの設計、開発、構築、操作、活用。

　NBIC／GNRの活用の多くは、実際に利用されているものであれ、

潜在的な可能性であれ、比較的最近でもSFの空想のように思われたことだろう。遺伝子組み換え食品、人工知能、神経移植、人体の特定の細胞をターゲットとする分子標的薬やナノ薬剤「木材と同じくらいの費用で[4]」、少なくとも理論的にはどんなものでも製造できる分子アセンブラー[5]など、以前にはSFのように感じられたはずだ。

しかし、いくら空想的に思われようとも、高度なNBIC／GNRの技術はすでに私たちの身の回りにあることを忘れてはならない。

- 21世紀の初めの時点で、世界で生産されたすべての大豆の3分の1以上と、とうもろこしの3分の1は、他の種の遺伝子が組み込まれたものであった[6]。
- 抗菌性と悪臭除去という性質を持つ銀のナノ粒子が、包帯、洗濯機、さらには靴下にまで使用されている[7]。
- 医学では、組織工学により、人工の皮膚、膀胱、膵臓、軟骨、骨、骨髄などを作り出すことができる。世界の組織工学製品の市場は、2018年には合計270億ドルに達すると予想されている[8]。
- 初代のiPhoneは、アポロ11号を月に運んだ誘導システムの500倍の計算能力を持っていた[9]。
- スマートフォンやタブレットを操作するために使われる非常に直感的なタッチスクリーンのインターフェースは、人間の認知プロセスの理解の進歩によって可能になった。

飛躍的前進の兆し

日常に浸透しているNBIC技術の好例はタッチスクリーンである。これはITと認知科学を組み合わせて活用することで生まれたものだからである。これから見ていくように、多様なNBICやGNRの分野がきわめて強力に融合することによって、人間の発明は新たなレベル、

新たな方向へと進み始めている。

　GNRの有名な論文において、サン・マイクロシステムズの共同創業者ビル・ジョイは、近い将来にこれらの技術が解き放つ「魔法のような発明」に言及している[10]。ジョイはGNRが私たちを連れて行く方向について、深い憂慮を示していることを覚えておいていただきたい(「恐るべき未来」のセクションを参照)。しかし、善悪は別として、評論家たちは、NBICとGNRの技術が融合して、私たちの日常生活が大きく変化し、新しい素材が生み出され、IT、医学、食物などの分野が飛躍的に前進する時代がやってきたと指摘する。

　たとえば、ハーバード大学とMITREコーポレーションの研究者たちは、世界初のナノプロセッサを開発した。彼らによると、この飛躍的発明は、「これまでよりもずっと小さく軽い新たな種類の電子センサーと家庭用電化製品」の開発に向けた第一歩である[11]。この小さな回路は、ごくわずかな電力の使用で、計算や論理タスク(現時点では基本的なもの)を実行するようプログラムすることができる。

　分子を操作する能力も、エンジニアたちが耐熱性、吸収性、柔軟性、抗菌性、形状形成力の高い高性能の素材を作り出すことを可能にしている。そのような物質の1つ、グラフェンは、これだけでも世の中に革命を起こすかもしれないイノベーションである。これまでに人類に知られている物質の中で最も薄く、最も強い物質であるグラフェンは、厚みがほとんどないため事実上、二次元と言ってもいいくらいである[12]。その期待される活用方法は驚くほど多岐にわたる(ケーススタディ「一原子の厚さにかかる期待」を参照)。

ケーススタディ ■ 一原子の厚さにかかる期待

　映画の世界が三次元(３D)へと進んでいるのと反対に、物質科学の世界は二次元へと進んでいるように思われる。グラフェンは炭素原子１個分の

厚みしかない、ほとんど二次元の新しい物質である。グラフェンのシートが300万枚集まっても厚さはわずか1ミリである[13]。にもかかわらず、試験の結果、今までに生み出された物質の中で最も強く、構造用鋼のおよそ200倍の強さであることがわかっている。これを証明した科学者らは、「サランラップの厚さのグラフェン・シートを突き破るには、鉛筆のうえでバランスを取る象1頭が必要だ」と述べた[14]。

　また、グラフェンは、他のどんな物質よりも効率的に熱と電気を伝える。非常に柔軟であり、不透過性が高く、気体さえ通さない。この物質は、このような強力な特性の組み合わせのため、きわめて幅広い分野に応用できるであろう[15]。純粋に複合材料としてさまざまな用途に使用できる。また、不透過性が高いため、ガス漏れの検知にも使うことができる[16]。エレクトロニクスの世界では、より強力でスリムなデバイスの基礎になると期待される。さらに、衣類から食品の包装までほとんどすべてのものをデジタル化するのに用いることができるだろう[17]。

　グラフェンの柔軟性はすでに、壊れずに曲げることができる家庭用電化製品の開発に使用されている。2010年、グラフェンの研究をしているある科学者は、まもなく私たちは携帯電話を丸めたり、「鉛筆のように」耳の後ろにひっかけたりすることができるようになると断言した[18]。

　2010年のノーベル物理学賞は、この画期的な発見を称えて、グラフェンの開発に初めて成功した科学者らに授与された。3年後、欧州委員会の「未来および発展期にある技術（FET）」プログラムは、この物質の開発と商品化を後押しするため、グラフェン・フラグシップ・コンソーシアムにおよそ10億ユーロの補助金を交付した[19]（このコンソーシアムはヨーロッパの複数の大学、欧州科学財団、ノキア、ドイツのナノテクノロジー R&D会社AMOで構成されている）。BBCがグラフェンを「奇跡の物質」と呼んだのも、驚きではない[20]。

　医学の世界では、ナノテクノロジーは、情報処理能力を持ちセンサーを多用した新世代の手術道具や画像診断装置を生み出すだろう。そ

れは診断と手術を機械化し、人間の判断や手技に頼る部分を大幅に減らすことができるに違いない[21]。すでに、目の手術を自動化するためにロボットを使用したシステムが開発されており、手術が正確かつ簡単に行えるようになっている。

一方、病気を検出して取り除くために、ナノボット（血管の中に注入される小さなロボット）の開発が行われている[22]。一部の評論家によると、RNA干渉と呼ばれる技術は、特定の病気や老化にかかわる遺伝子の発現を抑制する可能性を持っているという[23]。未来学者のレイ・カーツワイルは、『ニューヨークタイムズ』に、「2030年までに……基本的に病気というものがなくなるだろう」と語った[24]。コンピュータ科学者でもあるカーツワイルは、NBICとGNR技術についてバラ色の未来を描くことで有名である。しかし、それには異論もある。とはいえ、ナノテクノロジーの影響が強力であることには疑いの余地がない。

ナノイノベーションは食品生産と食物も変化させる可能性を持っている。抗菌効果のあるナノ物質は、食品の製造中に有害な細菌を検出して除去したり、食品を長持ちさせるためにパッケージに入れたりすることができるだろう。食品にナノセンサーを組み込めば、消費者が味や香りや色を選ぶことができる。あるいは、人体に不足しているビタミンを検出し、それに対応して制御された量のビタミンを放出することさえ可能かもしれない。

農業でも同じようなデバイスによって、作物に水が必要かどうかを判断して散水機を作動させることができるだろう。作物が過剰な農薬に汚染されるのを防ぐため、作物が虫に食べられたときだけ微小粒子によって運ばれる農薬が放出される仕組みも可能だ[25]。生物科学者らはサソリやクモの毒を使った農薬の開発にも取り組んでいる。そうした物質が特定の細菌やウィルスを通して運ばれれば、病気を運ぶ昆虫のみを殺し、人間と環境には害を与えずにすむ[26]。

スイートスポット

　2007年に、レイ・カーツワイルは、「2003年にヒトゲノム計画が完了し、また、RNA干渉のような技術が出現したことから、医学は情報技術になった」と書いた。これは少々過激な表現かもしれないが、彼の洞察は、さらに驚異的な動きの背後にある現象「科学技術の融合」を的確にとらえている[27]。今、華々しい多くの可能性を生み出しているのは、NBICとGNRのいろいろな分野の組み合わせなのである。

　ナノテクノロジーとITが合体することによって、スプレー式のWi-Fi送信機、丸めることができる携帯電話、極小コンピュータプロセッサなどが開発されている。神経学者と認知科学者が協力して人の知的能力の強化に取り組んでおり、ロボット工学の専門家とバイオテクノロジーの専門家は人間とロボットの知性を融合させようとしている。

　IT、バイオテクノロジー、認知科学の分野の知識を組み合わせて人の睡眠パターンを最適化する試みも行われている。今や家庭用製品が睡眠をモニタリングし、呼吸や動きや脳の活動を測定し、眠りが浅いときを検知して最適な時点でユーザーを起こすことさえできる[28]。

　技術の融合の力を示すもう1つの例は、データ保存にDNAを使うことである。デジタル時代の今、人間はかつてなく大量の情報を生み出していることから、耐久性のある保存装置としてDNAが注目されているのである。DNAはコンピュータディスクや磁気テープに比べて無限大といっていいほど大きな容量を持っている。欧州バイオインフォマティクス研究所は、合成された1グラムのDNAにデジタル情報2.2ペタバイトを記録し、正確に読み出す方法を考案した。ペタバイトとは、10の15乗バイト、DVDおよそ46万8,000枚分のデータに相当する。科学者らはそのレベルの記録密度ならば、自分たちが開発したシステムで、人類がこれまでに生み出してきたおよそ3ゼタバイト（3×10^{21}

バイト)の情報を楽に記録することができると述べている[29]。

> ### 壮大なアイディア
>
> 2013年初め、『Wired』誌は、その時点で開発中の進歩やイノベーションの中で最も将来有望と思われるものをまとめた[30]。そうした「壮大なアイディア」の一部を紹介しよう。
> - 通常の燃料を用いる同等の飛行機に比べて、飛行距離が倍になる2人乗り電動超軽量飛行機。この飛行機はすでに市場で発売されている。これを販売しているスロベニアの会社は、5時間で充電できて排気ガスの出ない太陽電池式のトレーラーも開発した[31]。
> - ほとんど無限のエネルギー源を作り出すために砂漠の日光を利用すること。世界の砂漠の地表は、地球全体で1年間に消費されるよりも多くのエネルギーを1日で吸収している。
> - どこでもWi-Fiネットワークを作り出すことができるスプレー式のナノ送信機。
> - 眼鏡や、さらにはコンタクトレンズを使った拡張現実技術(前者は現在グーグルによって開発が進められている)。
> - ダイヤモンドの大量生産。硬く、熱伝導性に優れ、摩擦係数が低いというダイヤモンドの優れた化学的性質を工業利用できるようにすることを目指している。建物の基礎や桁まで、多様な応用が考えられる。

ホモ・インプルーブメント (進歩を目指すヒト)

イギリスのコメディSF小説『Better Than Life』(人気の高いテレビドラマ「宇宙船レッド・ドワーフ号」を下敷きにした作品)では、スポーツ選手が遺伝的に設計され、ラボの中で育てられる未来が描かれている。たとえば、身長6メートルのバスケット選手、ひれやえらのある水泳選手

などが育てられる。2224年のサッカー・ワールドカップのために、スコットランドチームは高さ2.4メートル、幅4.8メートルの長方形をした人間の皮膚にすぎないゴールキーパーを育てる。その体でゴールをすっぽり覆う作戦なのである。それでもチームは2回戦には進めない[32]。これは小説の効果を狙って誇張されているが、おそらく作者はNBICやGNR技術によって人間の心身の強化が図られる可能性を予測したわけではないだろう。

　もちろん、この本が1991年に出版されたとき、運動能力を上げるために薬物を使うドーピングはすでに広まっており、その事実の証明や記録も十分に行われていた。タンパク同化ステロイドとヒト成長ホルモンも、筋肉を増強するために古くから用いられてきた。エリスロポエチン（EPO）の注射は赤血球の産生を促進し、筋肉への酸素供給量を増大させる（いわゆる血液ドーピング）。また、神経を鎮めるβ遮断薬は、スポーツ選手だけではなく、芸術の演技者や人前で講演をする人にも利用されている。

　しかし、NBICやGNRの融合は人間の機能強化を新たなレベルに押し上げる可能性がある。前述したように、病気を取り除き、老化のプロセスを遅らせる生物学的な手法はすでに研究が行われている（これは第5章で取り上げた世界の人口の高齢化に複雑な影響をおよぼすだろう）。また、ナノロボット技術の開発は、健康と栄養摂取を改善する可能性を持っている。

　認知力の強化の可能性も不気味に迫ってきている。2012年にイギリスで行われたある研究によると、アメリカの学生の16％、イギリスの学生の10％が成績を上げる目的で、（たとえば、試験のときの認識力や記憶力を高めるなどのために）処方薬を使用していることを認めている。同様に、『ネイチャー』によるアンケート調査で60カ国の20％の人々が、精神的・知的な能力を高めるために向精神薬を使っていると告白している。

　さらに、イギリスの調査は、学生と同じく学者も人工的な認知力の

強化を行う傾向があることを示している。アメリカのある大学の研究所長は、自分の研究所のスタッフ全員が、意思決定力を高める目的で、ナルコレプシーの治療薬、モダフィニルを定期的に使用していると述べた[33]。

知力を強化する可能性はさらに先に進むかもしれない。ボタン1つで人間の知識の大部分にアクセスできる今、人類は、NBIC／GNR技術による新しい知性の形を求めるようになる可能性がある。全米科学財団のヒューマンセンターコンピューティング部長、ウィリアム・シムズ・ベインブリッジは、「人の感覚装置のインターフェース」(人間の五感を強化するもの)、「強化された創造性のツール」、および「コンピュータ、ロボット、情報システムの人間化」を通して、「技術的に拡張された認知、認識、コミュニケーション」が可能になるだろうと指摘した[34]。

サイボーグ計画

ロボットの人間化および人間のロボット化は、サイバネティクスを専門とするイギリス・レディング大学のケヴィン・ワーウィック教授のライフワークである。議論を醸すワーウィックは、ラットの脳の培養物から育てた人工細胞を通してロボットを制御する実験を行っている[35]。以前、彼は自分の腕にチップを埋め込み、自動ドア、照明、暖房といった単純なコンピュータ制御の装置のそばを歩くだけで、それを作動させることに成功した。

また、ワーウィックは、重大な副作用や拒否反応なく、自分の腕の神経線維に電極を接続することができた[36]。これによって、電動車イスやロボットハンドといったずっと複雑な機械も制御することができるようになった。さらに彼の妻は、自分の腕に埋め込んだ同様の装置を通して、彼の腕に人工の感覚を引き起こすことに成功した[37]。ワーウィックは、このように2人の人間の神経システムの間で初めて電子

的コミュニケーションができたことを、「思考のコミュニケーションへの第一歩」と呼んでいる[38]。

恐るべき未来

「極端な考えを持つ個人が驚くべき恐ろしい力を手にするという……極度の悪が完成しつつある」。この激しい言葉は、サン・マイクロシステムズの共同創業者の1人で、GNRがもたらす人類の未来について身の竦むような展望を持つビル・ジョイから発せられたものである。ジョイによると、過激な集団や個人は、もはや残虐行為をするために大きな施設や入手困難な物質を必要としない。知識と専門技術さえあればいいのである。そのような「知識によって可能になる大量破壊」のリスクは、こうした技術がどこまでも自己複製できる能力によって一段と高まる[39]。

NBICとGNRの融合に本質的に備わる危険について深く憂慮するのはジョイだけではない。米中央情報局(CIA)は2003年、生物学的操作で生み出された物質は、人間に知られているどんな病気よりも恐ろしい影響を持つ可能性があり、そのような兵器を開発する知識はすでに存在すると述べた[40]。

ナノテクノロジーの力を熱心に擁護することで知られるK・エリック・ドレクスラーでさえ、一定の注意を促している。ドレクスラーは、原子や分子を操作して、ほとんどどんなものでも作り出すことができる機械、分子アセンブラーを最初に構想した人物である。しかし、彼は、そのようなナノデバイスは「破壊のエンジン」にもなりうると警告した。また、ドレクスラーは、無限に自己複製するナノボットが地球をすべて消費し尽くして地球が「グレイ・グー」(灰色のネバネバ)の塊になってしまう恐れについて、最初に警告した人物でもある。彼は著書の『創造する機械』の中で、「私たちは自己複製するアセンブラーのある種の事故に対応できない」と書いている[41]。

つまり、ナノテクノロジーの最後の審判の日のシナリオは、**地球上のすべての生命の破壊**である。これはジョイが投げかける次のような疑問を

引き起こさずにはいられない。「私たち自身の絶滅の可能性が高いならば、あるいはその可能性があるというだけでも、我々は大いに注意深く進むべきではないだろうか」。

あるいは、人類はナノテクノロジーの開発から完全に手を引くべきなのかもしれない。作家で哲学者のヘンリー・デイヴィッド・ソローも160年以上前に書いている。「手放すことができるものが多い人ほど豊かである」と[42]。

終末論的なシナリオを別にしても、ナノテクノロジーには、健康上の悩ましい課題が確かにある。それはナノ粒子は非常に小さいため、アスベストのように吸い込まれたり膚から吸収されたりして、管の中に入り込む可能性である。全身がその粒子にさらされることになるが、健康面での影響はまだわかっていない[43]。にもかかわらず、ナノ製品はすでに市場に出ているのである。

しかし、どのような賛成論や反対論があろうとも、前進をやめることは主に２つの理由からできそうもない。第１に、人間には知識への渇望がある。ジョイはそれを「科学的探究の本質である……発見と革新の喜び」と呼ぶ。だが、この喜びの中にあって、ナノテクノロジー研究への投資のうちリスク分析に使われているのは２％にも満たないというのは憂慮に値する[44]。第２に、世界の資本主義システムにおいて、この分野が生み出す膨大な利益の可能性が放置されることはないだろうということである。

そのような憂慮から、NBIC／GNR技術に政府の規制が必要なのは言うまでもなく、この分野の研究には慎重かつ誠実なアプローチが必要だという意見が出されている。ナノテクノロジーが特に注目を集めているが、そのような新しく、急速に発展し、高度に専門化され、非常に複雑な分野を統制するのが困難に満ちていることは間違いない。それらが融合し、いっそう複雑になり、ほとんど誰も理解できないほど技術が精巧になるとなおさらである。銀行危機の例からもわかるように、複雑さが十分に理解されていない業界を統制する規則を作ろうとしても効果はないのである。

技術の融合が持つ意味

　未来がどうなるのか、誰にもわからない。この章で取り上げた動きのうちのどれが技術面や商業面で最終的に実現可能になり、どんな商品が生み出されることになるのか、予測するのは不可能である。また、そのような予測を試みることは、本書の目的から外れる。

　確かなのは、人間が自分たちの知識と能力を大幅に向上させる機会を手放すことはないだろうということである。結局のところ、できる限り、あるいは少なくとも社会的・倫理的に受け入れられると思われる限り、技術を前進させようとするのが人間の本性なのである。

　産業界、企業、社会にとって深く大きな意味を持つのは、出現する実際のイノベーション以上に、NBIC／GNRに基づく進歩を限界まで推し進めようとする人間の生まれついての欲望である。

バラ色と灰色

　しかし、同じように確かなのは、技術の融合が進むにつれて、それは新しい産業を作り出し、既存の業界を変容させ、一部のビジネスモデルの存在を脅かす可能性があるということである。2014年までに、製造された製品の15％ほどがナノテクノロジーに依存することになるだろう[45]。加えてアナリストたちは、ナノテクノロジーの世界市場が2014年には2兆6,000億ドルに達すると考えている。これは大まかに言って現在のITと電気通信業界を合わせた規模に相当する[46]。

　マイナス面として、2012年のある報告書は、やがて「自動車事故がほとんどない」時代が到来し、自動車保険が時代遅れのものになると推測している[47]。2011年の世界での売上がおよそ6,600億ドルと推定されるこの業界の終焉を告げるのはまだ、時期尚早かもしれない[48]。しかし、ある保険会社の幹部は、実のところ損害保険業界は将来の技術

が賠償責任、そして結果的にビジネスモデルにおよぼす影響を真剣に考えていると述べている。

　コンピュータ技術と素材の技術の革新によって車が安全になるにつれて、保険料が徐々に下がっていくだろうということにほとんど疑いの余地はない。また、最近、これまで人類に知られている中で最も硬く、おそらくは最も応用範囲が広いと思われる物質、グラフェン（１原子の厚さのSP結合炭素原子のシート）が作り出されたことを頭に留めておくことも大切である。さらに、グーグルが開発中の自動運転車[49]が実用化に成功すれば、全く新しい保険数理モデルが必要になるだろう。保険会社は運転者ではなくハードウェアとソフトウェアを効果的に保険保護することになるに違いない。

　一方、３Ｄプリンターが大規模な工業生産という概念そのものに脅威を突きつけている（ケーススタディ「新たな次元」を参照）。また、生産が現地化されたならば、世界的な海運、流通、物流業界にどのような影響が生じるだろうか。同様に、給料のいらないロボットが仕事を実行できるとしたら、何百万人もの単純労働者はどうなるのだろうか。これは第１章で取り上げたグローバリゼーションの力学にどのような影響をおよぼすだろうか。

　医療の分野では、ロボット手術によって、高度な技能を身につけた医師から低賃金の技師へと責任が移動するかもしれない。それは、「高齢化社会による医療の需要の拡大に対応する経済的に持続可能な方法」を生み出す可能性がある[50]。最近の画期的な発見を考えると、医療はさらに驚異的な進歩を始めるだろう。病気になった細胞にナノボットが直接働きかける技術の開発が大いに期待されているが、2012年にこれが一歩現実に近づいた。ハーバード大学の研究者らが、DNAを利用し、たとえば、働きを止めるといった具体的な「分子的指示」を備えて目標とする細胞に到達できるロボット装置を作ったのである[51]。

　一方、遺伝子配列解明技術の進歩によって、新生児のゲノム解読に

かかる時間が、数カ月からわずか50時間に短縮された。これはおそらく、致命的な疾病を抱えた新生児にとって命を救う技術革新であろう[52]。また、遺伝子操作も2013年に大きく前進し、特定の遺伝子を取り出して改変する技術が開発された。これによって現在は治療できない病気が発症しないようにすることができるかもしれない[53]。

再生医療も大きく前進した。『ネイチャー・メディシン』に発表されたある研究は、ラットの腎臓を実験室内で再生し、生きた標本に移植したところ、尿を作ることができたと報告している。特に腎臓は再生するのが難しい複雑な臓器の1つである。臓器が再生できるということは2つの面で画期的な前進である。第1に、患者がドナーを待つ必要がなくなる。第2に、育てられた組織は患者に適合するため、生涯にわたる免疫抑制剤の服用が不要となる[54]。臓器や器官を修復するという希望は、2013年、研究者らが人間の皮膚からES細胞を作ることに成功したとき、さらに一歩前進した[55]。

ケーススタディ ■ 新たな次元

『エコノミスト』誌が「第三次産業革命」の1つとして取り上げている技術は、極めて重要なものが生まれつつあることを示している。3Dプリンティングはその1つである。この技術は、「注目に値する」「驚きの」「製造の再発明」であり、「生活を一変させる可能性を秘めている」と記述されている[56]。

3Dプリンティングは、実のところ全く印刷ではない。これはデジタル設計図に基づいてプラスチック樹脂の層を重ね、三次元の物体を作っていく付加製造法の1つである。3Dプリンティングは現実化された技術の融合であり、ソフトウェア工学、ロボット工学、デジタルツール、物質科学が一体になって生み出された。そして、考えられる応用分野は「気が遠くなるほど広い」と『エコノミスト』は言う[57]。これはすでに、建築、建設、工業、自動車、航空宇宙、医療機器などの多様な業界で、カスタマイズさ

れた部品を作るために広く使用されている。しかも、この技術の開発が進むにつれて、生体材料や金属でプリンティングすることが可能になり始めている[58]。

　３Ｄプリンティングがメインストリームになりつつあることで、人々の間に興奮が沸き起こっている。この業界は、コンピュータ産業が1970年代と1980年代に経験したようなある種の革命の最前線に立っている。コストが急激に下がり、３Ｄプリンターが容易に手に入るようになるにつれて、利用者が産業界の専門家から新しもの好きや愛好家に広がっている。３Ｄプリンターが、わずか400ドルで買えるようになったため、消費者の関心が急速に拡大しているのである[59]。

　しかし、人々を動揺させている主な原因は、３Ｄプリンティングが工業生産の一部の側面をひっくり返す可能性を持つということである。小さく、手軽に買える３Ｄプリンターはどこにでも置くことができる。それはつまり、製品を工場から運ばなくても、必要な場所(スタジオ、家庭、ガレージ、山奥の村など)で製品を製造できるということを意味する。またこの装置は高度にカスタマイズすることが可能である。設計プログラムに少し手を加えると、機械がそれに合った製品を作ってくれる。これは、第３章で取り上げた「個の台頭」とマスカスタマイゼーションの時代にとって非常に魅力的な特性である。

　さらに、３Ｄプリンティングは、要求に応じて拡張やアップグレードを行うことが可能である。たとえば、どんな３Ｄプリンターでも自身を複製することができるため、多額の初期投資が必要ではない。１台のプリンターを買って、好きなだけプリンターを作ればいいのである[60]。

　この技術の影響は広範囲におよぶ。３Ｄプリンティングは最終的に、製造ラインでの製造、部品の製造、世界的な流通と物流の必要性を大幅に削減することを意味する。たとえば、自分の車や家電が壊れたとき、家庭で簡単に交換部品を作ることができる状況を想像していただきたい。修理を依頼し、作業員が来るのを待つ必要はない。支払いさえ必要ないのである。必要な設計をダウンロードして、「印刷」ボタンを押しさえすればよい[61]。

さらに、３Ｄプリンティングは、大量生産の中心的な経済的利点、すなわちスケールメリットを揺るがす。３Ｄプリンティングの費用効果の高さは、初期投資額の低さ、カスタマイズ可能であること、製造の場の近さに加え、大量ではないことから生じる。ぴったりの社名を持つ３Ｄプリンター のサプライヤー、デスクトップ・ファクトリー 社 は、『ウォールストリートジャーナル』に対して、注文の35％は中小企業からだと述べている。

　『エコノミスト』は次のように説明する。「３Ｄプリンターは誰もそばについていなくても作動させることができ、伝統的な工場では複雑すぎて扱えないものを作ることができる。やがて、この驚異の機械は、ほとんどどこででも、どんなものでも作ることができるようになるかもしれない。……多数の起業家や何でも屋がオンライン上で設計図を交換し、家でそれを製品にし、ガレージから世界に売り出すことになるだろう」[62]。

　しかし、３Ｄプリンティングが大規模に採用されるには障壁がある。この技術を支えるためにデジタルインフラが必要であること、ダウンロードされ、共有され、改変される設計の知的所有権について疑問があること、少なくとも現在のところ、強度と柔軟性が低い樹脂しかプリンティングできないこと、家庭での銃の製造を防止する規制が必要であることなどである[63]。この最後の問題は2013年５月、アメリカのある法学部生が、eBayで買った３Ｄプリンターで実際に使える銃を作ったと公表し、すぐにその設計図をオンラインで公表したことから、世間の注目を集めた。１週間もしないうちにこの設計図は十万回以上ダウンロードされ、アメリカ政府はその削除を要求した[64]。

　しかし、どのような課題や心配があるにしても、この破壊的イノベーションが進行中であることは確かである。おそらくまもなく、読者のそばのガレージにもやってくるだろう。

どこに賭けるか

　NBIC／GNR技術に関して、新しい技術が登場した際の期待を示すハイプ曲線は急激に高まっているが、今のところ、これらの技術により解き放たれた多くのイノベーションはそれぞれが全く異なる開発段階の途上にある。また、前述したようにどれが実を結び、どれが実を結ばないかを知ることは不可能である。

　この予測不能性のため、企業はどのアイディアが成功するかを前もって知ることがほとんど、あるいは全くできない中で、最先端のR&Dプログラムにいちかばちかで多くの資源を投入しなければならない。企業はゲームから脱落せず、画期的発明が起こったときに後れを取らないようにするためだけに、イノベーションを追求せざるを得なくなるだろう。

　たとえば、クモやサソリの毒から農薬を開発する試みを考えてみよう。これが可能だと証明されたとすると、多国籍の農業関連企業にとって、その商業的な可能性は莫大なものになるだろう。この競争から降りるという選択肢はない。また、R&Dが不可欠であることから、企業は他の組織と共同で仕事を進めるというきわめて大きな要求を突きつけられる。

研究のエンジン

　したがって、R&Dの業務は多様化する必要があり、R&Dに関わるチームは先駆的な研究プロジェクトに立ち向かうために必要なスキルを高めなければならない。R&Dの能力を社内で育てるのか、社外から調達するかは、企業にとってますます重要な判断になるだろう。

　企業はR&DチームにおけるNBIC／GNRの各分野の専門家の共通理解を促進するためのプラットフォーム作りを考える必要がある。こ

れは今すでにIT、テレコミュニケーション、モバイルといった隣接する技術分野で起こり始めていることである。ここ数年、マイクロソフト、インテル、サムスン、ボーダフォン、ベライゾン、AT&Tといった巨大企業によって多くのイノベーションセンターが作られている。こうした施設には、新しい技術の境界を押し広げ、新製品を共同開発するために開発者、パートナー、さらには競合会社も集っている。ベライゾンの施設はおよそ80の組織を受け入れ、「現在は接続されていないが、接続されるべきである何かを考える」ことによって、４Gワイヤレス接続を開発することに力を注いでいる[65]。

　異分野の専門家たちが協力と歩み寄りの意思を持たなければならず、またそれが可能にされていなければならない。企業のリーダーは、大量の知識のプールを管理し、専門家たちのスキルをコーディネートして利益を最大化する役割が自分に求められていることに気づくようになるだろう。R&Dチームの手助けをするためには、異なる専門家の間の「通訳」となるジェネラリストの管理職が必要である。

大々的な協働作業

　科学的分野の融合から革新を生み出し、活用方法を開発し、それを商品化するためには、組織内外での新たなレベルの協働作業が必要とされるであろう。技術の融合の時代には、さまざまな部門、多くの企業、さらには領域全体さえもが新しい形で協力し合うことが必要になる。これは非常に複雑で、専門化され、先端的な分野ばかりではなく、きわめて多様な分野にあてはまる。たとえば、ナノエンジニアは生化学者と、ITプログラマーは遺伝学者と、心理学者は神経学者と協力する必要がある。草分け的な研究を進めるためには、ときとして、上記のすべての知識やさらにその他の知識まで組み合わせることが必要になるかもしれない。しかも、先駆的なプロジェクトはしばしばこう

した研究者たちを未踏の領域に連れて行く。

この「大々的な」協働作業のためには、卓越した組織が必要である。多様な専門家が、全く異なる各自の専門知識を最大にし、望ましい目的をできる限り効果的かつ効率的に達成するにはどうすればよいかを見きわめなければならない。また、それぞれのノウハウをプールし、互いに理解し合うための共通の言語を見出す必要がある。

境界を超えて

科学の融合と大々的な協働作業は、新たなタイプの「組織の融合」を作り出すかもしれない。新たな技術が商業的利益を爆発的に生み出す能力を利用しつつ市場の脅威から身を守るためには、企業は伝統的な組織の境界や構造を超えて動かなければならない。そのためには、サイロ（周囲が見えない孤立した構造）を壊して協働作業のプラットフォームを作るという一般的な努力よりはるかに大きな変革が必要である。

新たなレベルの協力を可能にするためには、よりオープンな働き方が必要になるだろう。科学者は、たとえばITプロジェクトの管理と薬品開発の手順など、すでに十分に実践されてきた（しかし、それぞれ大きく異なる）さまざまな手順をまとめる方法を見出さなければならない。成功は、それぞれの分野の熟練した技術的専門家が協力し、歩み寄ることができるかどうかにかかっている。

技術の融合がもたらす複雑さのため、企業間の、ときには競合企業間の知識の交換が不可欠になる。リーダーにとってこれは、技術面で自分が完全には理解できない率先的な活動を開始し、指揮しなければならないということを意味する（デジタル時代の課題に類似している）。リーダーは、プロジェクトが最終的な目標を見失うことがないよう注意しながら、大量かつ多様な知識と専門的スキルのプールを管理し、協力する組織や科学分野の間の調整と仲立ちを行わなければならない。

集中的な協働作業の必要性は企業の経営幹部にも理解されている。IBMが2012年に行った世界のCEOの調査によると、CEOが従業員に求める最も重要な特性は人と協力して仕事をする能力であった。4分の3のCEOは、これが「決定的に重要な」特性であると表現した。また、この調査によると、CEOの大部分はイノベーションを推進するために「幅広く連携を行っている」と答えている[66]。

　さらに、ヘイグループの研究から、リーダーシップが優れた会社と評価される世界の上位20社では、上級管理者が人と協力して活動していないならば、たとえその個人の業績が優れていても何らかの改善策がとられる場合が多いことが明らかにされている。また、これらの会社は、大々的な協働作業が提起する課題に対しても備えができており、人々が共同で仕事を行う仕組みを必要に応じてすばやく編成し直すことができることも明らかになっている[67]。

　幸いなことに、組織の融合を必要とする技術革新自体が、組織を融合させることにも活用できる。ソーシャルコミュニケーションのプラットフォームはどんどん機能が向上し、組織や領域を超えた共同作業に役立つバーチャルな空間とツールを提供している[68]。

社会的な議論

　前述したように、人類はできる限りの進歩を推し進めようとする生き物であり、技術的な進歩は新たな危険を生み出す。それはガレージで銃を製造することへの懸念や、ナノ粒子の健康への影響から、認知的な強化の倫理的な賛否、「グレイ・グー」という破滅的結末（P.167「恐るべき未来」のセクションを参照）まで多岐にわたる。

　こうした倫理的、哲学的な問題は本書の範囲を超えるが、これらは社会的なレベルで考える必要がある。それぞれの社会が、受け入れられる進歩の限界はどこかを議論しなければならない。人間の能力の限

界はどこまで広げられるべきか。追求すべきイノベーションはどれか、追求すべきではないイノベーションはどれか。進歩の落とし穴が利益を上回るのはいつか。前進の可能性を追求しないことに関してどのようなマイナス面があるか。

　政府も企業も、法や投資の決定をするときにこの議論に対して敏感でなければならない。技術的な進歩にかかわる社会の期待に配慮しながら慎重に歩み、規則や製品のイノベーションを考える際に倫理的な境界を熟考することが必要である。

イノベーションに影響をおよぼす

　もちろん、すべての進歩が倫理的なジレンマを生み出すわけではない。たとえば、くるっと巻くことができる携帯電話や再充電できる飛行機などが実存的恐怖や道徳的な怒りを引き起こすことは、まずないであろう。こうした倫理的に中立なイノベーションの行方は、社会ではなく市場によって決められる。企業は倫理的に中立などのイノベーションに投資し、どれを設計図のまま放棄するかを決定することになる。

　したがって商業的な判断が技術的な進歩の方向に大きな影響をおよぼす。また、企業はどの発明が商業的に実現可能かを判断するだけではなく、イノベーションをどのように活用するかを決める立場にもある。ある成果を生み出すことが技術的に可能であり、大きな利益が得られる可能性があるとわかれば、企業は多くのNBIC／GNR研究を促す触媒となるだろう。

　その結果、商業的な活用を狙ったベンチャー事業が一般的になると思われる。企業は自分たちのイノベーションの能力を強化するために、戦略的な提携、共同事業、合併、買収を考慮するようになるだろう。2007年にネスレが製薬会社ノバルティスの医療用食品事業を買収した

のが一例である。ネスレはこの取引によって健康強化食品市場における支配的地位を得ただけではなく、R&D能力を高めることができたと言われている[69]。

技術の融合の要求

要約すると、リーダーは以下を行う必要がある。

1. **不確実性を受け入れることを学ぶこと**。技術の融合の結果、それがもたらす影響、およびその活用の方法を予測することは非常に難しい。リーダーは、不確実性や曖昧さとうまくつきあっていかなければならず、また常に進歩に遅れないようついていき、それが顧客と従業員にどのような結果をもたらすかを把握していなければならない。
2. **新しい形の協働作業を促進すること**。社内でも、また、他社や研究機関との間でも十分な協力を行うことが不可欠になる。これを可能にするために、企業は領域や部署の境界を取り払わなければならない。リーダーは社内、および競合相手を含むパートナー組織との間で知識の交換を促進・管理する必要がある。
3. **倫理的にイノベーションを行うこと**。受け入れられる進歩の境界を踏み越えた製品は許容されない。企業とそのリーダーは、誠実に活動し、技術の進歩に関する社会的な議論を尊重することが期待される。

第7章
メガトレンドを加速させる現象、ジレンマ、パーフェクトストーム

> 「2つのパラドクスは1つのパラドクスよりましだ。
> 2つのパラドクスが1つの解決策を示すかもしれないからである」
> ― **エドワード・テラー** 原子物理学者

概説 ■ メガトレンドのパーフェクトストーム

それぞれのメガトレンドは、組織とリーダーにとって難しい課題と膨大な複雑性を作り出す。しかし、メガトレンドはそれぞれが独立して進展するわけではない。それらはすべてが同時に進展し、企業のリーダーが立ち向かわなければならない困難を著しく増幅させる。

メガトレンドが組み合わさると、5つの大きなメガトレンドを**加速させる現象**（複数のメガトレンドが同時に起こることによって引き起こされ、増強される結果）と4つの重大な**ジレンマ**が生じる。

メガトレンドを加速させる5つの現象

1. **ステークホルダーの急増** リーダーは急速に拡大するステークホルダーのネットワークからの期待に敏感でなければならない。それはリーダーが単純化しようとする物事を複雑にする。
2. **力のシフト** リーダーの力が多様なステークホルダーにシフトし、メガトレンドの課題にうまく対応しながら組織を率いていくリーダーの権威・権限が縮小する。
3. **新たな働き方** 仕事も職場もモバイルになり、仕事とプライベートの境界がなくなり、若い世代の間にフォーマルな権威・権限への抵抗が確立される中で、働き方の新しい「社会的慣習」が生まれる。
4. **コストの急増** 人材不足と自然資源の欠乏、先進技術の研究、開発、利用

およびグローバリゼーションによる要請により、企業のコストが爆発的に増える。
5. **企業の倫理的行動を求める圧力の増大**　環境とNBIC技術（ナノテクノロジー、バイオテクノロジー、情報テクノロジー、認知科学）に対する懸念に、デジタル時代の透明性が組み合わされる結果、組織とそのリーダーには最高水準の倫理的行動が求められる。

4つのジレンマ

1. **移動**　グローバリゼーションによって移動の必要性と欲求が増大するが、環境面への配慮から、移動を大幅に削減することが求められる。
2. **資源**　自然資源の欠乏と需要の拡大が同時に起きる。
3. **組織の階層**　複雑性は込み入った構造を作り出す傾向にあるが、「個の台頭」が進むために、階層の少ないフラットな組織が求められる。
4. **展望の時間軸**　デジタル時代の即時性は、気候変動に対応する長期的な解決の必要性と不整合を起こす。

「パーフェクトストーム」という言葉は、2000年にこのタイトルの映画が公開されて以来、比喩として頻繁に用いられている。その意味は、ビジネス環境へのメガトレンドの複合的な影響を"パーフェクトに"とらえている。パーフェクトストームとは、それぞれの状況の影響を劇的に悪化させる事情が、信じられないような形で同時発生することを言う。たとえば、6つのメガトレンドが並行して進展すると、それぞれが他のトレンドを加速させ、その力を一段と強める。

たとえば、グローバリゼーション2.0は新しい富を作り出し、製品とサービスのより大きな需要を生み出し、それが環境にいっそう大きな圧力を与える。富の拡大は「個の台頭」を促し、技術、インターネットアクセス、デジタルデバイス、ソーシャルネットワークの需要を拡大させ、それがデジタル化にさらに拍車をかける。技術の融合は多くの新しい製品の市場を作り出し、それが気候変動とグローバリゼー

ションにいっそう大きな影響をおよぼす。6つのメガトレンドが重なり合う部分は多く、入り組んでおり、企業には立ち向かうべき課題、疑問、複雑さが暴風雨のように襲いかかる。メガトレンドによってパーフェクトストームの中に投げ入れられたリーダーの日常は、複雑で、混沌とし、圧倒されるようなものになるだろう。

メガトレンドの嵐

　この章では、6つのメガトレンドが同時発生したときの帰結について考察する。それぞれのメガトレンドには複数の影響があり、その中には矛盾し合うものもあれば、互いに強化し合うものもある。

　同時発生するメガトレンドは、5つのメガトレンドを加速させると4つのジレンマを生み出す。それぞれが組織とそのリーダーにとってきわめて大きな困難をもたらすだろう。

　私たちがメガトレンドを加速させる現象と呼ぶのは、複数のメガトレンドが並行して進むことで引き起こされ、増強される結果である。メガトレンドを加速させる現象の性質は互いに密接に連動し合い、一定程度重なり合っている。企業のリーダーシップの未来により大きな影響をおよぼすのはこうしたメガトレンドを加速させる現象である。

　同時に、それぞれのメガトレンドの間での力関係、矛盾、不整合はリーダーの仕事を著しく困難にする。それらが明確な答えのない板挟み、すなわちジレンマを生み出すからである。

メガトレンドを加速させる現象

5つの現象は次の通りである。

メガトレンドの嵐: 5つのメガトレンドを加速させる現象
1. ステークホルダーの急増。リーダーが考慮しなければならない既得権の増加
2. 力のシフト。リーダーからステークホルダーへの力の移動
3. 新たな働き方。働き方の新しい「社会的慣習」
4. コストの急増。人材不足と自然資源の欠乏、および高度な技術の利用によるコスト増
5. 企業の倫理的行動を求める圧力の強化。 組織とそのリーダーに最高の倫理的基準を求める圧力

では、それぞれのメガトレンドを加速させる現象を詳しく見ていこう。

メガトレンドを加速させる現象1．ステークホルダーの急増

物事がもっと単純だった時代、リーダーが気にかけなければならない主なステークホルダーのグループは、事実上1つだけだった。それは株主である[1]。言うまでもなく、投資家は今でも最も重要であり、今後もそれは変わらないだろう。しかし、ここ20年ほどの間に、リーダーはどんどん複雑になる他の多くのステークホルダーの要求に対応しなければならなくなっている。これはメガトレンドの結果の1つとして、組織が成功しようと思うならば満足させなければならないステークホルダーが増加しているからである。

実際、メガトレンドはステークホルダーの概念そのものを変化させている。ステークホルダーは、もはや一定の人間の集団に限定されない。社会や地球といった抽象的な存在が重要な考慮事項になっているのである。リーダーはこうした新しいステークホルダーに囲まれた世界で、自分たちの決定の影響を考えなければならない。新しいステー

クホルダーには以下が含まれる。

消費者／顧客

　グローバリゼーション2.0は、リーダーにグローバルな視点とローカルな視点の両方を同時に持つことを要求する。そのため、もはや市場、消費者、顧客という単純なとらえ方はできない。グローカリゼーションの影響により、リーダーは、ドイツ、スペイン、アメリカ、ロシア、中国、インド、メキシコ、アルゼンチン、南アフリカなどの顧客の個別のニーズを考慮せざるを得ない。グローバル化した世界では、もはや「1つの市場」はなく、それぞれが異なる態度、望み、好み、購買習慣を持つ多くの市場があるのである[2]。

　「個の台頭」はこの市場の断片化をさらに悪化させる。それぞれのローカル市場が独自の特性を持つだけではなく、社会が豊かになるにつれて個々の顧客の好みが多様化する。これは製品をカスタマイズする、あるいは顧客と一緒に製品を作る（デジタル時代の進展によって可能になる）機会が生まれることを意味する。しかし、それは機敏に対応できない組織に深刻な脅威をもたらす。

現地マネジャー

　グローカリゼーションは、意思決定においてもローカライズしたアプローチを必要とする。それぞれの市場で出現する機会と脅威は、独自の期待、習慣、伝統、経営方法に影響を受ける。そのため各地域での決定は、お互いに大きく異なるものになるだろう。

　グローカライズする市場のダイナミクスと多様な顧客のニーズに対応しようと思うならば、地域本部や現地経営陣の権限を強化する必要がある。それは規模が拡大し、多様性の大きいマネジャーの集団が現地組織を率いるようにしなければならないということを意味する。

グローバルな従業員

　もう1つの新しいステークホルダー集団はグローバルな従業員である。新興市場の外注先の労働者に対して倫理にもとる待遇をすることは（2013年に中国のフォックスコンで勃発した暴動が示しているように[3]）、従業員たちからも、最終的には（後述するように）市場からも許容されなくなるだろう。労働者が反乱を起こし、顧客が不買運動で意思表示をしている状況では、株主を納得させることはできない。

　加えて「個の台頭」というメガトレンドが、労働者の要求を大幅に強める。従業員は倫理的かつ公平に扱われることだけではなく、個人として扱われることを期待し、自分の個人的なニーズや望みを尊重することをリーダーに強く求める。彼らは労働時間、ワークライフバランス、家族への責任などについて、10年前ならば考えられなかったようなことを組織に要求するだろう。

　全員が個人として扱われることを要求する何千人にもおよぶグローバルな従業員は、並外れて複雑なステークホルダーになる。

環境と社会

　環境危機も新たなステークホルダーを作り出す。顧客が企業に対して持続可能な製品や運営方法を考え出すことをますます強く求めるようになるにつれて、地球そのものがステークホルダーになる。もはやうわべだけの環境対応（グリーンウォッシング）では合格点をもらえない。地球の生き残りに本当に貢献する以外には、人々に容認されなくなるのである。

　気候変動の結果がいっそう深刻なものになると、持続可能性の要求が社会的な問題になる。人々はこれまで以上に、将来の世代のために生活環境を守るよう企業（政府）に求めるようになるだろう。すると、社会も、リーダーが対応しなければならない利害関係者のリストに加わることになる。

競合企業

　技術の融合は、ステークホルダーの様相をいっそう複雑にする。企業は複雑な技術革新を前進させるために「大々的な」協働作業を行うことが必要になり、競合企業を含む他の組織と密接に協力せざるを得ない。自動車業界に一般的に見られるタイプの「コーペティション（コーオペレーション＋コンペティションの造語）」、すなわちライバルメーカー同士が頻繁に協力し合って新しいエンジンを開発するような方式が多くの業界で日常的に行われるようになるだろう。

　コーペティションは特に感情面と認知面でリーダーに難しい要求を突きつける。競合する企業と協力するためには、重要なパートナーであると同時に、市場の脅威でもあるという二重の視点やアプローチを維持しなければならない。これは相手にどこまで与え、相手からどこまで受け取り、どこまで秘密にするか、常に慎重に判断し、生産的な協力関係を築きながらプロフェッショナルな距離を保つ適切なバランスを取らなければならないことを意味する。

ステークホルダーの急増にかかわる複雑性のパラドクス

　これまでの章に見てきたように、それぞれのメガトレンドは組織の経営環境を非常に複雑にする。そのためリーダーは、可能な限り複雑性をなくして簡素化しようとする。

　ところが、メガトレンドが組み合わされると、ステークホルダーが増えるとともに細分化されるため、いっそう複雑性が増す。そしてリーダーが物事を単純化しなければならない。まさにそのステークホルダーが複雑になってしまうのである。

　複雑さの中で適切な道を進んでいくためには明確性が必要である。しかし、リーダーはどうすればますます多様な要求を持つばらばらの相手に対して、明確で一貫したメッセージを伝えることができるだろうか。

また、ステークホルダーの急増は多国籍企業のブランドにとって、何を意味するだろうか。企業はどこで営業しようとも、すぐに認識してもらえるグローバルで統一的なブランドとして運営することによって、複雑性の低下を図るべきだろうか。それともグローカリゼーションの法則に従って、自分たちのアイデンティティをそれぞれの市場に合わせるべきだろうか。

ステークホルダーの急増	
ステークホルダー	メガトレンド
多様な従業員 多様な顧客 現地マネジャー	グローバリゼーション2.0
従業員 顧客	個の台頭
地球 社会	環境危機
競合会社	技術の融合

メガトレンドを加速させる現象２．力のシフト

　『新オックスフォード英語辞典』では、「力」とは、「他者の行動を方向づける、またはそれに影響をおよぼす能力」と定義されている[4]。従来（次章で詳しく検討するように）、これがリーダーシップを発揮する方法であった。リーダーは他者に対して影響力を持ち、それによって自分の戦略や決定を実行することができる。

　しかし、メガトレンドはこの権威・権限を蝕み、力をリーダーから他のさまざまな集団、個人、組織へとシフトさせる。ステークホルダーが急増するため、これは不可避である。

グローバルからローカルへ

　前述したように、グローバリゼーション2.0に対応するために、意思決定プロセスにはローカルなレベルを含む必要がある。経営幹部は、グローカリゼーションに対応するための適切な決定を行ってそれを実行する適切な範囲の権限を、地域本部や現地マネジャーに与える必要がある。

人材

　加えてリーダーは、従業員に対する自分の影響力がだんだん小さくなっていくことに気づくであろう。人口動態の変化(特に社会の高齢化)は、高度な教育、能力、経験を持つスタッフの減少を招く。その結果、有能な従業員は、組織の人材獲得戦争を背景に(第3章で見た私たちの友人であるプログラマー、アルヴィのように)、自分に合った役割やキャリアを自分で選んだり作り上げたりする力を持つようになる。

　一方、「個の台頭」は、年上世代と若い世代の両方の有能な人材に、職場で新しい力を発揮する自信を与える。人材獲得戦争というと、最新の「Bright Young Things(輝かしい若者たち)」をめぐる企業の競争というイメージがあるだろうが、実際はすべての年齢の熟練労働者が人口動態の変化の恩恵を受ける。ベビーブーム世代が退職すると、スキルと経験を身につけた年上の人々も、前途有望で野心的な若い世代と同じくらい貴重になるだろう。また、第5章で見たようにこうした年上の労働者は、人生後半の生き方に合ったキャリアを切り拓いていくと思われる。

デジタルネイティブ

　それに対してデジタル時代は、若い世代に明白な優位性を与える[5]。デジタルネイティブたちは、企業にとって不可欠である情報技術について、豊富な知識を強みとする。

また、彼らは本能的に仕事とプライベートの伝統的な区別が、曖昧になることに順応しやすい。バーチャルな金魚鉢での生活が彼らにとって自然なのである。さらに重要なのは、デジタルな世界の透明性によって企業の行動が外の世界に筒抜けになるということである。今や組織のレピュテーションを握るのはリーダーだけではない。公のプラットフォーム上に匿名で不平不満を並べ立てるのが平気な若い従業員たちも、レピュテーションの鍵を握っているのである。

顧客

　デジタル時代のオープンさも、力を組織から顧客へと移動させる。顧客は、企業の製品やサービスに対する不満をオンラインのフィードバックやレビューフォーラムで簡単に吐き出す。しかも、個人化が進む世界では、顧客は自分の不満を積極的に表明する。
　さらに、顧客は持続可能な環境に貢献しない企業の倫理にすぐに異議を唱える。一方、グローバリゼーション2.0の下、リーダーらはそれぞれの地域の顧客の個別の要求を尊重しなければならない。

環境と社会

　最後に環境の意識の高まり、気候変動と持続可能性に対する社会的総意の強化、およびそれに対する法や規則の形での政府の対応によって、リーダーの力はさらに縮小するだろう。

力のシフトにかかわる力のパラドクス

　ステークホルダーの急増と同様に、力のシフトもリーダーにパラドクスを突きつける。メガトレンドの嵐がもたらす課題、複雑さ、脅威に対応するために重要な決定を下してそれを実行するには、リーダーがこれまで以上に大きな力を持つことが必要である。ところが、メガトレンド自体が全く反対の動きをする。それはリーダーの力を蝕み、

メガトレンドの課題を切り抜けるために対応しなければならないステークホルダーたちに力をシフトさせてしまうのである。

　メガトレンドの帰結に対処するには、リーダーは権威・権限を持つ地位に立って行動する必要がある。しかし、まさにそのメガトレンドのために影響力を失ってしまうとしたら、リーダーはどう行動すればいいのだろうか。

力のシフト	
リーダーの力の移動先	メガトレンド
現地マネジャー 労働者	グローバリゼーション2.0
労働者	人口動態の変化 個の台頭
若い世代	デジタル時代
顧客	デジタル時代 個の台頭 環境危機 グローバリゼーション2.0

メガトレンドを加速させる現象３．新たな働き方

　これまでの章でそれぞれのメガトレンドが、いつ、どこで、どのように人々の仕事に深い影響をおよぼすかを見てきた。しかし、それらのメガトレンドが組み合わされると、仕事と職場に社会的、感情的、物理的、手続き的な面で劇的変化が生まれることが明白である。それは多くの人の仕事、生活、そしてその両者のかかわりに関する伝統的な考え方を大きく変化させている。

　そのため働き方の新しい社会的慣習と、私たちが呼ぶものが生まれている。これは深く社会に組み込まれた仕事のプロセス、決まった手順、行動、および長年にわたって確立されてきた職場とワークライフバランスに関する期待の根本的な見直しとなっている[6]。

この新しい働き方のモデルは、いくつかの要素で構成されている。それらが組み合わせられることにより、2030年には多くの人にとって仕事というものが大きく変化しているだろう。

モバイルな職場
　第4章で説明したように、デジタル時代が生み出す結果の1つは、職場が完全にモバイルになっていくということである。しかし、この変化を推進する力はデジタル化だけではない。技術の融合も、職場の定義を変化させるイノベーションを生み出す。しかも、変化するのはオフィスワークにとどまらない。第6章で見たように、3Dプリンターで多くのものが作られるようになっているため、製造がローカル化されると思われるのである。10年前には誰もこのような動きを予想していなかった。また、「個の台頭」により、従業員は自分が適切だと思うときに、適切だと思う場所で、デジタル技術を使って仕事をしたいと考えるようになるだろう。
　このような職場の細分化は、管理職と部下の伝統的な「リーダー（指導者）とフォロワー（追随者）」の関係をゆがめる。リーダーにとって、地理的に分散してめったに顔を合わせることのないチームに対してコントロールを維持していくのは難しい。リーダーは部下に敬意と権威を感じてもらう新たな方法を見つける必要がある。

バーチャルワーク
　デジタル時代には、働く場所だけではなく仕事そのものもいっそうバーチャル化する。今後ますますバーチャルなツールやプラットフォームによって、仕事が会社から離れた場所で行われるようになるだろう。そしてデジタルネイティブ世代は、このチャンスを大いに歓迎するだろう。
　しかし、ここでもやはりバーチャルワークを推進する要因は、デジ

タル化だけではない。組織がますますグローバル化する環境で事業を行うようになるにつれて（少なくともNBICの進歩によって人が2つの場所に同時に存在することが可能になるまで）、バーチャルな働き方（と職場）が必要になっていく。

バーチャルワークによって、経営幹部がへとへとになるような海外出張を繰り返さなくてもよくなるだけではない。移動の必要性の減少は、企業のサステナビリティ戦略において重要な役割を果たし、エコ意識が高まる社会から承認を得る要因の1つになる。しかも、それによってコストを大幅に削減することができる（P.195で説明するコスト急増の時代に願ってもないことである）。気候変動が加速する中、グローバルな移動は、非常に高くつくようになっている。

曖昧になる境界

社会的習慣のもう1つの大きな変化は、公と私、仕事とプライベートの区別の曖昧化である。第4章に説明したように、デジタル時代の生活は「いつでもオン」である。また、私たちはフェイスブックやツイッターで生活を公にするため、いつでも公の世界にいる。一方、ソーシャルネットワークは仕事上の関係を個人のスペースに持ち込む。

リーダーは、仕事の時間とプライベートな時間、職業上の関係と社交的な関係、そしてリーダーとフォロワーの関係というこれまでの線引きが崩れ去ることを受け入れる必要がある。また、「いつでもオン」の文化の危険性にも敏感でなければならない。若い世代は、スマートフォンやタブレットを触っていれば幸せかもしれないが、これはリスクも伴う。「いつでもオン」であるということは、いつでも仕事中だということであり、それは従業員の身体的、感情的な充足感・幸福感そして業績に打撃を与える。常に接続している世界にあっても、人には仕事から離れる時間が必要である。

デジタル化は若い労働者に職場での優位性を与えるだろう。しかし、

仕事のスケジュールが流動的で、細かく監督されないということは、期限を守り、基準に則ってタスクを実行するには相当な規律と自制が必要だということである。けれどもジェネレーションYにとって、それは強みだとは言えない特性である。

個別化する態度

　組み合わされたメガトレンドがもたらすもう1つの結果は、労働者の間に反集団主義、反権威主義が広がるということである。「個の台頭」は、その定義から言って、集団的な労働と真っ向からぶつかる。

　リーダーはいっそう多様な価値観や態度を持つチームメンバー間の協力を何とかして促進しなければならない。困ったことに若い世代には、フォーマルな権威を拒否し、バーチャルに行動したがる傾向がある。リーダーは、そのような多様化と個人化が進んだ環境の中でいかにして一体感と帰属意識を育めばよいのだろうか。

新たな働き方にかかわるリーダーシップのパラドクス

　ここでも働き方の新しい社会的慣習は、リーダーが立ち向かうべきパラドクスを生み出す。リーダーは一度も会ったことのない従業員たちをどうやって率いることができるだろうか。こうした従業員はそれぞれ異なる場所に分散しており、いつでもどこでも仕事をしている。ときには、組織のリーダーが自分のリーダーだとは全く考えていないこともある。

新たな働き方	
働き方	メガトレンド
モバイルな職場	デジタル化 技術の融合 個の台頭
バーチャルワーク	デジタル化 グローバリゼーション2.0 環境危機
境界の曖昧化	デジタル化
反集団主義と反権威主義	デジタル化 個の台頭

メガトレンドを加速させる現象４．コストの急増

　コストの増加はビジネスリーダーにとっても消費者にとっても頭の痛い問題である。しかし、メガトレンドの嵐の中では、さまざまな要因により、国境を超えてコストが爆発的に増加する。

環境危機

　環境危機によってコストに非常に大きな圧力がかかる。第２章で石油供給の減少、問題の多い新しい採掘方法による石油を利用する必要性、レアアースの欠乏が、多くの製品やサービスのコストをいかに押し上げるかを説明した。また、同じ章で、資源の欠乏によって引き起こされる経済的な破滅的シナリオについても考察した。

　しかも欠乏の恐れがある資源は、石油とレアアースだけではない。地球温暖化と汚染の増加により、水の供給も脅かされている。これはさらに、人が生産するあらゆるものの価格を押し上げる。また、気温の上昇と水の減少は食物の生産にも影響をおよぼし、生きるための必需品の値段を大幅に引き上げるだろう。

人口動態の変化と「個の台頭」

　人口動態の変化から生じる人材の不足は、人件費を上昇させる。これは「個の台頭」の時代における労働者の要求の増大によって、いっそう激しさを増す。従業員の多様なニーズや期待に答えるためには、さらに多くの資源が必要になると思われる。

グローバリゼーション2.0

　分化されたローカル市場で成功するために必要となる複雑な業務もコストを増大させる。また、個人化する顧客ベースに対応するためのカスタマイゼーションと協働作業による創作を可能にするプロセスにも、やはりコストがかかる。

技術の融合

　第6章で取り上げた厳しいイノベーション競争が繰り広げられる中、NBICの前進のために研究、開発、商品化を行うにはコストがかかる。企業は先駆的な技術分野でR&D計画を実行するために、世界一流の専門家に高い報酬を支払うことが必要になる。また、大々的な協働作業の必要性があるということは、複数の提携や連携を管理しなければならないということを意味する。そしてそれを可能にするには、多くの資源が必要であることがよく知られている。

　加えて、NBICの飛躍的前進から生まれる製品や素材は、最新の技術を基礎にしている。ゆえに、非常に高いコストがかかる。また、需要と供給の法則によって価格はいっそう高まる。たとえば、多くの業界で多くの有望な応用が考えられるグラフェンのような物質は、世界の需要を満足させるだけの十分な量が生産されるのだろうか。

　コストが急増する影響は、世の中を一変させる可能性がある。世界中の国々は、可処分所得が減り、生活の質が落ちるという新しい現実を受け入れる必要があるのかもしれない。そうした中でリーダーは、

「新しい標準（ニューノーマル）」を顧客に伝え、大幅な価格上昇が起きると思われる時代に備えてもらう必要がある。

しかし、同時に企業は、製品の価格を多くの顧客の手が届く範囲におさめ、従業員が生活できる状況を維持する必要がある。コストが急増する時代に、私たちはこれまでとは異なる暮らし方、働き方、ビジネスの方法を見つける必要があるだろう。

コストの急増	
コスト上昇の要因	メガトレンド
自然資源 電力 燃料 先進的な物質・資源 食物 汚染によって引き起こされる疾病	環境危機（資源の欠乏と気候変動）
人材の不足 人生後半のキャリアの仕事環境 労働移民	人口動態の変化
個人化する労働者の要求と期待	「個の台頭」と価値の多様化
複雑な組織構造 個人化する顧客ベース	グローバリゼーション2.0
イノベーション競争 少数の専門家 技術	技術の融合

メガトレンドを加速させる現象5．
企業の倫理的行動を求める圧力の強化

近年ビジネスの世界が、最高の倫理的基準に沿った行動をしていないというのはおそらく事実だろう。いくつかの業界の多国籍企業は望ましくない業務慣行のためにメディアから注視されている。たとえば、銀行業界の行動は、世界金融危機に果たした役割を含め、メディアに

よく取り上げられる。金利の固定化、マネーロンダリング、企業や消費者への金融商品の強引な販売に罰金が科せられることもある。

しかし、本書ですでに何度も述べているように、メガトレンド、特に気候変動は、組織とそのリーダーに完璧な倫理的行動を要求する。消費者は企業に対して、公正な社会の構築に貢献し、顧客と信頼できる関係を築くことを期待する。それは高いレベルの誠実性、信頼性、透明性を必要とする。企業は基準を引き上げなければならないのである。

以下に、いくつかのメガトレンドからこの倫理的行動を求める圧力が強まることを説明しよう。

環境危機

前述したように、気候変動に対する人々の懸念が強まるため、企業は環境破壊の軽減に貢献する持続可能なビジネスモデルを実行することが求められる。この圧力はあらゆる所——顧客、株主、社員、政府、そして社会全体からやってくる。

デジタル時代

公私の区別が曖昧になり、それが生み出す透明性、情報へのアクセスの拡大により、リーダーは組織のレピュテーションを守るために最高レベルの誠実性をもって行動せざるを得ない。価値観、行動、言葉の誠実性と信頼性は不可欠のものになるだろう。

リーダーはいつまでも口約束や行動するふりで、切り抜けることができなくなる。顧客も社員も、特にデジタル世代は、賛成できないことや不満があればすぐに自分のブログ、ツイッター、フェイスブックに書き込む。言葉はあっという間に広がり、勢いを増す。わずか数時間のうちにレピュテーションが高まることも棄損されてしまうこともある。

技術の融合

第6章で見たように、NBIC技術が新しい分野を切り拓くと、社会は進歩が持つ意味について議論し、科学者と企業の倫理的な枠組みを定めざるを得なくなる。企業はこうした議論に敏感でなければならない。そして、社会に受け入れられるイノベーションの限界を尊重することによって、倫理的に行動することが期待される。

倫理的圧力の強化にかかわる道徳性のパラドクス

興味深いことに権限の縮小、ますます複雑なステークホルダーへの権限のシフト、コストの急増という他の3つのメガトレンドを加速させる現象により、リーダーは倫理的な行動の要求に関してさらなるパラドクスに直面する。

コストの増加が利益に深刻な圧力をかけるとき、そして引っ張っていかなければならないステークホルダーが増え、彼らに対する自分の権限が縮小しているとき、リーダーはどうすれば非難の余地のない倫理的行動を続けることができるのだろうか。

企業の倫理的行動を求める圧力の強化	
倫理的な動き	メガトレンド
持続可能なビジネスモデル	環境危機
レピュテーションの管理	デジタル化 個の台頭
科学者と企業にとって倫理的な枠組み	技術の融合

ジレンマ

メガトレンドによって次の4つのジレンマが引き起こされる。

メガトレンドの嵐：4つのジレンマ
1．移動　移動することに対して高まる欲求と移動を減らす必要性。
2．資源　原材料の欠乏とその需要の拡大。
3．組織の階層　階層が少ないフラット構造か、それとももっと複雑な構造か。
4．展望の時間軸　デジタル時代の即時性と気候変動の長期的展望。

ジレンマ1．移動

　グローバリゼーション2.0は、より多くのビジネスが国境を超えて行われることを意味し、それはより多くの移動を必要とする。また、グローバリゼーション2.0は、新たに何百万もの人々に移動する選択肢を付与する。それは長い間、富と特権の象徴であった。さらに、「個の台頭」が進むことにより、楽しみとしての旅行の需要も高まる。一方、リーダーは、ローカル市場のダイナミクスに遅れずについていくために、多くのステークホルダーと多くの場所で会わなければならない。

　しかし、移動の問題はジレンマを突きつける。気候変動に対処するためには、二酸化炭素を排出する人の移動やものの輸送を大幅に削減しなければならない。

　環境危機に対応する議論として、地球温暖化の主な原因の1つである産業界は、最終的に解決策を生み出すだろうというものである。このような主張をする人々は、企業は人間の活動が環境に与える影響を削減し、さらには排除する製品を生み出し、新しいエネルギー源を見つけることになるだろうと考える。第6章で見たように、3Dプリンターが生産をローカライズし、物品の輸送の必要性を減らすだろう。一方、砂漠の日光を利用すれば膨大な量のクリーンエネルギーが生み

出されるだろう。

　しかし、これは楽観的なシナリオのように思われる。第6章では技術進歩の予測不能性も強調した。何らかの有益なブラックスワン（ここでは予測不能な破壊的技術）を当てにするのは、現実的ではない。

　また、技術によって、移動の必要性を完全になくしながら現実の世界で接触したいという基本的な人間のニーズも満たすソリューションが生み出されることも、まずないと思われる。もちろん、デジタルイノベーションのおかげで私たちはすでにコミュニケーションや取引を行うバーチャルなプラットフォームを手にしており、これが今後さらに洗練されていくことには疑いの余地がない。また、デジタルネイティブはおそらく、人との関係を維持するために直接会う必要があると感じる程度は低いだろう。

　しかし、大きな力と人気を誇るとはいえ、ソーシャルネットワークは主としてすでに知っている人同士を結びつけるツールである。いくつかの研究[7]や、私たちがデジタルネイティブと会話を交わした経験によると、デジタルネイティブと言えども純粋にデジタルだけの関係を築いて維持している人は、ほとんどいない。彼らが最も信頼するのは現実の世界で知っている人なのである。

　それは人間が本来、社会的な生き物だからである。生活がいかにデジタル化されても、私たちは他者と面と向き合ったときに互いに響き合うものを感じ、絆を作り、信頼を築きやすい。私たちは人間として他者との親密な関係を大事に思う。それはバーチャルな世界では決して実現できないのである。

　ゆえにリーダーは、移動について難しい判断をしなければならない。部下に実際に会わずうまく働いてもらうには、どうすればよいのだろうか。特に、ますます多様化する多くのステークホルダーがそれぞれ個人として扱われることを期待する時代にあって、その判断は非常に難しい。

ジレンマ2．資源

　グローバリゼーション2.0の結果として消費者の需要が拡大すると、第2章で見たように供給が減っている自然資源をいっそう集約的に利用することが必要になる。今後、特にテクノロジー製品の需要が大幅に増えるだろう。デジタル化と「個の台頭」は、ノートパソコン、タブレット、スマートフォン、MP3プレーヤー、ゲーム機などの売り上げを押し上げる。グローバリゼーションは新しい自動車市場を生み出す。NBICのイノベーションは医学、農業、食品生産、その他の重要な分野で強力な用途を持つ新しい機器を作り出す。

　そのためレアアースの需要は、上昇の一途をたどる。しかし、第2章に説明したように、これらの元素の利用可能な供給源はすでに減少しており、大抵は非常に遠く離れた場所にある。現在のところ、それらを生産しているのはたった1カ国、すなわち中国に限られている。その結果、すでにここ10年で価格が急騰している。しかも、数年のうちに世界の需要が供給を上回ると予測される。

　また、より多くのテクノロジー製品を生み出すためには、当然ながらより多くのエネルギーが必要であり、そのためにはより多くの石油が必要である。ところが、世界の石油供給のピークはすでに過ぎていると思われる。

　では、不可欠の原材料の供給が減少する中で、産業界はどうすれば急拡大するテクノロジー製品の需要を満足させ続けることができるのだろうか。ここでも考えられるシナリオの1つは、解決策を提供するイノベーションが起こるだろうというものである。レアアースの代わりに、もっとありふれた材料、あるいはグラフェンのような全く新たな素材を使えないだろうか。あるいは、レアアースのリサイクルと再利用の効率を高められないだろうか。人類は他の惑星に鉱物を探しにいけないだろうか。

そのような進歩が実現されなかったならば、欧米の消費者が期待してきたテクノロジー製品の価格低下が終わりを告げるだろう。私たちは単純に、これまでよりもずっと高価な少数のデバイスを使って生活することに慣れなければならないと思われる。

消費者向け製品については、簡単かもしれない。個人が自分の可処分所得のどれだけをいろいろな機器や小物に使うかを合理的に決めればよい。しかし、そうした選択に感情的な要素が加わる分野もある。必要な原材料がないために、命を救う医学的なイノベーションが見送られるべきだろうか。設備が高いために、あるいはメーカーの側から見て商業的に実現可能ではないために、貧しい国は信頼性の高い農業生産方法の利用を否定されるべきだろうか。こうしたジレンマは、企業だけではなく、政府や圧力団体も巻き込んだ論争を引き起こすであろう。

ジレンマ3．組織の階層

メガトレンドによって形作られる未来は、一方ではよりフラットな経営構造を必要とする。従業員は個人主義的な態度を示し、より多くの責任を望み、フォーマルな権威をあまり尊重せず、職場から離れた場所で働きたがる。他方、ますます大規模化し、多様化し、グローバルになる企業は、事業を運営し、アイディアを共有し、市場に製品を届け、工程を改善し、イノベーションを進め、これまで述べてきた複雑性の増大に対応していくために、いっそう多くのレベルでの調整を必要とする。

企業は必要な統制を維持しながら、どこまで階層を狭くすることができるだろうか。フラットな構造は決定のスピードを速めるかもしれない。しかし、フォーマルな統制だけではなくインフォーマルな統制にも頼る錯綜（さくそう）したマトリックス構造で階層の狭さが補足されるために、

決定のスピードが逆に遅くなることもありうる。十分な統制を維持できる無駄のないスリムな構造を作るには、絶妙なバランスが必要であろう。

　効果的な統制は明確性から生じる。目的の明確性と責任の明確性が必要である。社員が組織の目的を理解し、さらにそれを達成するうえでの自分の役割を理解しているとき、自分の行動を組織の目標にうまく合わせやすい。しかし、組織はこの明確性を保つのに苦労することが多い。ステークホルダーが増え、事業の運営が複雑になる中、それはいっそう難しい課題になるであろう。

　では、グローバル企業はどのようにして若い従業員が求める自由を与えればいいのだろうか。それは「一定の制約内での権限」を必要とするだろう。つまり、明確な方向性とはっきりと定義された境界を持った権限である（これについては第8章に詳しく論じる）。

　実のところ、より多くの管理階層を作り出すことによって、若い世代の要求に対応することができるかもしれない。第3章で見たように、ジェネレーションYは独自の形で野心的である。ジェネレーションYは従来型のリーダーの役割は望まないかもしれないが、彼らは自分の関心や懸念に耳を傾けてもらい、自分の能力を認めてもらうことを期待する。また、早いキャリアアップを要求する。結局のところ、多くの階層を持ち、頻繁に昇進させることが解決策なのかもしれない。

ジレンマ4．展望の時間軸

　過去250年の人間の活動が引き起こした環境危機は、おそらく今日世界が直面している最も解決困難な問題であろう。それは、数十年という長い期間にわたって、計画・実行される複雑な解決策を必要とする。

　しかし、若い世代は関心を持続させることができる時間が短い。第4章に示したように、信頼できる各種の研究の結果、デジタルツール

を多く使うと脳の作用に影響が出ることがわかっている。デジタルネイティブたちは自然にマルチタスクを実行することができ、ダウンロードされた大量の情報に効率的に目を通し、すばやく結論を引き出すことができる。しかし、彼らには関心を持続させることができる時間が短い傾向にある。一般に、長期的な思考、細部の根気強い分析、思慮深い検討は彼らの強みではない。忍耐は彼らが持たない特性の1つである。

　また、複雑な問題に複雑な解決策を必要とする世界、特に環境問題に対処するためには、そうした特性が必要不可欠である。企業は、いつ、どこで、どのように、こうした問題をじっくりと考えて解決策を模索する時間を社員に与えればよいのだろうか。それを可能にするために、いかにして適切な人を見つけ出し、適切な役割を設ければよいのだろうか。

　気候変動だけではなく、新しいグローバリゼーション、前例のない技術革新、変化する労働力によってますます複雑化する世界をうまく舵取りしながら進んでいくためには、真剣な熟慮が必要なのである。

あふれる課題

　それではリーダーは、メガトレンドによって引き起こされるパーフェクトストームに対して何ができるのだろうか。これからやってくる数々の困難、複雑さ、ジレンマにどう対応していけばよいのだろうか。この章で記した多くの課題に適切な答えを見つけるには、どうすればよいのだろうか。そしてこの大混乱の中でどうやって組織を率いていけばよいのだろうか。

　こうした課題に答えるためには、まず、現在のリーダーシップ、そしてメガトレンドによって変容する未来のリーダーシップの性質を理解しなければならない。次章でこの問題について詳しく考えてみよう。

第8章
「見出し」ではなく「脚注」に：
共創型(Altrocentric)のリーダー

> 「もし人が状況を真実であると定義するならば、
> その状況はその結果においても真実である」
> ― ウィリアム・アイザック・トマス、ドロシー・スワイン・トマス　社会学者

概説 ■ 共創型のリーダー

5つの基本ポイント

1. **ボスザル型リーダーシップの時代は終わった。**自分が舞台の中心に立ち、主に強制と先導によって人々を率いるリーダーは、リーダーシップの本質を誤解している。そうしたタイプのリーダーは、メガトレンドの嵐に対応することができないだろう。
2. **リーダーシップは社会的な行動の仕方である。**リーダーシップとは、特定の人が生まれながらに保有する特性ではない。それは状況によって変化する1つの人間関係である。それは人々によって共有される活動であり、共通の知識、理解、意味を生み出す。リーダーであることとフォロワーであることは対立するものではなく、役割は絶えず変化する。同じ人が状況によってリーダーになることもフォロワーになることもある。
3. **未来のリーダーは共創型である。**これからのメガトレンドの中では共創型のリーダーシップが求められる。共創型のリーダーは、ボスザル型のリーダーとは異なる自己イメージを持っている。共創型のリーダーは自分がスポットライトを浴びようとはしない。リーダーシップとは人間関係であり、リーダーとフォロワーの違いは状況によるということを理解している。
4. **共創型のリーダーは価値観と内面的な強さを特徴とする。**こうしたリ

ダーは共感力、自我の成熟、知的好奇心、感情面も含めたオープンさを持っている。また、しっかりとした倫理的視点と、多様性への純粋な関心を備えている。

5. **共創型のリーダーは、ステークホルダーの関与を促すこと、ならびに複雑な戦略的思考と実行に長けている**。こうしたリーダーは自分たちの組織を取り巻き変化する環境を理解しており、複雑なステークホルダーのコミュニティを認識している。また、境界を超えた連携を行い、組織内の人々と共同で自分たちの組織の力強いストーリーを作り出す。部下に一定の制限内での権限を与え、有能なシニアリーダーシップチームを育てる。

ドイツのゲアハルト・シュレーダー元首相は在任中さまざまなニックネームをつけられたが、その1つが「バスタ首相」というものであった。「バスタ(basta)」とはイタリア語で「もう十分だ」ということを意味する。彼は、しょっちゅう「バスタ」と言って唐突に議論を終わらせたり、自分の論点を強調したりした。シュレーダーの前任者、ヘルムート・コール元首相は、自分の内閣の次期大臣を「mein Mädchen(私の女の子)」と呼んだ。コールの「女の子」はその後、独力できわめて有名になったアンゲラ・メルケルである。

ユルゲン・シュレンプは、2005年まで10年間、自動車メーカーのダイムラー＝クライスラーに君臨した。経営コンサルタントの教祖的存在、トム・ピーターズが「経営者とはしょせん会社の歴史の脚注にすぎない」と言ったのに対して、シュレンプはテーブルにこぶしをバンと打ちつけ、「私は見出しになってやる」と叫んだと言われている[1]。

こうした逸話は、強いボスザル型リーダーが、高圧的で、意思強固で、自己中心的な個性で群れを支配するという図式を示している。シュレーダーとコールは首相在任中に、リーダーとして広く称賛されるいくつかの業績を残した(シュレンプの実績はそれほど芳しくなかった。株

主価値の上昇を図ったにもかかわらず、自分がトップに立っている間にダイムラー・クライスラーの株価を3分の1に下げてしまった[2])。しかし、声高な主張で人を従わせるこの家父長的なリーダーシップは過去のものになっていると感じざるを得ない。その理由は、第1にスーパーヒーローやボスザル(ときにはボスの地位につくメス[3])のアプローチは誤ったリーダーシップの認識を基礎にしているということ、第2にメガトレンドの時代にはこれがひどく不適切なものになるだろうということである。

　これまでに述べてきたように、6つのメガトレンド、およびそれから生じる増幅要因とジレンマは、リーダーにとって複雑で、予測がつかない矛盾をはらんだ環境を作り出す。一面的で、自己中心的で、自分が見出しになりがたり、「バスタ」と人を遮るようなリーダーのスタイルでは、もはやこの環境を乗り切っていくことはできない。

リーダーシップとは何か

　なぜボスザル型のリーダーシップの時代が終わったのかを理解するためには、まずリーダーシップの本質とリーダーの構成要素について理解する必要がある。それは見かけほど簡単ではない。リーダーシップについての何万もの著書や論文が発表されているにもかかわらず、その3分の2にはこの語の定義さえされていないのはそのためなのかもしれない[4]。これまでの文献を見ると、リーダーシップとは実のところ何なのかについて、他者に影響をおよぼすという事実を除くとほとんど、あるいは全く一致した見方がない。それならばなぜ、「影響行使(influencing)」ではなく「リーダーシップ」と呼ぶのだろうか。

　適切に定義された概念がないため、私たちは直観的なリーダーシップの概念、すなわちリーダーの資質や力とは生まれ持ったものであるという広く受け入れられた考えに頼りがちである。人はリーダーかそれ以外か、つまり、リーダーであると定義される特別な性質を持った

人か、そうでない人かに分けられると考えてしまう。

　私たちはこの考え方に異議を唱える。この定義は単純すぎ、突っ込んだ分析に耐えられないからである。

　人によっては、もしも私が代表取締役に任命されたならば私はリーダーだと言うだろう。しかし「マネジャー」と「リーダー」は異なる概念である。代表取締役になれば、正式な意思決定の権限と、一定の目的を達成する責任が与えられる。ゆえに、その人はマネジャーになる。リーダーであることが単純に正式な権限を持つだけのことであるならば、リーダーシップという概念は不要であり、マネジメントの概念に意味のある何ものもつけ加えないだろう。マネジャーさえいればよいということになる。

　リーダーシップという語の意味がより明確になるのは、リーダーとフォロワーの関係を分析し始めたときである。例として、ピアニストとオーケストラの指揮者という音楽の世界の2つの役割について考えてみよう。

　ピアニストでもあり、指揮者でもある人を思い浮かべてみていただきたい（これはよくあることだ）。この人が一人で無人島に流れ着き、ピアノだけが友達だとしよう（少々現実離れした設定だが、しばしおつきあい願おう）。この人はこの島でもピアニストであることが可能だ。一人で心ゆくまでピアノを弾けばよい。ピアニストであるために聴衆は必要ではない。しかし、指揮者であることはできない。指揮者という語は文字通り「指揮する人＝リーダー」を表わし、率いるべきオーケストラがなければ指揮者であることはできないのである。

　指揮者、そして同じ論理でリーダーは、関係性を表わす語である。それに対してピアニストはそうではない。リーダーが存在するためには、他の人々＝フォロワーも存在しなければならない。つまり、リーダーもフォロワーも互いに相手がいなければ存在しえないのである。

　しかも、リーダーとフォロワーの関係はもっと複雑である。リーダー

とフォロワーは明確に区別される存在ではなく、それぞれの状況における関係である。

　一般的に受け入れられているリーダーシップの概念と異なり、人生にはリーダーの集団とフォロワーの集団がいるわけではない。実際、多くの人はその両方である。ある人はサッカーチームではリーダー（キャプテン、コーチ）であるが、ハイキングクラブではフォロワーかもしれない。部門のリーダーであるが、部署を横断したプロジェクトチームではフォロワーであるかもしれない。私たちの職業生活では、ほとんどの人が自分の下にスタッフがいると同時に、自分の上にリーダーがいる。

　このようにリーダーシップは、人間関係であるばかりでなく、状況に左右されるものである。それは特定の個人が所有する固定された特性ではない。それは人間関係であり、その特性は状況に依存する。リーダーであることとフォロワーであることは二分されるものではなく、常に変動する。

　「リーダー」という語を含む役職が非常に少ないのはそのせいなのかもしれない。組織を代表する上級の人々は、会長、社長、部長、課長などである。しかし、彼らにリーダーという名称が与えられることはめったにない。もっと下の階層では例外的にチームリーダーという職務がある。実のところこの呼称は、その人が誰をリードし、誰がフォローするのかを規定しており、状況に左右される人間関係上の役割であることを示している。

　リーダーシップおよびリーダーとフォロワーの直観的な理解は、ボスザル型のアプローチが基礎になっている。「私がリーダーで、君たちがフォロワーだ。バスタ！」というわけである。

　しかし、それはリーダーシップの本質を誤解している。リーダーシップとは社会的な相互作用であり、個人間の状況に依存している関係なのである。それは実際には、共有された活動として目的が定義され、

第8章　「見出し」ではなく「脚注」に：共創型（Altrocentric）のリーダー

共通の知識、理解、意味をもたらす社会的な行動の仕方である[5]。

大切なものを無用なものと一緒に捨てないように

　リーダーシップが共有された行動の仕方であり、リーダーとフォロワーが固定された役割ではなく、状況に従って相互に交換可能なものであるならば、多くのビジネス書に書かれていることとは違って、リーダーの一定のコンピテンシーや行動、あるいは一般的な「成功の処方箋」はないと結論することができるかもしれない。

　リーダーシップについて意見を述べる人々の中には、リーダーに求められる特定のコンピテンシーというものはないと考える人もいる。そうした人々は、効果的なリーダー像を描くにはコンピテンシーを中心とした伝統的なリーダーシップの枠組みとは根本的に異なる視点が必要だと考える[6]。メガトレンドによって非常に複雑になる環境では、この論理にもある程度の長所があるだろう。特に、個人特性に重点を置く伝統的なリーダーシップの考え方に誤解がある場合は、異なる視点が有効だと思うだろう。

　しかし、大切なものを無用なものと一緒に捨ててしまう理由はない。もしもメガトレンドの嵐に耐える適切なリーダーの特性がないと判断してしまうならば、リーダーシップという概念そのものを放棄してしまうことになる。それよりも、リーダーシップという社会的な行動におけるリーダーの役割とは何か、そしてこの役割を効果的に果たすのに役立つ特性やコンピテンシーとは何かと問いかけるほうが役に立つであろう。

自分を中心に位置づけない

前述したように、リーダーシップの重要な側面の１つは他者に影響をおよぼすことであると一般的に受け止められている。大まかに言って、リーダーが他者に影響をおよぼすには６つの方法がある。(1)命令を与える、(2)先導役を果たす、(3)ビジョンを共有する、(4)コーチングをする、(5)調和を作り出す、(6)意思決定プロセスに他者を取り込む[7](下記の図を参照)。こうしたアプローチにはそれぞれ長所があり、その有効性はそれぞれの背景、その場の状況、リーダーが影響をおよぼすべき相手によって異なる。

最も効果的な６つのリーダーシップスタイル	
スタイル	主な関心事
指示命令型	部下に即座の服従を求める
率先型	高い基準の仕事を単独でやり遂げる
ビジョン型	長期的なビジョンを示す
関係重視型	チームの調和を築く
民主型	チームの合意形成を促し、新しいアイディアを作り出す
育成型	部下を成長させる

©2006 Hay Group。無断転載不可。

ボスザル型のリーダーは、主に最初の２つのスタイル、すなわち指示や命令を出す方法と先導役を果たす方法を利用しようとする[8]。これは（リーダーシップを人間関係や集団的な経験と見るのではなく）リーダーとフォロワーの間に明確に区分があると考える人にとっては、自然なことであろう。こうした人にとって、リーダーシップとは一方向のものである。「私が率いる。君たちが従う。バスタ！」というように。

しかし、メガトレンドの中での日常はリーダーシップについてこれまでとは違った理解を必要とするだろう。ここで明確にしておかなけ

ればならないが、私たちは将来のリーダーシップは追従者や調整型(リスクや対決を避ける目立たないタイプ)でなければならないと言っているのではない。2030年のリーダーシップは、自分をヒーロー、新聞の見出し、あるいはパトロンと見ず、自分を優先しない人を必要とするだろうと言っているのである。このような未来のリーダーは自己を中心とせず、他者を中心とする。

　Altrocentricとは、自己中心(egocentric)の反対の他者中心を意味する造語である(alterはラテン語で「他」を意味する)。共創型(Altrocentric)のリーダーの特徴は、自分ではなく他者を主な関心の的にするということである。

　他者中心であるということは自我を持たないということではないという点に注意していただきたい。共創型のリーダーは、強い人格を持った自信のある人である。しかし、彼らは、自分のエゴを構想の外に置いておき、それをコントロールする方法を知っている。自分は全体の中の一部にすぎないと考える。共創型のリーダーは、リーダーシップとは人間関係であり、状況に依存し、人々と共有するものであるということをしっかりと把握している。このアプローチは、ときとしてポストヒーロー型のリーダーシップと呼ばれることもある[9]。

絶滅寸前のボスザル型リーダー

　ボスザル型のリーダーシップは時代遅れであり、リーダーの役割の誤った理解に基づくが、今もこのタイプのリーダーは広く存在する。ということは、こうしたリーダーもある程度、成功しているに違いない。そうでなければ、そのようなリーダーシップが人間の本性ではない限り、すでに死に絶えているはずだからである(「生まれながらのリーダー？」のセクションを参照)。

生まれながらのリーダー？

　アメリカの元国務長官ヘンリー・キッシンジャーが権力というものを「究極の媚薬」[10]と呼んだのは、おそらく真実をついていたのだろう——少なくともアイルランドの神経心理学者、イアン・ロバートソンはそう考える。ロバートソンによると、権力はセックスやコカインと同じ脳の部分を刺激し、権力獲得に成功すると男女の区別なくドーパミンとテストステロンの分泌量が増えるという。彼の2012年の著書『The Winner Effect』には、権力とこうしたホルモンの分泌には明白なリンクがあると説明されている[11]。

　しかし、テストステロンの量が多い人が生まれながらのリーダーであると結論するのは誤りであろう。ホルモンの分泌量は人の役割によって変化するからである。ロバートソンは、人が組織の中で昇進するとドーパミンの分泌量が増え、降格されると分泌量が減ると主張する。その結果、権力が大きすぎると人格がゆがめられることもある。つまり、リーダーシップそのものと同様に、脳の中のホルモンの活動も状況や役割に左右されるということができる。

　ではこれは、「リーダーの遺伝子」や「リーダーの素質」というものはないということを意味するのだろうか。答えはイエスであり、ノーである。

　イギリスの行動科学者、ジャン・エマニュエル・ドゥ・ネーヴェらは、およそ4,000人の一卵性双生児の遺伝子サンプルとその人々の仕事やリーダーシップの役割について分析した[12]。その結果、「rs4950」と名づけられた遺伝子型とリーダーになる率の間に明らかな相関関係があることがわかった。

　ドゥ・ネーヴェは、リーダーになった要因の中で遺伝的要素が占める割合は24％であると推定した。言い換えると、正式なリーダーの役割につく人とつかない人の差のうち、遺伝的な要素によるのは4分の1以下であるということができる。これは人がリーダーになることを「学ぶ」余地が大いにあり、ある人がリーダーになるか否かを決定する主な要因は、社会的な影響であることを意味する。

では、リーダーシップの誤ったアプローチがどうして繁栄し続けているのだろうか。それはトマスの定理、すなわち「もし人が状況を真実であると定義するならば、その状況はその結果においても真実である」という定理のためである。

　アメリカの社会学者ウィリアム・I・トマスとドロシー・スワイン・トマスは、状況の解釈が正しいか否かにかかわりなく、その解釈が行動を促すのに十分であるという理論を提唱した。言い換えると、人が何かを正しいと考えると、その認識が真実になるのである。

　たとえば、ある若い男性が（その容姿、話し方、態度のために）異常者と受け止められ、そのようなレッテルを貼られたならば、その人は異常者になる可能性が高い。ドイツの新聞が、ベルリンで開かれるあるパーティーにブラッド・ピットとアンジェリーナ・ジョリーが姿を現すかもしれないとゴシップ欄に書き、そのパーティーを注目のイベントとして宣伝したならば、おそらく地元の有名人が現れ、パーティーは本当に注目のイベントになるだろう。

　同様に、ボスザル型リーダーがこぶしで机をバンとたたき、「バスタ」と叫び、その下で働く人々がそれを受け入れたならば、たとえそれが効果の薄いアプローチであったとしても、それが自然とリーダーシップの現実になる。

　そして、このアプローチは実際に成果を生むこともある（公平を期すために記しておくと、危機の状況に立ち向かう短期間には、これが特に効果的なアプローチになりうる）。しかし、このアプローチは、リーダーシップの関係性、状況依存性、集団的な特性を無視しており、達成できたはずのことを十分には達成できないことが多い。チームのモチベーションと能力を十分に生かすことができないからである。

　ヘイグループは長年にわたってリーダーシップスタイルがパフォーマンスに与える影響について調査してきた結果、そのように結論している[13]。しかも、メガトレンドの圧力の下では、ボスザル型の単純なリ

ーダーシップの解釈は、いくつかの理由からこれまでよりいっそう効果的ではなくなると思われる。

　第1に、メガトレンドの計り知れないほど大きな圧力を受ける中、このアプローチでは十分なパフォーマンスを達成できないという重大なリスクがある。自己中心的な「私が見出しだ」という態度では、目の前の状況や課題の複雑さを把握できない。自分が見出しになりたいと思えば思うほど、そのようなリーダーはあっという間に脚注になってしまうだろう。

　第2に、前述したように、ボスザル型のリーダーシップは誤解に基づくアプローチである。等式の一方ばかりに注目して双方向の関係を定義しようとしている。また、「個の台頭」がいっそう進み、力がリーダーから従業員へとシフトする時代には、このアプローチはいっそう不適切になるだろう。力を得た人々は強制的なリーダーに我慢しようとしなくなると思われるからである。

　第3に、ボスザル型のリーダーシップは、第7章で論じた新たな働き方と両立しない。職場から離れたところでバーチャルに仕事をするきわめて移動性の高いチームを相手に、どうすれば命令を下したりコントロールしたりすることができるだろうか。スカイプを通した会議で、こぶしをバンと打ちつけてもどれほどの威力があるだろうか。

　加えて企業に倫理的行動を求める圧力は、個人主義的なリーダーシップの論理に反する。リーダーは、透明でオープンであり、積極的に他者と対話しようとし、反対意見にも耳を傾ける必要がある。また、価値の多様化のため、部下はリーダーに自分たちをもっと尊重してほしいと望み、リーダーとフォロワーがこれまでよりも平等な立場になる。ゆえに、「バスタ」アプローチで対処する余地はほとんどない。

　最後に、第7章で論じたジレンマが生み出す状況は、皮相的なボスザル型リーダー、あるいはその他の「スーパーヒーロー」が1人で対応するにはあまりにも複雑で、曖昧で、変動しやすいものになる。

それでは、なぜボスザル型に比べて共創型のほうが2030年のリーダーシップに向いているのだろうか。それは、自己イメージと動機という2つの点が根本的に異なるからである。

自己イメージ

自己イメージ（または自己認識）とは、人が自分自身をどのように見るかということである（「社会的役割」は自己イメージと区別されることもあるが、本書の目的ではこれを自己イメージの定義に含む）。リーダーシップに関連していうと、これはリーダーが自分を意思決定者、チームの動機づけをする人、専門家、コーチ、教師、変化の担い手などと見る度合いである。これは単純なことに思われるかもしれない。しかし、メガトレンドの嵐を切り抜ける有能なリーダーであるためには、適切な自己イメージが不可欠である。

自己イメージが重要：「女性的な」リーダー、「男性的な」リーダー

自己イメージがいかに重要かを教えてくれるリーダーシップ発揮における男女間の違いに関する研究結果がある[14]。2004年、ヘイグループのルース・マロイは、フォーチュン500に含まれる会社などの上級管理職の地位にあって非常に成功している女性重役45人の分析を行い、成功している男性重役45人、およびあまり成功していない女性重役34人と比較した。

その調査の結果は意味深い。マロイは、成功している女性重役は一般に「女性的」とみなされるリーダーのスタイル（育成型、民主型、関係重視型）を用いる比率が、男性重役の倍であることを発見した。しかし、同時に、これらの女性重役は、「男性的」と分類されることが多いスタイル（指示命令型、率先型、ビジョン型）も頻繁に利用していた。つまり、多様なスタイルを利用することによってモチベーションの高い組織風土を作り出し、チームや事業ユニットのパフォーマンスを高めていた。

それに対して、あまり成功していない女性重役は、ほとんど「男性的」なリーダーシップスタイルばかりを用いており、その結果、これら3つのグループの中で最も弱い組織風土を作り出していた。

　これは自己イメージについて何を語るのだろうか。有能な女性のリーダーは、「リーダー＝男性的」という既存の概念に影響を受けていない。これらの女性たちは、社会から教育・強化される伝統的な役割のステレオタイプを乗り越えることができていた。そのおかげで、幅広いリーダーシップスタイルと行動を利用し、チームのモチベーションを高め、部下に能力を十分発揮させることができた。

　一方、リーダーという役割の認識のために、より「男性的であらねば」とする女性たちは、リーダーとしてあまり成果を上げていなかった。このアプローチでは成功しにくいのである。男性リーダーでも、狭い典型的な「男性的」自己イメージを超えて行動することによって、パフォーマンスの高い組織風土を作り出すことができるのだ。

　人は適切な自己イメージを持って初めて、リーダーシップとは関係性であり、リーダーとフォロワーの違いは状況によって決まるのであり、自分は最終的に見出しではなく脚注になるだろうということを理解することができる。ドイツポストのCEO、フランク・アペルが自分を「Chief Enabling Officer（部下を活躍させる最高責任者）」であり「Chief Energy Officer（部下にエネルギーを与える最高責任者）」[15]であると言っているのは、自分の役割を適切にとらえているように思われる。

　では、「適切な」自己イメージとはどのようなものだろうか。それはどのようなコンピテンシーや行動につながるのだろうか。

　私たちが何を行い、どのように行動するかに影響をおよぼす多くの個人特性があり、それは意識のさまざまなレベルで存在する。これは氷山にたとえることができるだろう[16]（図8-1参照）。意識しやすい特性は水面の上に出ていて、見ることができる。これにはスキルや知識

が含まれる。無意識的な特性、すなわち性格特性や動機は水面下にあり、見えにくい。

図8-1 ■ 意識、半意識、無意識の特徴

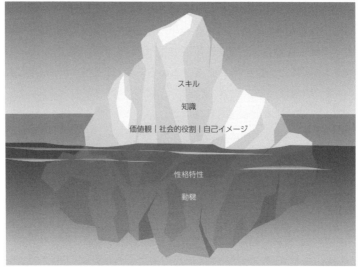

©2000 ヘイグループ。無断転載不可。

　自己イメージ、社会的役割、価値観(たとえばキャリアや家庭をどの程度優先するかなど)は水面に近いところにある。これは半意識と呼ぶことができるだろう。それは私たちの生い立ちと教育によって形成され、強化される。これらはいったん作られるとほとんどの場合、かなり安定する傾向がある。しかし、学習により得た特性であるため、学び直すことが可能である。自己イメージは時間をかけて成長させ、変化させることができる。

動機

有名な心理学者デイヴィッド・マクレランドが「社会的動機」と呼んだものは水面下の深いところにある[17]。これは私たちに特定の形で行動するよう促す内的な推進要因である。最も意識に上らないこれらの特徴は、私たちが行うほとんどすべてのことに影響をおよぼすために、きわめて重要である。

動機は自己イメージや価値観よりもずっと幼いころに発達し、一生にわたってほとんど変わらない。

マクレランドによると、3つの主な社会的動機がある。達成動機、親和動機、パワー動機である（下記参照）。達成動機は、優秀さの基準を満たしたい、またはそれを超えたい、そして持続的にパフォーマンスを高めたいという欲求である。親和動機は、他者と調和した人間関係を作り、それを維持したいという欲求である。パワー動機は、他者に影響をおよぼしたいという欲求である。

社会的動機	
動機	ドライバー
達成	優秀性
親和	調和
パワー	影響力

©2000ヘイグループ。無断転載不可。

これら3つの動機は程度の差はあれ、すべての人が持っている。しかし、「動機のプロファイル」、すなわち3つの動機それぞれの相対的な強さは、人によって大きく異なる。

何時間も1人で書斎で過ごし、研究に没頭し、ほとんど誰も読まないような学術論文を次々と執筆する教授を考えてみてほしい。彼女は他人にほとんど接触せず、他人に影響をおよぼすこともほとんどない。

ゆえにおそらく彼女の親和動機とパワー動機は弱いだろう。しかし、論文を多数書いているということは、非常に強い達成動機を持つことを示していると思われる。

企業で働く技術的な専門家(たとえば、エンジニアや科学者)の中には、管理者としての役割にほとんど関心を示さず、自分が選んだ分野での専門能力を向上させ続けたいと考える人がいる。このような人も達成動機が強いだろう。一方、政治家はしばしば非常に強いパワー動機に動かされる。彼らは、社会に変化を引き起こすために影響をおよぼしたいと願うのである。

一般に、経営立て直しの状況にある経営幹部の動機プロファイルは、親和動機が弱く、達成動機が中程度に高く、パワー動機が著しく高い。しかし、重要なのはいろいろなタイプのパワー動機があり、共創型リーダーはボスザル型リーダーとは大きく異なるパワー動機プロファイルを持つということである。

パワー動機のドライバー

マクレランドとその後継者たちは、パワー動機は人の一生の間に4つの段階で発達していくと主張した。ただし、人によって発達の状況が大きく異なる(図8－2参照)。

第1段階は他者の力を借りたパワーである。これは「依存的なパワー(dependent power)」と呼ばれる。「僕のパパは君のパパより大きい」という幼児の言い争いが典型例である。

成長して次の段階に入ると、人は自分自身がパワーの源であり、自分の利益のためにこれを利用できるということを認識し始める。この「独立した権力(independent power)」は、思春期に典型的に見られる。たとえば、不機嫌なティーンエージャーが両親に反抗して「親なんか必要ない。自分のことは自分でできる」と言うときなどである。

図8-2 ■ パワー動機の4段階

©2000 ヘイグループ。無断転載不可。

　リーダーシップの問題に特に関連があるのは第3と第4の段階である。第3段階で、私たちは他者に強い、または弱いと、感じさせるために自分の力を行使できるということを認識する。この「主張型のパワー(assertive power)」の段階は2つのフェーズで発展する。一般に人はまず、自分は強くて能力と影響力を持つと感じ、人にもそう知覚させるために、自らの影響力を他者に行使して自分を大きく見せようとする。「個人化されたパワー(personalized power)」は、自分の利益、評判、キャリア、物質的な状況を向上させるために影響力を行使するボスザル型リーダーに共通する特徴である。多くのボスザル型リーダーはこのフェーズで立ち止まってしまい、これを超えて発展しない。

　主張型のパワーの第2フェーズは、「社会化されたパワー(socialized power)」である。このフェーズでは、個人化されたパワーとは正反対に、他者にその人自身は強くて能力があると感じさせるために自らの影響力を利用する。

　最後の第4段階では、人は自分をより大きな全体の一部と見る。そのとき、パワーやエネルギーは自分だけから生じるのではなく、他

者からも生じるということに気づく。この「相互依存的なパワー(interdependent power)」により、他者が自身は強くて能力があると感じるのを手助けし、自分に利益をもたらしてきたものを他者に伝えようとする。

強い相互依存的なパワー動機を持つ人は、長期的な視点で物事を考える傾向がある。こうした人はリーダーシップの複雑性と曖昧性を認識し、何が達成できるかについて現実的な願望を持つ。皮肉な考え方やステレオタイプを避け、他者を一人ひとりの個人として理解してそのニーズに共感しようと努める。また、すべての人が同じ目標によって動かされるわけではないと認識する。

他者中心的なパワーの発揮

2030年のリーダーシップに求められる共創型のリーダーは、社会化されたパワー、および理想的には相互依存的なパワーによって動かされることになるだろう。その要因は、本書でこれまでに見てきたメガトレンドにある。ステークホルダーの急増と新たな働き方は、リーダーという地位の権力と権限を蝕む。そうした中では、指示命令型、率先型のスタイルは標準的なリーダーの行動として受け入れられない。卓越したリーダーは、パワーの主たる源は他者であるということを理解する。そして自分の周りの人々に権限を与えるために、これを利用する。

共創型リーダーのコンピテンシー

前述したように、動機はパーソナリティの奥深いところにあるため、直接観察することは難しい[17]。しかし、行動は観察できる。そして行動のパターンは(その人の特性や価値観などとともに)、人の基礎を成す関心や動機を示す。私たちはこれを「コンピテンシー」と呼ぶ。ゆえに、

将来の共創型リーダーが示すべき行動という形で、そうしたリーダーに求められるコンピテンシーを大まかに描くことが可能である。

これを行うため、私たちはコンピテンシーの視点から、第1章から第6章に述べたそれぞれのメガトレンドがもたらす結果を分析した。それをまとめたのが図8-3に示したコンピテンシーマップである[18]。私たちはこのマップがすべてのコンピテンシーを網羅しているという意図はなく、また共創型リーダーがこれらすべてのコンピテンシーを持っていると期待するわけでもない。そのためにはスーパーマンでなければならないだろう。ここに示した共創型リーダーのコンピテンシーマップは、リーダーがメガトレンドに対応するのに役立つ実際の行動の概要を知るための仮説的なモデル（マックス・ウェーバーならば「理念型」というだろう[19]）である。

それでは、コンピテンシーの各グループとそれに含まれるコンピテ

図8-3 ■ 共創型リーダーのコンピテンシー

ンシーについて1つずつ詳しく見てみよう。

1．内面的な強さ

　共創型のリーダーは、私たちが「内面的な強さ」と呼ぶもので特徴づけられる。これは感情的に安定しており、知的な面で新しいものを取り入れる柔軟さを持ち、己を知っており、立ち止まって物事を深く考えることを厭わないことを意味する。こうしたリーダーは、アメリカの著名な心理学者ダニエル・ゴールマンがEI（Emotional Intelligence：心の知能指数）と呼ぶものを持っている。EIとは、自己や他者の感情を知覚し、自分で自分の動機づけをし、自分の感情をうまくコントロールする能力である[20]。

　こうした内面的な強さは共創型リーダーの基本的性質である。これを持っていないと、ほとんどの場合、以下に説明する重要なコンピテンシーを身につけたり発展させたりすることができない。その結果、多様性の大きい部下の間にロイヤリティーを作り出し、企業の倫理的行動が求められる環境で誠実に行動することが難しい。

成熟した自我

　これは共創型リーダーを決定づける特徴である。成熟した自我を持つリーダーは、自分がすべてを知ることはできず、そうすべきでもないということを受け入れる。そのため不確実性や曖昧さにうまく対処していくことができ、メガトレンドの嵐にも怖気づかない。

　成熟した自我を持つ人は、たとえ個人的には犠牲を払うことがあっても、自分の感情、動機、関心よりも集団（会社、コミュニティ、産業界、環境など）より大きな善を優先させることができる。成熟した自我とは、自分の限界、行動、願望、価値観を内省的、批判的に認識し、自分の感情をうまくコントロールできることを意味する。

自我が成熟している人は、パニックにならず、気分のむらや突然の感情の噴出などがない。プレッシャーに負けて押しつぶされてしまうこともない。いつも安定しており、信頼でき、冷静である。他者とうまく働くことができ、個人的な相性にかかわらず相手を公平に扱う。また、集団の中で最も重要なのは自分ではなく、自分と他のチームメンバーが、互いに立場を変えることが可能だということを理解している。

知的好奇心とオープンさ
　共創型のリーダーはもっと知りたいという欲求を持っている。当たり前の質問をして明白な答えで満足するのではなく、常に旧来の知恵や伝統的なアプローチに疑いを投げかける。最初に浮かんだ解決策に満足することはめったにない。
　また、感情的なことがらについても、心を閉ざさずオープンである。積極的に自分の視野を広げようとし、他人の言葉に注意深く耳を傾ける。自分とは異なる背景や見解を持つ人に引きつけられ、異なる視点に接することから学ぼうとする。また、複数の視点から生じる曖昧さを脅威に感じない。そうした態度から得られる幅広い視点は、メガトレンドの複雑さに対応するうえで不可欠である。

共感力
　共創型リーダーがますます多様で個人化する部下の心を引きつけ、維持し、そうした部下たちのニーズを理解しようとするならば、共感力が前提条件になる。
　共創型リーダーは、言葉にされていない他者の考え、気持ち、関心に耳をすまし、理解し、対応する能力と意思を持っている。こうしたリーダーは他者の視点を把握し、それに近づく最良の方法を知っている。また、他者の意見や関心を積極的に引き出し、そうした意見や関

心を自分が正しく理解しているか確認し、他者の視点や気持ちから自分の関心を振り返る。

2．価値観

　企業の倫理的行動が求められ、個が台頭する環境では、リーダーがどのような価値観を持ち、それをどのように外の世界に示すかが綿密に調べられる。企業は、倫理的行動と誠実性の好ましい基準を示すことによって、顧客と従業員に近づき、彼らを手放さないようにすることができる。

　優れた企業はこれを理解している。ヘイグループが毎年実施している「ベストリーダーシップ企業」調査は、リーダーの育成に秀でた企業のランキングを行うものである。2011年の調査の結果、リーダーの倫理的行動を重視すると答えた企業は、全体では19%であるのに対し、ベストリーダーシップ企業にランクインした企業では45%にのぼることが明らかになった[21]。

倫理的基準

　第7章に述べたように、倫理的に行動し「正しいことを行う」のは、もはや道徳的な義務にとどまらない。力がリーダーから多くのステークホルダーにシフトし、企業に倫理的行動が求められる透明な環境では、それは重要な成功要因の1つである。そのため仕事でもプライベートでも、最高水準の行動を取るリーダーが必要とされる。

　共創型のリーダーは倫理的な価値観、社会的責任、健康・安全・環境の考慮点を意思決定に組み込む。また、より大きな善に貢献しながら業績を改善する革新的な方法を継続的に探し求める。

多様性への関心

　メガトレンドの中、労働力が多様化するのは明白である。グローバリゼーション2.0に立ち向かい、技術革新を行い、労働力と顧客市場の人口動態の変化に対応するためには、多様な労働力が不可欠である。

　共創型のリーダーはこれを認識している。こうしたリーダーは、違いを重んじるだけではなく、すべてのチームメンバーを公平に扱い、同時に積極的にチーム内に多様性を作り出して維持するような価値観を奨励する。多様性を促進し、きわめて多様な人々が共同作業を行う環境を生み出すようにリーダーシップの方法を変化させる。また、マイノリティの社員を励ましたり、重役になるための準備を手助けしたりすることなどによって、人材の採用や能力開発などにおいても多様性を重視する。

3．戦略的なビジネス思考

　戦略を立てることが、ビジネスリーダーの仕事の一部であることは言うまでもない。ゆえに近年、戦略的な思考が経営幹部の基本的なコンピテンシーの1つであるとみなされるようになっている。とはいえ、これは必ずしも最高のリーダーとそれ以外の人を区別する能力とは見なされていない。

　しかし、メガトレンドの環境の中ではそれが変化するだろう。戦略が舞台の中心に位置づけられるようになるはずである。グローバリゼーション2.0、気候変動、資源の欠乏、NBICの革新という複雑で、曖昧で、不確実な環境の中で組織の舵を取っていくためには、複雑な戦略的思考が決定的に重要になる。

　心強いことに、ヘイグループの「ベストリーダーシップ企業」調査の結果、リーダーシップに秀でた企業はリーダーの能力として特に戦略的思考を重んじていることが明らかになっている。実際、長年にわた

って行われてきたこの調査で初めて、戦略的思考がリーダーの重要なコンピテンシーの第1位になった[22]。有力企業は、複雑な戦略的思考がなければメガトレンドの嵐を生き残ることができないと認識しているのである。

環境洞察力

　共創型のリーダーは、自分たちの組織を取り巻く背景や状況、すなわちグローバルな市場、ローカル化されるトレンド、外的な力(メガトレンドなど)、それらのさまざまな影響などを認識している。彼らは従業員、競合企業、パートナー、監督機関との関係を動かす力学を理解している。また、自社に影響をおよぼす社会、法規、技術、環境の幅広い問題の最新状況を常に把握している。これによって彼らは、グローバルなビジネスの潮流が自社におよぼす現在および将来の影響を察知し、チャンスをどのように生かし、脅威からどのように身を守るかを明確にすることができる。

ステークホルダーの認識

　共創型のリーダーは、自社がかかわる多様で複雑な利害関係を直感的に認識し、急増するステークホルダーに確実に対応する。これは重要な資質である。これによって、自分たちが誰のために働くのかを正確に見きわめることができるからである。共創型のリーダーは、投資家のニーズのみに力を貸したり、株主価値だけに焦点を絞ったりしない。彼らは、会社がその目的を達成する能力に影響をおよぼす可能性のあるすべてのステークホルダーの利益を考慮する。

　そのようなステークホルダーには、経営チームや(多様な文化的視点を持つ)グローバルな従業員などの社内の人々も、また、顧客、サプライヤー、パートナーなどの外部の人々も含まれるだろう。さらに、組織に直接的な関係は持たないが、共創型のリーダーの目からは自社が

重要な責任を持つと考えられる幅広いステークホルダー、たとえば地元のコミュニティ、社会や環境、一般市民も含まれるかもしれない。

4．ステークホルダーとの相互作用

　ステークホルダーとの相互作用を純粋に協働作業という意味だけでとらえるのは安易すぎるであろう。もちろん、協働作業はステークホルダーとの相互作用を効果的に行ううえで非常に重要である。しかし、共創型のリーダーは、それよりもずっと広い視野を持つ。

　そうしたリーダーは、成熟した自我、EI（心の知能指数）、倫理的基準、戦略的能力により、自分が率いる人々と一緒に「意義の創出」のプロセスに取り組み、境界を超えた連携の課題に立ち向かうことができる（下記参照）。

意義の創出

　意義の創出は、非常に洗練された相互作用の形であり、共創型リーダーを他と区別する重要な特徴である。ゆえに、この重要なコンピテンシーについて少し詳しく考えてみよう。

　社会的な相互作用であるリーダーシップは常に共有された意義を作り出す。ボスザル型のリーダーでさえ、フォロワーのために意義を作り出す。しかし、それは単純であったり（「黙ってそれをやれ！」）、不快なもの（「さもないと……」）であったりする。それは満足のできる効果を生まない[23]。

　ここで重要なのは意義を与えるのではなく、意義を「作り出す」ことに強調点があるということである。これまでに見てきたように、共創型のリーダーは、リーダーシップとは人間関係であり状況に左右されるということを理解している。ゆえに、関係するすべての人の視点を

考慮に入れる。そのおかげで、単純に高いところから意義を与えるのではなく、内部のステークホルダーと共同で意義を構築することができる。共創型リーダーにとって、意義の創出は一方向的な作業ではない。それは双方向の仕事なのである。意義が共同で作り出されるからこそ、「私たちはなぜここにいるのか」、すなわち組織の目的、方向性、目標の共通理解が促進される。

意義創出プロセスの最初の段階では、混乱を引き起こすような行為、あるいは破壊的な行為すら必要になる場合もある。たとえば、ノキアのCEO、スティーブン・エロップが社員に警鐘を鳴らすために出した「燃えるプラットフォーム」メモは有名である[24]。このメモは、ノキアを取り巻く世界についての共通理解を作り出し、意義の創出にできるだけ多くの人を巻き込むエロップの戦略の開始を告げるものであった（ケーススタディ「意義の創出——ノキアの再生」を参照）。

メガトレンドが渦巻く世界では、人々を新しい働き方や経営の仕方に注目させる強力な組織のストーリーの必要性が高まる。そしてそのためには、離れた場所でバーチャルに働き、多様で、個人化し、大きな要求を突きつけ、力を持った社員のエンゲージメントを高める新しい方法が必要になる。

こうした背景の中で、共創型リーダーが採用する方法は、必要な一定の制限の中でできるだけ多くの自由を部下に与えることになるだろう。後ほど説明する「一定の範囲内での権限」である。これを作り出す主な手段が意義の創出である（ケーススタディ「パーテーク社における権限委譲と境界線の設定」を参照）。

『マッキンゼー・クオータリー』に掲載された論文で、スージー・クランストンとスコット・ケラーは、ビジネスリーダーは自社の社員に２つのストーリーのうちのどちらかを語ることが多いと指摘した[25]。会社再建のストーリー（「わが社は業績がひどく低迷しており、生き残るためには劇的な変革を行わなければならない」）か、向上のストーリー（「わが社は

現在好調だが、もっとがんばればグローバル市場のリーダーになれる」)である。問題は、どちらのストーリーも会社だけに重点を置いているということである。クランストンとケラーは、リーダーはさらに4つのストーリー——社会のストーリー、顧客のストーリー、チームのストーリー、個人のストーリーを語るべきであると提言した。

それは次のようなものになるだろう。「私たちは環境を守るためにカーボンフットプリントの削減に取り組んでいる」(社会的ストーリー)、「私たちはクライアントの製品が信頼できるものになるように、最高の品質の部品を作る」(顧客のストーリー)、「私たちはチームが効果的、効率的に共同作業することができるようなインフラを作る」(チームのストーリー)、「私たちは一人ひとりの違いを大事にし、すべての人にキャリアアップの機会を作り出す」(個人のストーリー)などである。

このように幅広い視点からストーリーを語るのは優れた方法である。しかし、提案されたこのアプローチには重要なポイントが欠けている。ストーリーを語るのは一方的な作業である。将来のリーダーがしなければならないのは、共同で意義を作るプロセスに人々を取り込み、複数の視点を考慮に入れた共通のストーリーを作ることである。

ケーススタディ ■ 意義の創出——ノキアの再生

ノキアの人事担当重役で、リーダーシップチームメンバーであるユハ・アクラスは、「ノキアのリーダーシップチームは私たちが達成した文化とエンゲージメントを非常に誇りに思います。それに、業績も明らかに好転しています」と言う。

私たちがアクラスと話した数カ月後の2013年9月、ノキアは54億ユーロ(72億ドル)で携帯電話事業をマイクロソフトに売却すると発表した。しかし、わずか2年前、一時はグローバル市場のリーダーだったこの会社は、高性能のスマートフォンさえ販売していなかった。そのときノキアが直面していた状況は非常に厳しいものであった。この携帯電話メーカーは

頂上から転がり落ち、すべての市場セグメントでシェアを大幅に失った(第1章参照)。しかも、これといった対応策を持っていなかった。コメンテーターらは、もはやノキアは本気で市場で戦える会社ではないと論評した。

そんな中、元マイクロソフトの部門プレジデントであったスティーブン・エロップがノキアのCEOに就任した。それは多くの人にとって驚きであり、多くのフィンランド人にとって少々ショックでもあった。このカナダ人のCEOは、150年近くもフィンランドの産業界の誇りであったノキアで初めての外国人トップだったからである。それはこの会社には、抜本的な変革が必要だという明白なサインだった。

エロップは悲惨な状況にあったノキアに対して何をしたのか。彼が最初に行ったのはコミュニケーションである。エロップは就任後すぐに、できるだけ多くの社員と、直接顔を合わせて、メールで、ブログで、社内のソーシャルメディアで、積極的に話をした。彼は、何を変えるべきか、何を変えるべきではないか、最も緊急に行うべきことは何か、社員の意見を聞いた。

社員も熱意を持ってそれに答えた。エロップのもとにはおよそ2,000件の答えが返ってきた。その結果、ノキアは彼が最も恐れていた状態にあることがわかった。ノキアには、傲慢、自己満足、脱力感、煩雑な手続き、混乱、ディスエンゲージメント(会社や仕事への愛着心のなさ)が蔓延していた。慢性的に戦略、方向性、アカウンタビリティ、当事者意識が欠けていた。その結果、スマートフォンという船に乗り遅れ(比喩的に言うと)、砂の中に頭を埋めていた。

エロップはすぐに問題の核心を理解した。それは**ノキアには共有されたストーリーがない、1つのノキアストーリーがない**ということであった。彼はノキアを正しい軌道に戻すためには、そのようなストーリーを作る必要があり、意義創出のプロセスに社員を取り込まなければならないと考えた。

それには過激で、切迫した、混乱を引き起こすような介入が必要だと思われた。長年の認識に疑問を投げかけ、社員に会社が置かれた現実に向き合ってもらわなければならなかった。単刀直入に(ゆえにひどくフィン

ランド的ではない態度で)、話さなければならなかった。**非常事態だ、一から出直さなければならない、そうしなければ死んでしまう**、と大声で叫ばなければならなかった。

　そこで、エロップはノキアの全社員に向けて有名な「燃えるプラットフォーム」のスピーチを行った[26]。彼はノキアを北海で燃える油田掘削プラットフォームにたとえた。そのプラットフォームの上に立っている人には2つの選択肢がある。そこにとどまり、炎に飲み込まれるか、30メートル下の凍える海に飛び込むかである。エロップは手加減をせずありのままの会社の状況を説明するために、「私たちのプラットフォームであるノキアは燃えている[27]」と表現した。このスピーチは、その後社内のメモとして社員に配布され、すぐに広く社外にも伝わった。

　エロップが行ったのは何だったのだろうか。彼は敢えてノキアのアイデンティティの認識に挑んだ。社員が考えているノキアの意義に対して疑問を投げかけた。**既存の意義を打ち壊した。**そして意図的に混乱、フラストレーション、不確実性を生み出した。

　しかし、このスピーチは好意的に受け入れられた。間違いなく不安を強めたにもかかわらず、多くのノキアの社員はそれを温かく歓迎さえした。「新しいCEOは私たちが直面する問題に気づき、それを白日の下に曝して取り組もうとしているということを知って安心したのです」と、アクラスは振り返る。

　しかし、エロップは問題解決に着手したばかりだった。彼は自分を中心としたチームを作り、「グループ役員会議」という名称から「ノキア・リーダーシップチーム(NLT)」というシンプルな名称に変更した。**リーダーシップ**という語をはっきりと強調したのだ。そして他の多くの会議、委員会、何層もの煩雑な手続きを廃止した。

　次に、エロップはNLTと密接に協力しながら、会社再建の戦略を作り上げた。NLTのメンバー一人ひとりにこれまでよりも大きな裁量を与え、意思決定の権限を階層の下の方やローカルなレベルに委譲した。NLTは、エロップがCEOに就任してからわずか11週間で、会社の全く新たな方向性に合意した。「今ではトップチームは毎週会合を開き、戦略との十分な

第8章　「見出し」ではなく「脚注」に：共創型(Altrocentric)のリーダー

調整を行っています」とアクラスは述べる。

続いて、NLTは会社再建の次の段階、すなわちNLT以外の全社員にも戦略に沿った行動をさせ、エンゲージメントを高める段階について、計画を練った。アクラスは、「私たちは、エンゲージメントを高め、重要なコミュニケーションのループを取り入れるために、構造的なアプローチを構築しました」と、説明する。

このプロセスの鍵となったのは、ノキアの文化に３つの中核的な意識を埋め込むことであった。責任感、切迫感、共感である。「私たちは責任感と切迫感の欠如に対処する必要がありました。そのせいで私たちは他社に大きく後れを取ってしまったのです。けれども私たちは、顧客、社員、サプライヤー**の声を聞きながら**これを行う必要がありました」。

次の段階は、ノキアのビジョン、目的、価値を組織全体に浸透させることだった。これはすべてのリーダー、そして最終的にすべての社員が**自分たちの**「ノキア」ストーリーを語ること——なぜ**自分たちは**ノキアで働くのか、なぜ**自分たちは**この会社を信じているのか、なぜノキアは世の中に影響をおよぼしていると**自分たちは**感じるのか、なぜノキアが存在することによって世界は、よりよい場所になっているのかを表現すること——を可能にすることを意味した。

これを実現するため、NLTは次の階層の200人と前線のマネジャーのグループに、新しい文化、ビジョン、方向性を全社に浸透させる任務を担ってもらった。これらの「新たなノキアの建設者」の役割は、透明性を生み出し、積極的な関与を促し、部下との継続的な対話を確立して、エンゲージメントを高め、NLTにフィードバックすることであった。

厳しいときではあった(数千人が解雇され、数十の事務所や工場が閉鎖された)が、ノキアが自らの新しいアイデンティティを発展させ始め、意義を作り出したときでもあった。ノキアの最近７回の四半期エンゲージメント調査は、2011年以来２年間にわたって常にエンゲージメントが高まり続けていることを示している。

アクラスは「闘志が戻ってきたんです」と言う。「もはや皮肉な考え方が標準ではなくなりました。社員は再びノキアを自分の家と感じ、以前の

ようにノキアを価値観を大切にする組織と見るようになりました。私たちは新しいノキアを創造する一方で、ゴム製品を作っていたときから携帯電話やモバイルサービスを作り出す現在まで、150年の歴史の精神と遺産を維持しようと努力しました」。

ノキアは、透明で共有された意義創出のプロセスに数百人の人々を関与させた。この会社の経験は、劇的なストーリーを語って上から命令を下すだけのボスザル型リーダーでは、なぜ意義の創出ができないのかを明確に示している。

「私たちはチャレンジャーの立場に戻るために、全員参画型の作り込みのプロセスを経る必要があったのです」と、アクラスは言う。

この言葉には粛然とさせられる。一時は世界を支配するプレイヤーであったノキアが、チャレンジャーという地位を得るために戦わなければならなかったのである。本書を執筆している時点では、マイクロソフトによる買収後に、この会社がどうなるのかまだわからない。

しかし、当面のところ、エロップの意義創出プロセスは明らかに望ましい効果を上げている。多くのコメンテーターが彼のリーダーシップと、ノキアで彼が実現した会社再建に感銘を受けているように思われる。実際、マイクロソフトによる買収はすぐに、数週間前にこのソフトウェア巨大企業のCEOを退任すると発表したスティーブ・バルマーの後をエロップが引き継ぐのではないか、という強い憶測を導いている。

境界を超えたパートナーシップの構築

メガトレンドの複雑な世界に立ち向かう共創型のリーダーは、すべてのことに答えを得ることはできず、すべての決定を自分だけで行うこともできないということを受け入れる内面的な強さを持っている。また、一部の課題や決定に関しては自分よりも他の人のほうが適任かもしれないと考えられるだけ自我が成熟している。

こうしたリーダーは、協働作業でしか得られない機会をつかむため

に、冒険的な協力事業を行う必要があることを認識している。彼らは、コーペティション（coopetition）の必要性と困難を理解し、競合会社をパートナーとして尊ぶ。

　このような認識を持つ共創型リーダーは、国境、業界、組織、機能、部署などさまざまな境界を超えた大々的な協働作業を促進する。組織のさまざまな部署から人材を集め、短期的・長期的な境界を超えた共同作業に適したチームを作り上げる。また、自分の地位に基づく権限に頼りすぎることなく、社内の仲間とも外部のパートナーとも共同で仕事をする。

5．実行

　戦略の実行はどんなビジネスリーダーにとっても主たる責任の１つである。しかし、共創型のリーダーは独自の方法で戦略の実行に取り組む。第１に彼らは、エンゲージメントが高く実力のある意思決定チームを作る。そして、その平等なメンバーの中のトップという位置に注意深く自らを置き、平等というところを強調する。そして単純にメンバーに責任を持たせるだけではなく、裁量を与え、基本的なルールと考慮点の明確な枠組みの中で権限を与える。

権限移譲と境界線設定

　共創型のリーダーは、できるだけ多くの裁量を与えることによって部下に権限を持たせる。それと同時に、その権限を行使できる範囲（境界線）を明確に設定することで、安定性と方向性を作り出している。

　こうしたリーダーは、積極的に部下に権限を委譲しようとし、実際にそれを行うことができる。そのとき部下に責任を持たせながら、同時に部下が目的と意義を感じながら行動できる環境を作り出す。また、その中でコーチングとフィードバックのための時間を取る（部下から自

分へのフィードバックも同様に求める)。これが実際に機能する相互依存的な権力である。共創型のリーダーは、こうした権限の仕組みによって、変化する状況にうまく対応できる強力で自律的な組織を作る。

　このような状況を生み出すためには、共創型のリーダーもときとして厳しい側面を見せることが必要かもしれない。彼らは社会化されたパワー動機を持つ成熟した人間であるため、ボスザル型リーダーのようにこぶしで机を叩くことはないが、必要ならばリーダーシップの厳しい側面に対応することができる。いつ命令を出すべきかを知っており、不十分な仕事ぶりや不正行為に対処するとき、あるいは人員削減が不可避であるときには躊躇なくそれを行う。

> **ケーススタディ** ■ パーテーク社における権限移譲と境界線の設定
>
> 　パーテーク社は、イノベーションコンサルティング会社ということができるだろう。コンサルタントがおよそ70人という小さな組織ではあるものの、ドイツのいくつかの最大手企業がイノベーションの課題について解決策を見出すのを手助けしている。それには創造性が必要であるが、決まった手順、規則、煩雑な手続きなどは創造性を窒息させてしまう。そのためこの会社は、それらをできるだけ排除している。
>
> 　この会社には固定された構造というものがほとんどない。少なくとも、コンサルティング業務に関しては固定された組織構造が設けられていない(もちろん、財務や人事などのサポート機能はある)。コンサルティング部長、オペレーションマネジャーなどはいない。固定されたチーム、プロジェクトリーダー、肩書、職務明細もない。オフィスのレイアウトは自由に変更できる。デスクもパーティションも移動可能であり、プロジェクトごとに自分たちのまわりに空間を作ることができる。
>
> 　「考え方はシンプルなんです」とオーナーでCEOのユルゲン・エルベルディンガーは言う。「私たちは自分が関心を持つプロジェクトで、自分が一緒に働きたい人と、自分に合った空間で働いています」。

この会社はおそらく、究極の権限移譲を実践している極端なケースであろう。また、言うまでもなく、このような「構造のなさ」を実現するのは、数千人の従業員がいる会社よりも70人程度のチームの方がずっと容易である。さらに、この会社のようなシステムは、他の多くのセクターよりもクリエイティブな業界に適している。

　しかし、興味深いのは、この会社が新興企業ではなく、企業運営の方法について斬新なアイディアを持った新進気鋭の若者の考案物でもないということである。エルベルディンガーは40代の実業家だ。彼は旧来の組織構造を持つ伝統的なコンサルティング会社を20年も経営してきた。しかし、彼は、違う形で事業を行うべきときが来たと判断した。

　たとえば、この会社のコンサルタントが何かアイディアを思いついたとき、同僚のうちの誰か1人がそれに賛同してくれたら、それはプロジェクトになる。そして関心を持つ人、貢献できると思う人が集まってチームが作られる。チームはアイディアを発展させ、市場に出し、適切なクライアントに売り込む。コンサルタントは各自、そのプロジェクトに関する自分の課金レートを決め、それについてチームメンバーと交渉する。

　読者はきっと、どこに制限ラインが引かれているのかと疑問に思うだろう。この会社で決められている制限は2つだけである。第1に、プロジェクトはエルベルディンガーが「イノベーションの漏斗」と呼ぶものを通過しなければならない。これはリサーチ、コンセプト、分析、プロトタイピングなど、実現に向けてアイディアの実行可能性をテストすることを目的としたいくつかのフェーズで構成されている。

　第2に、この会社では勤務時間に創造の時間が組み込まれている。それぞれのコンサルタントの勤務時間の20％は既存の概念を発展させることに当てられ、さらに10％は全く新しいアイディアを思いつくために費やされる。

　実はもう1つ制限があるが、これは会社によって決められたものではない。エルベルディンガーによると、パーテークのシステムは実際のところ自治である。「自治は責任を伴います。チームメンバーは自分で自分の管理をします。彼らは、成果として何を生み出さなければならないかを知

っています。私たちは、どのような背景やプロジェクトであれ、彼らがきちんと仕事をし、良識に従い、個人的な力が必要なときには責任を取るだろうと信じています。それが業績と自己管理を重視し、『正しいことを行う』という文化を作り出しているのです」。

たとえば、コンサルタントが自分の課金レートを決めるという方式について考えてみよう。これは自主的に規制する社内市場を作り出し、それぞれのコンサルタントはその市場で自分を「売らなければ」ならない。そのため、過剰なレートを設定することはできない。顧客に価値を提供するとチームから認めてもらえる額でなければならないのである。

前述したように、一定の制限内での自治を作り出す能力は、共創型リーダーの本質的なコンピテンシーの１つである。しかし、パーテークの場合、そのような自治構造を可能にするためには、先に掲げたコンピテンシーマップの他の能力（成熟した自我など）も必要である。第１に、正式な階層がないにもかかわらず、やはり適切なリーダーシップのアプローチが非常に重要である。エルベルディンガーが指摘するように、オーナーである彼にとってさえ、リーダーシップは状況に左右されるものである。「私たちはときに他の人を引っ張り、ときに他の人を支えます。それはすべての人にあてはまります」。

また、最初にそのような文化を作るためには、成熟した自我と相互依存的なパワー動機が必要である。「私は手放すことを学ばなければなりませんでした」と、エルベルディンガーは振り返る。「以前は私がボスでしたから、部下は私のアイディアを支援してくれましたが、それは必ずしも私のアイディアが優れていたからではないということを認識しなければなりませんでした。また、以前には可能だと考えていなかったレベルまで他者を信じることを学ばなければなりませんでした。私の世代の企業家にとっては難しいプロセスです」。

さらに新しい構造を作り出すには、意義の創出という課題に立ち向かわなければならない。そのため会社が成長するにつれて、ある程度のスタッフの離職が避けられない。興味深いことに、これは従来型の古い階層の下でラインマネジャーを務めていた人々の間で特に顕著であった。エ

第8章　「見出し」ではなく「脚注」に：共創型(Altrocentric)のリーダー

> ルベルディンガーは、「新しいフラットな構造は個人の権限を取り除くために考えられました。ですから、何人かは会社を去ることを選びました。私たちは、個人の力ではなくチーム精神に基づいて、結果志向の環境に向かって動いたのです。すべての人がこれを望ましいと思ったわけではありませんでした」と説明する。
>
> しかし、ほとんどの人は新しいビジョンに積極的に取り組んでくれたと彼は主張する。特にジェネレーションYの共感を呼んだように思われる。「若い世代の人々は、私たちがこれまでと違う形で物事を実行しているために、この会社で働くことを選びます。彼らには起業家精神、そして斬新なアイディアを生み出そうとする意思があります。それは私たちの文化に合っているのです」。

シニアチームリーダーシップ

共創型のリーダーは、強固なチーム倫理を持っている。彼らは、メガトレンドが生み出す課題は1人で対応するには大きすぎ、嵐の中で組織の舵取りをしていくためには力のあるリーダーシップチームが必要だということを認識している。また、自分よりも他のチームメンバーが決定したほうがよい場合もあることを理解している。ゆえに、自分を平等なメンバーの中のトップと位置づける。

彼らは、真の意思決定の権限を持った優秀なチームを体系的に構築し、そのチームが力を発揮できる条件を作り出す[28]。そのためにまず、互いに補完し合う特性を持ち、チームワークに秀でた多様な個人のグループを選ぶ。それは当たり前のステップのように思われるかもしれないが、驚くほど多くのリーダーがこの基本的な課題を適切に実行することに失敗している。

適切な人材によるチームが結成されたら、共創型のリーダーは、彼らとともに意義創出のプロセスに取り組み、説得力のある共通の目的意識を共同で作り出す。そのうえでチームで一緒に達成すべき任務を

明らかにすることで、この目的を実行に移す。

　最後にこうしたリーダーは、メガトレンドの観点から、自社のビジネスモデルと業務運営モデル、戦略的な方向性と実行方法、自社が直面する機会と脅威について、これまでとは違う形で考えるようチームに促す。

　この章で、私たちは、メガトレンドの嵐から生じる課題に対処できる未来のリーダー像について考えてきた。また、共創型リーダーが今後、会社をうまく導いていくために必要なコンピテンシーを明らかにした。すでに述べたように、このような共創型のリーダーは理想像であるが、未来のリーダーシップはこのようなものになると思われる。
　では、どうすれば私たちは共創型のリーダーになれるのだろうか。これに単純な処方箋はない。
　リーダーシップ開発は旅のようなものである。いくつかの問いについて考えることからこの旅を始めよう。

第8章　「見出し」ではなく「脚注」に：共創型(Altrocentric)のリーダー

終章

共創型リーダーシップへの旅

「時が物事を変えるって人は言うけど、
実際は君が自分で変えなくちゃならないんだよ」
— **アンディ・ウォーホル** ポップアーチスト

　メガトレンドの嵐に対処するためには、共創型のリーダーシップが必要である。しかし、共創型のリーダーを育成するためのアルゴリズムや単一のテストやトレーニングプログラムというものはない。空欄を埋めれば完成するようなテンプレートや書式もない。

　それは、人がみな一人ひとり異なるからである。共創型のリーダーは、これまでに述べてきたような共通の特徴やコンピテンシーを持っているとはいえ、やはり個人によって異なっている。それぞれが、自分独自の特徴に基づく独自の自己イメージを持っている。

　ゆえに、共創型リーダーになるための具体的な秘訣、ステップ、助言などをここに記すのは誤解を招くことになるだろう。共創型のリーダーシップへの道は、明確な目的地のない旅であり曖昧性、不確実性、決まった解答のない疑問に満ち、ついでに言えば、途中に袋小路もあるかもしれない。

　しかし、私たちはその旅路を歩む読者のみなさんを手助けすることはできる。みなさんは、サポートや道案内、助言を受けることができる。まずは、今の自分の立ち位置を知るのに役立つ、いくつかの問いからスタートするのがよいだろう。

問い1:あなたはどのような自己イメージを持っているか

　まずは、自分の自己イメージを理解しよう。これまでに述べてきたように、人が自分をどのように見て、自分の役割をどのように理解しているかということが、人の行動を決定する。例えば、一部の女性リーダーは、女性が人の上に立つときにはこうあるべきだという**理解**(誤解)に基づいて、「男性的な」リーダーシップのスタイルを採用する。一部の男性リーダーは、「男性的な」自己イメージに合わないと考えるために「女性的な」スタイルを避ける。

　あなたは自分をどのように見ているだろうか。自分をリーダーと考えるか。何に価値を置くか。ジェンダー(および文化や年齢の)ステレオタイプを乗り越えることができるか。月並みな考えや伝統的な役割の認識を脱却することができるか。自分の先入観や偏見に疑問を投げかけることができるか。

問い2:あなたを動かすドライバーは何か

　あなたはどんなモチベーションに基づいて、毎日職場に向かうのか。難しい仕事をうまく処理したり、何かをやり遂げたりすることか、それともオフィスの雰囲気や気に入った人たちと一緒に仕事ができるということか。業務の方向を決め、影響力を持ち、他者を通して物事を達成することからエネルギーを得ているのか。地位による権限や個人的な名声が意欲の源になるのか。他者の強みを発展させようと努力することか。

　自分の根底にある動機を理解することは、非常に重要である。社会化されたパワー動機が共創型リーダーシップの前提条件だからである。私たちの動機は無意識の領域にあるため、これを突き止めるのは難しいが、自分の動機の理解に役立つ各種の診断テストを利用することもできる。

問い３：あなたは自分と自分の限界について
　　　　　どのくらいよく知っているか

　あなたは、自分のパフォーマンスや長所と短所について批判的な目で見ているか。自分の限界を認識しているか。自分の感情をコントロールできるか。

　自己認識、自己のコントロール、自己管理は、共創型リーダーにとって不可欠の感情的コンピテンシーである。自分を理解するために、EI（心の知能指数）を測ってみよう。そのような診断ツールは、自分の重要な心理的特性について洞察を与えてくれるだろう。

問い４：あなたは開かれた心を持っているか

　あなたは好奇心が強いか。学ぶことや自分の視野を広げることを楽しいと感じるか。異なる意見を聞くことで発生する曖昧さを不快に感じることなく、他人の言葉に注意深く耳を傾けるか。自分とは違う人と積極的に接しようとするか。他人とかかわり、共感し、相手の考え・感情・関心を理解するか。

　組織感覚、共感力、聞く力は、共創型リーダーの重要な感情的コンピテンシーである。自分のこの能力について理解し、それを発展させるためには、EIや社会的知能の診断テスト、各種のトレーニング、手引書が役に立つであろう。

問い５：あなたはどのようなリーダーシップスタイルを
　　　　　用いているか

　あなたはリーダーとして命令と統制のアプローチを用いているか。模範を示し、先頭に立ち、自分についてくるよう部下に要求している

か。明確性を重んじ、全体像を部下と共有することに注意を払っているか。長期的な視点で人材育成に取り組み、コーチング、メンタリングに自分の時間を投資しているか。意思決定のプロセスにチームを参画させているか。社員みんなが安全で感情的に支えられていると感じられる環境を作り出しているか。

　共創型のリーダーは、どの状況、どの相手に対して、どのリーダーシップスタイルを使うべきかを判断し、多様なリーダーシップスタイルを用いる。自分がどのようなリーダーシップスタイルを用いており、それがチームにどのような影響をおよぼしているかを明確に理解するための各種の診断ツールも存在する。

問い6：あなたはどのくらい幅広い視野を持っているか

　あなたは定期的に市場環境をチェックし、現在の動きと将来の趨勢を分析しているか。社内、社外、ローカル、グローバルを問わず、関連するすべてのステークホルダーを自分のビジネスの視点に取り入れるように努力しているか。結果が十分に理解され、適切なコンセプトが作り出されるようにしているか。それを可能にするシステムやプロセスを取り入れているか。

　共創型のリーダーはメガトレンドの嵐に立ち向かううえで、戦略的思考能力が鍵となることを知っている。あなたの組織が対応すべきすべてのステークホルダーと、それぞれが戦略におよぼす影響を理解することを目的とした活動に、あなた自身が取り組むとともに、チームにもそれに取り組ませよう。メガトレンド、競争の激化、規制環境の変化、社会的要求などがあなたの組織におよぼす影響をモデル化するためのシナリオを作ってみよう。

問い7：あなたは自ら社員のロイヤリティーを作り出し、レピュテーションの管理を行っているか

　あなたは多様性と多元性を熱心に求め、それを重んじているか。デジタルネイティブ、ジェネレーションY、年配の労働者が、すべて異なるニーズとモチベーションを持っていることを理解しているか。社員一人ひとりを個人として重んじているか。

　あなたはビジネス倫理に関する強力な理念を持っているか。人間関係や異文化を理解しているか。公私の区別が曖昧になることがあなたの組織のレピュテーションにおよぼす影響について理解しているか。

　共創型のリーダーは自ら社員のロイヤリティーを作り出し、先を見越して積極的に自分と会社のレピュテーションを管理する。そうしたリーダーは倫理的に、誠実に、清廉潔白に行動する。真に社員の個性を尊重し、社員のニーズを考慮に入れる。

　多様性を大事にすること、および世代や国境の溝を埋めることを特に個人的に重視しよう。そして他の人々にもこれを行うこと、そのためのプロセスやシステムを設けることに責任を持たせよう。あなたが自分の仕事において何を最も重視しているかを明確にするには、価値観診断が役に立つ。

問い8：あなたは意義創出のプロセスに人々を巻き込んでいるか

　あなたの組織のアイデンティティとは何か。何があなたの会社の目的か（お金を稼ぐこと以外の目的：稼ぐことだけが目的である会社はほとんどない）。

　あなたの会社で働く人々にとって、何が意義を生み出しているかを認識しているか。あなたの組織のストーリーはどのようなものか。そ

れは外の世界の現実に合ったものか。

あなたは意義創出のプロセスに人々を巻き込んでいるか。あなたの会社のマネジャーたちは５つの重要な視点を取り入れたストーリーを発展させているか。

意義の創出は共創型リーダーにとってみれば、自然に備わった重要なリーダーシップコンピテンシーである。説得力のある組織のストーリーがなくては、メガトレンドの複雑性に対処することはほとんど不可能である。

あなたの組織のストーリーが適切かどうかを点検しよう。トップチームを意義の創出に関与させよう。ビジョン型のリーダーシップスタイルを利用しよう。

今、自分たちがどこに立っていてこれからどこに向かうべきなのかを理解するために、「価値観診断」「５つのストーリー」「戦略の解読（会社の戦略的な意図を明確化し、具体的な目標と優先事項についてチーム内のコンセンサスを築くための働きかけ）」「文化と組織風土の診断ツール」を利用することを考えてみよう。

意義の創出に弾みをつけ、全社を挙げてストーリーを作り出すため、トップチームの下のマネジメント層を関与させよう。社内コミュニケーションに力を入れ、適切なコミュニケーションのループを設けよう。

意義創出のプロセスを進めるとき、社員の一体感、組織の一員として働く社員個人の意欲、社員を活かす環境要因を理解し、それをモニタリングするには、社員のエンゲージメント調査が役に立つだろう。

問い９：あなたは本当に他の人々と協働作業や連携をしているか

あなたはチームワークや協働作業を真剣にとらえているか、それともそれは口先だけなのか。最も広い意味での協働作業を理解している

か。外部の組織、ときには競合企業とさえ協力することを適切に検討しているか。コーペティション（coopetition）を理解し、実践しているか。

組織のさまざまな部署から人材を集め、短期的なプロジェクトや長期的な共同作業のための適切なチームを作り出しているか。自分の権限に頼らず、同僚やパートナーと密接に協力しているか。

技術の融合、グローカリゼーション、気候変動、資源の欠乏は、新しいレベルの協力を必要とするだろう。これは心理的にも組織的にも、多くのリーダーに大きな負担を強いると思われる。

自分の自己理解と動機を熟考していただきたい。あなたは喜んで権力を他者と共有するか。それが可能か。協働作業が得意な人々と一緒に仕事をしよう。境界を超えた協働作業（マトリックス型の共同作業を含む）を促進・強化する組織的なプロセスを共同で作り出そう。

問い10：あなたは組織の人材の問題に自ら責任を持って対応しているか

あなたは組織の人材の問題に責任を持っているか。特に、戦略的に重要な基幹ポストに不可欠な人材を引きつけ、それらの人々の意欲を高め、流出を防止するという課題に自ら対応しているか。

どの社員の能力開発、動機づけ、維持が必要かを理解しているか。高い潜在力を持つ人々を、個人的にコーチング、メンタリング、スポンサリングしているか。自らトップチームと協力して人材確保と後継者育成を行っているか。

共創型のリーダーは、揺るぎなく人に重点を置き続ける。そうしたリーダーは、人材確保を企業の戦略的な問題ととらえ、人事の責任者を戦略的なビジネスパートナーと考える。また、強力な人事の実践方法を確立し、組織の中で最も重要な人材の問題を自ら認識し、それに関与する。

戦略的なビジネスパートナーとしての人事部門を確立しよう。戦略的に重要な職務については、人材の評価と育成に、あなたとトップチームが個人的に関与しよう。テクノロジーを利用して、最も重要な人事の問題を常に把握するようにしよう。世の中には、それに特化したスマートフォンのアプリもある。

問い11：あなたは境界線設定が明確な権限移譲を行っているか

あなたは社員に当事者意識と責任を持たせるために自ら方向性と権限を与えているか。基本原則、規則、ガイドラインを明確かつ強固にしながら、各部門、ユニット、個人にできるだけ大きな権限を与えているか。権限を与える枠組みを作るためにトップチームと協力しているか。

境界線を踏み越えた人や部下に権限を与えない人がいた場合に、対応策を取っているか。

一定の制限内の権限は、メガトレンドの複雑性に対処するための鍵である。権限を委譲すること、もっと端的に言えば煩雑な手続きをできる限りなくして行動の自由を与えることが、急速に変化する世界に対応するために必要な柔軟性を作り出す。

仕事を実行し、目的を達成するために必要ならばどんなステップでも取りうることを社員に知らせよう。そして、組織の目的、戦略、価値観、目標を反映した境界線を明確に定めよう。

問い12：あなたは意思決定のトップチームを作っているか

あなたはリーダーシップチームに適切なメンバーを選んでいるか。ここで「適切な」というのは、必ずしも最も成績のよいマネジャーや技

術的な専門家を意味するわけではない。リーダーシップチームに必要なのは、本物の協働作業を行い、方向性と戦略を一緒に作り出す意欲と能力を持つ人、そして理想的には、多様で互いに補い合う特性を持つ人である。

あなたとトップチームは組織が進むべき方向に合意しているか。チーム全体が責任を負う共通のタスクに合意しているか。トップチームが能力を最大限発揮できる構造を作り出しているか。

トップチームは適切なサポートを得ているか。チームの各メンバーも、またいっそう重要なこととしてチーム全体も、能力向上のためのフィードバックとコーチングを受けているか。

共創型のリーダーは本質的にチームプレーヤーである。彼らは真の意思決定チームを作ることに本気で取り組む。それがなければ、行く手に待ち受ける難題に対処することができないと知っているからである。

トップチームがどのようなコンピテンシーを持つべきかを理解しよう。そのための綿密な能力開発プロセスを確立しよう。それをチームメンバーと共同で作り上げることが望ましい。チームがその潜在力を完全に開花させることができるように、コーチと協力しよう。一方、チームの基本方針を損なうメンバーに対しては、寛大な態度を取ってはならない。

——・——・——・——・——・——・——・——・

本書で、私たちは敢えて未来を探ってきた。

「グローバリゼーション2.0」「環境危機」「個の台頭と価値の多様化」「デジタル時代」「人口動態の変化」「技術の融合」という6つのグローバルなメガトレンドによるパーフェクトストームが吹き荒れる未来について考えてきた。そして、その嵐をくぐり抜けながら組織を導いていくために必要なリーダー像を描き出した。

しかし、序章で明確にしたように、こうした未来を正確に予測する

ことは不可能である。私たちはビジネス環境と企業の未来の設計図を描く立場にはない。

　そのような予測をすることは、結局のところ世界が馬糞に飲み込まれることはないと見通すことができなかった19世紀の都市計画者、あるいは太陽の沈まない大英帝国がない世界を想像することができなかった当時の年代史家と同じ過ちを犯すことになってしまうだろう。

　私たちが本書で試みたのは、現在とは大きく異なり、想像できないほどに厳しい未来に対応する方法について、読者に手引きを示し、提案をし、疑問を投げかけること、適切な方向を示すこと、そして読者の思考やアイディアを促すことである。

　未来は読者一人ひとりが握っている。すでに述べたように、解決策はそれぞれの組織ごとに違うだろう。どの解決策が自分たちにとって適切かを見抜くのはそれぞれの会社、それぞれのリーダーである。

　共創型のリーダーを育成するには、多くの時間とエネルギーと投資が必要である。リーダーはこれから自分たちがどのように組織を運営していくのかについて、従来とは大きく異なる考え方をしなければならない。そして、それは今すぐ始める必要がある。職場や組織や業界にとらわれず、独創的に考える必要がある。メガトレンドの嵐に飲み込まれないようにするためには、月並ではない思考が求められる。

　かつてエイブラハム・リンカーンは言った。未来を予測する最良の方法はそれを作ることだと。

　さあ、あなたもこの旅に出発しよう！

脚注・参考文献

序 章

1 誰がこの言葉を述べたのかは確実にはわかっていないが、一般にマーク・トウェインとされている。

2 このフレーズは、Stephen Daviesが"The Great Horse Manure Crisis of 1894," (***The Freeman***, September 2004)で使った造語である。このトピックにおいて参考にした他の文献は以下である。

"The Great Horse Manure Crisis of 1894," ***Bytes***, July 16, 2011, bytesdaily.blogspot.com/2011/07/great -horse-manure-crisis-of-1894.html (a blog discussion based on Davies's article) and Eric Morris, "From Horse Power to Horsepower," ***Access***, Spring 2007.

3 Denise Roland, "Chinese Firm Geely Saves London Taxi Cab Maker Manganese Bronze," ***Daily Telegraph***, February 1, 2013.

4 "Geely Buys London Black Cab Manufacturer for US$17m," Want China Times, February 2, 2013.

5 Rolf Kreibich, "Zukunftsforschung" [Future Research], ***Arbeitsbericht*** no. 23, 2006, Institute for Future Studies and Technology Assessment, Berlin.

Kreibichは、ベルリンのFree Universityの初代プレジデントであり、Berlin Institute for Future Studies and Technology Assessmentのディレクターを30年務めた。社会科学に対するここで提唱されている見解は、ときどきpostempiricistと呼ばれる。以下の文献を参照。

Georg Vielmetter, ***Die Unbestimmtheit des Sozialen. Zur Philosophie der Sozialwissenschaften*** [The Indeterminacy of the Social: On the Philosophy of Social Science], eds. Axel Honneth, Hans Joas, and Claus Offe (Campus Press, 1998),and "Postempiristische Philosophie del' Sozialwissenschaften—eine Positionsbestimmung" [Postempiricist Philosophy of Social Science—A Positioning], A. Reckwitz and H.

Sievert, eds., ***Interpretation, Konstruktion, Kultur; Opladen: Westdeutscher*** [Interpretation, Construction, Culture], (Westdeutscher Verlag, 1999).

6 John Naisbitt, ***Megatrends: Ten New Directions Transforming Our Lives*** (Warner Books, 1982).

7 Z_punkt Gmbh, ***Die zwanzig wichtigsten Megatrends*** [The Twenty Most Important Megatrends] (Köln Karlsruhe, 2008).

8 Nassim Nicholas Taleb, ***Fooled by Randomness: The Hidden Role of Chance in Life and in the Markets*** (Random House, 2001); and Taleb, ***The Black Swan: The Impact of the Highly Improbable*** (Random House, 2007).

9 Life-worldまたはeveryday lifeのコンセプトは、解釈学、現象学、およびWittgensteinian学派を含む多くの哲学者によって練り上げられた。以下の文献を参照。Alfred Schlitz and Thomas Luckmann, ***Structures*** of ***the Life-World***, Vol. 1, ***Studies in Phenomenology and Existential Philosophy*** (Northwestern University Press, 1973); Peter L. Berger and Thomas Luckmann, ***The Social Construction of Reality: A Treatise in the Sociology of Knowledge*** (Anchor Books, 1966); Peter Winch, ***The Idea of a Social Science and Its Relation to Philosophy*** (Routledge & Kegan Paul, 1958); ***Charles Taylor, Erklärung und Interpretation in den Wissenschaften vom Menschen*** [Explanation and Interpretation in Human Sciences] (Suhrkamp, 1975); and Georg Vielmetter, ***Die Unbestimmtheit des Sozialen***.

10 6つのメガトレンドの簡潔な説明は、下記文献を参照。
"Report on Best Global Practice: Leadership," ***Benefits & Compensation International***, Janumy/February 201.2; Vielmetter, "Business Shift Calls for 'Post-Heroic' Leadership," Wall Street Journal, January 17, 2012; and Vielmetter, "Adapt to Survive――A Picture of Leadership in 2030," ***European Business Review***, November/December 2011.

第1章

1 多様な解説者がグローバリゼーションの段階をバージョン1.0、2.0というように定義している。最も有名なのは、Thomas L. Friedmanの"The World is flat"(2005年)である。本書では、この章で説明するように21世紀とそれ以前のグローバリゼーションの違いに境界線をひいている。

2 IMF, ***Globalization: Threat or Opportunity?*** International Monetary Fund, April 12, 2000.

3 William Scheuerman, "Globalization," ***Stanford Encyclopedia of Philosophy***, Summer 2010 edition.

4 Karl Marx and Friedrich Engels, ***Manifest der Kommunistischen Partei*** [The Manifesto of the Communist Party] (1848); and Scheuerman, "Globalization."

5 Martin Heidegger, ***Poetry, Language***, Thought (1971).

6 IMF, ***Globalization***.

7 Leo Lewis, "Fears Can't Be Wiped Away with a Jubilee Tea Towel," ***The Times***, June 5, 2012.

8 Jim O'Neill, Dominic Wilson, Roopa Purushothaman, and Anna Stupnytska, ***How Solid Are the BRICs?*** Goldman Sachs, Global Economic Paper no. 134, December 1, 2005.

9 Wayne M. Morrison, ***China's Economic Conditions***, Congressional Research Service, June 26, 2012.

10 IMF, ***World Economic Outlook***, International Monetary Fund, April 2011.

11 John Hawksworth and Anmol Tiwari, ***The World in 2050***, PwC, January 2011.

12 Aileen Wang and Nick Edwards, "China to Keep Investing in Euro Zone Debt," ***Reuters***, February 15, 2012.

13 Andrew Clark and Kathryn Hopkins, "Stop Wasting Our Time, China's Top Investor Tells Europe," ***The Times***, May 23,2012.

14 Claus Hecking, "Capital Study: Chinese Investment in Europe Hits

Record High," ***Spiegel Online International***, April 16, 2013.

15 Germany Trade & Invest, ***Markets Germany Newsletter***, March 2012.

16 "Geely Earns Net Profit of 1.54b Yuan in 2011," ***China Automotive Information Net***, March 26,2012.

17 Pedro Nueno and Liu Shengju, "Geely-Volvo: Road to a Cross-Country Marriage," ***China Connecting Conversations***, September 23-24,2011.

18 Peter Wonacott, "CIC Targets a Capital Shift," ***Wall Street Journal***, May 10, 2012.

19 John Paul Rathbone, "China Is Now Region's Biggest Partner," ***Financial Times***, April 26, 2011.

20 Economist Intelligence Unit, ***Country Report: Brazil***, August 2011.

21 Dambisa Mayo, "Beijing, A Boon for Africa," ***New York Times***, June 27, 2012.

22 Jim O'Neill, ***Building Better Global Economic BRICs***, Goldman Sachs, Global Economic Paper no. 66, November 30, 2001.

23 Georg Blume, "Brasilien, Indien, China: Was wollen die neuen Großmächte?" [Brazil, India, China: What Do the New Major Powers Want?], ***Die Zeit***, March 29, 2012.

24 Ibid.

25 Ding Ying, "FTA Driving Asian Growth," Beijing Review, January 27,2011; and Embassy of Switzerland in ***Beijing***, China, ***Biannual Economic Report***, June 2012.

26 加盟11カ国は、ブルネイ、カンボジア、中国、インドネシア、ラオス、マレーシア、ミャンマー、フィリピン、シンガポール、タイ、ベトナムである。

27 HSBC Global Research, ***The World in 2050: Quantifying the Shift in the Global Economy***, January 2011.

28 Dominic Wilson and Raluca Dragusanu, The Expanding Middle: The Exploding World Middle Class and Falling Global Inequality, Goldman Sachs, Global Economic Paper no. 170, July 2008.

2008年の世界金融危機以来、特にヨーロッパなどの先進国においても中間

層の数および所得が影響を受けていることに注目すべきである。これは、特にその後のユーロ圏危機により強く影響を受けた国々における中間層の所得減少につながった。何人かの解説者によれば、たとえばドイツなどの先進国において国内の所得格差につながる長期的傾向がみられる。しかしこれは、グローバルでの中間層の拡大と矛盾するものではなく、本書の主題の枠外の問題である。

29 Yuval Atsmon, Peter Child, Richard Dobbs, and Laxman Narasimhan, "Winning the $30 Trillion Decathlon: Going for Gold in Emerging Markets," **McKinsey Quarterly**, August 2012.

30 Homi Karas, **Working Paper** 285—**The Emerging Middle Class in Developing Countries**, OECD Development Centre, January 2010.

31 Yuval Atsmon, Vinay Dixit, and Cathy Wu, "Tapping China's Luxury-Goods Market," **McKinsey Quarterly**, April 2011.

32 Clementine Fletcher, "Diageo Takes on Chivas, Cognac with Johnnie Walker in Shanghai," **Bloomberg**, May 18, 2011.

33 "China's Premium Car Market Set for Huge Growth," **IHS Automotive**, April 17, 2012.

34 "Global Market Share of Nokia Smartphones from 1st Quarter 2007 to 2nd Quarter 2012," **Statista**, 2012.

35 Alexander Spektor, "Samsung Overtakes Nokia to Become World's Largest Handset Vendor in Q1 2012," **Strategy Analytics**, April 27, 2012.

36 Emil Protalinski, "HTC Passes Nokia in Market Cap," **Techspot**, April 7, 2011.

37 Sophie Crocoll, "Zeit der Lotusblüte" [The Era of the Lotus Blossom], **Süddeutsche Zeitung**, June 30, 2012.

38 Anne C. Lee, "Most Innovative Companies, #5 Huawei," **Fast Company**, July 12, 2012.

39 Peter Burrows, "Samsung Faces Chinese Challenger Huawei with Smartphones," **Financial Post**, July 19, 2012; and Hayley Tsukayama,

"Apple's iPhone 5: What Does It Cost to Make?" ***Washington Post***, September 20, 2012.

40 Paula Dwyer, "Congressional Report on Huawei Smacks of Protectionism," ***Bloomberg***, October 8,2012; and Dan Ikenson, "Huawei, ZTE and the Slippery Slope of Excusing Protectionism on National Security Grounds," ***Forbes***, October 9,2012.

41 Yu Hongyan, "Haier Leads in Global Refrigerator Sales," ***China Daily***, January 19, 2009.

42 Office Suisse d'Expansion Commerciale, ***South Korea Information and Communication Industry***, August 2011.

43 Business Monitor International, ***Philippines Food & Drink Report***, January 2012.

44 "Face Value: A Busy Bee in the Hamburger Hive," ***The Economist***, February 28, 2002.

45 "Jollibee Posts 16% Revenue Growth in 2010," ***Balita***, February 21,2011; and Jeannette Yutan, ***Jollibee Foods Corporation—2Q12 Results Driven by Robust Domestic Operations***, J.P. Morgan Asia Pacific Equity Research, August 14, 2012.

46 Yutan, ***Jollibee Foods Corporation.***

47 Business Monitor International, ***Philippines Food & Drink***; and Jollibee Foods Corporation, USA Store Finder, January 2013.

48 Business Monitor International, ***Philippines Food & Drink***.

49 Carlos H. Conde, "Jollibee Stings McDonald's in Philippines," ***New York Times***, May 31, 2005.

50 "Face Value: A Busy Bee."

51 Conde, "Jollibee Stings McDonald's."

52 "Face Value: A Busy Bee."

53 Karen Cho, "China's Recipe for Success," ***European Business Review***, November 2012.

54 Ibid.

55 Ibid.

56 Warren Liu, ***KFC in China: Secret Recipe for Success*** (John Wiley & Sons, 2008).

57 Cho, "China's Recipe for Success"; and Helen H. Wang, "Yum! China: From Rebranding to Reinventing," ***Forbes***, September 3, 2012.

58 Andrew Hill, "Inside Nokia: Rebuilt from Within," ***Financial Times***, April 13, 2011.

59 Chikodi Chima, "Tianji Kickstarts Professional Social Networking in China," ***Venture Beat***, October 31, 2011.

60 "Viadeo Closes $32 Million Round: One of the Largest European Internet Investments in the Last 12 Months," Viadeo press release, April 12, 2012.

61 Mark Lee, "LinkedIn Has 2 Million Users for English-Language Service," ***Bloomberg***, April 24, 2012.

62 C. Custer, "Tianji, China's Biggest Professional Social Network, Is Growing Fast," ***Tech in Asia***, November 3, 2011.

63 Marcel Grzanna, "Facebook? Tianji!" ***Süddeutsche Zeitung***, February 15, 2012; and Custer, "Tianji, China's Biggest."

64 Jeremy Brand Yuan, "Tianji's Infographic on Professional Social Networking in China," ***Tech Orange***, October 31, 2011.

65 Chima, "Tianji Kickstarts."

66 Virginie Mangin, "Playing the Long Game," ***CNBC Business***, January/February 2012.

第2章

1 Fiona Harvey, "World Headed for Irreversible Climate Change in Five Years, IEA Warns," ***The Guardian***, November 9, 2011.

2 IEA, ***World Energy Outlook 2011***, International Energy Agency, November 9, 2011.

3 Harvey, "World Headed for Irreversible."

4 U.S. National Climate Assessment and Development Advisory Committee,

Federal Advisory Committee Draft Climate Assessment Report, January 2013.

5   Bill McKibben, "The Climate Change Deniers: Influence Out of All Proportion to Science," ***The Guardian***, June 4,2012; and Anita Blasberg and Kerstin Kohlenberg, "Die Klimakrieger" [The Climate Warrior], ***Die Zeit***, November 22, 2012.

6   Committee on America's Climate Choices and the National Research Council, ***America's Climate Choices*** (National Academies Press, 2011).

7   Naomi Oreskes, "Beyond the Ivory Tower, the Scientific Consensus on Climate Change," ***Science***, December 3, 2004.

8   "A Brief History of Climate Change," ***BBC News***, October 5, 2009.

9   IPCC, ***Fourth Assessment Report: Climate Change 2007***, Intergovernmental Panel on Climate Change, 2007.

10 Fiona Harvey, "Scientists Attribute Extreme Weather to Man-made Climate Change," ***The Guardian***, July 10, 2012.

11 U.S. National Climate Assessment and Development Advisory Committee, ***Federal Advisory Committee Draft***, 2013.

12 インディアナ、イリノイ、アイオワ、ミズーリ、カンザス、ネブラスカ、オクラホマ、コロラドの各州。

13 Jim Suhr, "Drought Worsens in Key Farm States," ***USA Today***, August 10, 2012.

14 Jason Samenow, "U.S. Has Hottest Month on Record in July 2012, NOAA Says," ***Washington Post***, August 8, 2012.

15 "Hitzerekord: 2012 war heißestes Jahr in der US-Geschichte" [Record Heat: 2012 Was the Hottest Year in U.S. History], ***Spiegel Online***, January 8, 2013.

16 Brian K. Sullivan, "U.S. Hit by 12 Weather Disasters Costing $1 Billion Each in '11, Most Ever," ***Bloomberg***, December 7, 2011.

17 Stefan Rahmstorf, "Will This Summer of Extremes Be a Wake-up Cam" ***The Guardian***, August 16, 2010.

18 Michael Hanlon, "Extreme Weather Has Just Begun," ***Sunday Times***, December 30, 2012; Mark Kinver, "2012 Was UK's Second Wettest Year on Record," ***BBC News***, January 3, 2013; and Andrew Johnson, "Downpours Make 2012 England's Wettest Year on Record," ***The Independent***, December 27, 2012.
19 David Porter, "Hurricane Sandy Was Second-Costliest in U.S. History, Report Shows," ***Huffington Post***, February 12, 2013.
20 Ilya Gridneff, Tom Arup, and Jacob Saulwick, "City Sizzles in Record Heat," ***Sydney Morning Herald***, January 19, 2013.
21 Justin Gillis, "Study Indicates a Greater Threat of Extreme Weather," ***New York Times***, April 26, 2012.
22 Harvey, "Scientists Attribute Extreme Weather."
23 Jeremy Rifkin, ***The Hydrogen Economy: The Creation of the Worldwide Energy Web and the Redistribution of Power on Earth*** (Tarcher, 2003).
24 U.S. Environmental Protection Agency, ***Global Greenhouse Gas Emissions Data, Trends in Global Emissions***, www.epa.gov/climatechange/ghgemissions/global.html#three.
25 United Nations Energy Programme, ***The Emissions Gap Report***, November 2010.
26 World Bank, ***Turn Down the Heat: Why a 4°C Warmer World Must be Avoided***, November 2012.
27 IPCC, ***Fourth Assessment Report***.
28 IEA, ***World Energy Outlook 2008***, International Energy Agency, 2008.
29 "Reaching 2009 International Climate Change Goals Will Require Aggressive Measures," ***Science Daily***, December 2, 2012.
30 Markus Becker, "Interview mit Dennis Meadows: 'Für eine globale Mobilmachung ist es zu spät' " ["Interview with Dennis Meadows: 'Too Late for a Global Mobilization' "], ***Spiegel Online***, December 4, 2012; and Jorgen Randers, 2052: ***A Global Forecast for the Next Forty Years***

(Chelsea Green, 2012).

31 Bill Pennington, "The Burden and Boon of Lost Golf Balls," **New York Times Golf Blog**, May 2, 2010.

32 Gazelle Emami, "9 Shocking Things Made from Oil," **Huffington Post**, May 25, 2011.

33 Zentrum für Transformation der Bundeswehr, Dezernat Zukunftsanalyse [Federal Defense Force Transformation Center, Future Analysis Branch], **Streitkräfte, Fähigkeiten und Technologien im 21, jahrhundert ‐ ‐ Umweltdimensionen von Sicherheit ‐ ‐ Teilstudie 1: Peak oil, Sicherheitspolitische Implikationen knapper Resourcen** [Armed Forces, Capabilities and Technologies in the 21st Century, Environmental Dimensions of Security, Sub-Study 1, Peak Oil, Security Policy Implications of Scarce Resources], November 2010.

34 IEA, **World Energy Outlook 2010**, International Energy Agency, November 2010.

35 ピークオイルの正確な時期については多くの議論を要する。"German Federal Defense Force Report"（注釈33参照）が述べているように、それは後年、過去を振り返ることによってのみ断定できる。

36 Rob Fisher and Sharad Apte, **Peak Oil: Does it Matter?** Bain & Company,December 15, 2010.

37 Zentrum für Transformation der Bundeswehr, **Streitkräfte**.

38 IEA, **World Energy Outlook 2010**.

39 Roland Berger Strategy Consultants, **Trend Compendium 2030**, 2011.

40 Kristie M. Engemann and Michael T. Owyang, **Unconventional Oil: Stuck in a Rock and a Hard Place**, Federal Reserve Bank of St. Louis, October 2007.

41 Pernille Seljom, Technology **Brief PS02, Unconventional Oil Production**, IEA Energy Technology Systems Analysis Programme, May 2010.

42 Ibid.

43 Ibid.
44 Engemann and Owyang, ***Unconventional Oil***.
45 Christian Tenbrock and Fritz Varenholz, "Amerika im Gasrausch" [America on a Gas High], ***Die Zeit***, February 7, 2013. In 2012, the U.S. Energy Information Administration revised its estimate of U.S. gas reserves down 42 percent (though they are still considerable).
46 UNICEF and the World Health Organization, Progress on Drinking Water and Sanitation, 2012 Update.
47 United Nations, ***Water: A Shared Responsibility: United Nations World Water Development Report 2***, 2006.
48 United Nations, ***Managing Water Under Uncertainty and Risk: United Nations World Water Development Report 4***, 2012.
49 United Nations, ***Water in a Changing World: United Nations World Water Development Report 3***, 2009.
50 Thomas Schlick and Dirk Kohlen, ***Automotive Insights: The Rare Earth Challenge***, Roland Berger Strategy Consultants, December 2011.
51 "China Warns its Rare Earth Reserves Are Declining," ***BBC News***, June 20, 2012.
52 Suranjana Roy Bhattacharya, "China's Rare Earths Production Is Becoming a Contentious Issue," ***Gulf News***, August 9, 2010.
53 Steve Gorman, "As Hybrid Cars Gobble Rare Metals, Shortage Looms, "***Reuters***, August 31, 2009.
54 Schlick and Kohlen, Automotive Insights.
55 レアアースの17の元素は下記である。dysprosium, erbium, europium, gadolinium, holmium, lanthanum, lutetium, neodymium, praseodymium, promethium, samarium, scandium, terbium, thulium, ytterbium, and yttrium.
56 Paul Toscano, "How Are Rare Earth Elements Used?" ***CNBC.com***, November 5, 2010.
57 Ralf Kalmbach, Wolfgang Bernhart, Philipp Grosse Kleinman, and

Marcus Hoffman, ***Automotive Landscape 2025: Opportunities and Challenges Ahead***, Roland Berger Strategy Consultants, 2011.

58 Roland Berger Strategy Consultants, ***Trend Compendium 2030***, 2011.

59 Rifkin, ***The Hydrogen Economy***.

60 Zentrum für Tranformation der Bundeswehr, Streitkräfte.

61 Reed Liver good, ***Current Issues No. 22-Rare Earth Elements: A Wrench in the Supply Chain?*** Center for Strategic and International Studies, 2010.

62 Michael Martina, "China Halts Rare Earth Production at Three Mines," ***Reuters***, September 6,2011; ***BBC News***, www.bbc.co.uk/news; and Keith Bradsher, 'After China's Rare Earth Embargo, a New Calculus, "***New York Times***, October 29,2010. http://www.nytimes.com/2010/ 10/301 Business/ global/30rare.html ?pagewanted=all

63 GRAIN, ***Seized: The 2008 Land Grab for Food and Financial Security***, October 24, 2008.

64 World Bank, ***Awakening Africa's Sleeping Giant: Prospects for Commercial Agriculture in the Guinea Savannah Zone and Beyond***, 2009.

65 Zentrum für Transformation der Bundeswehr, ***Streitkräfte***.

66 Peter Bunyard, ***Climate Chaos: Threat to Life on Earth*** (Educar Editores, 2010).

67 Kira Matus et al., ***Health Damages from Air Pollution in China***, Massachusetts Institute of Technology, Joint Program on the Science and Policy of Global Change, March 2011.

68 John Vidal, "2010 Could Be Among Warmest Years Recorded by Man," ***The Guardian***, June 2, 2010.

69 Nathan van der Klippe, "Northwest Passage Gets Political Name Change, "***Edmonton Journal***, April 9, 2006.

70 Tom Mitchell and Richard Milne, "Chinese Cargo Ship Sets Sail for Arctic Short Cut," ***Financial Times***, August 11, 2013.

71 Gail Whiteman, Chris Hope, and Peter Wadhams, "Climate Science: Vast Costs of Arctic Change," ***Nature***, July 25,2013; John Vidal, "Rapid Arctic Thawing Could Be Economic Timebomb, Scientists Say," ***The Guardian***, July 25,2013.

72 KPMG, Corporate Sustainability: A Progress Report 2011.このレポートでは、年間の売り上げが50億USドル以上を大企業と定義している。

73 Ron Pernick, Clint Wilder, and Trevor Winnie, ***Clean Energy Trends 2012***, Clean Edge, March 2012.

74 James Melik, "China Leads World in Green Energy Investment," ***BBC News***, September 16, 2011.

75 Ken Shulman, "Think Green," ***Metropolis***, August/September 2001.

76 Ibid.

77 Florence Williams, "Prophet of Bloom," ***Wired***, October 2002.

78 "Business Week I Architectural Record Awards," ***Architectural Record***, 2004.

79 Mary-Anne Toy, "China's First Eco-Village Proves a Hard Sell," ***The Age***, August 26, 2006.

80 Rod Newing, "Credibility and Integrity Are Vital Elements," ***Financial Times***, June 7, 2010.

81 Bertelsmann Foundation, ***Bürger wollen kein Wachstum um jeden Preis*** [Citizens Don't Want Growth at Any Price], August 2011.

82 National Geographic and GlobeScan, ***Greendex 2012: Consumer Choice and the Environment, Highlights Report***, July 2012.

83 KPMG, ***Corporate Sustainability***.

84 Guy Chazan, "Total Warns Against Oil Drilling in Arctic," ***Financial Times***, September 25, 2012.

85 Peter Senge et al., ***The Necessmy Revolution: How Individuals and Organizations Are Working Together to Create a Sustainable World*** (Doubleday, 2008).

第3章

1 Pkw-Markt, "Modellvielfalt wächst weiter" [Number of Car Models Grows Again], **Auto-Presse**, FetJruary 1, 2006.

2 "China's Higher Education Students Exceed 30 Million," **People's Daily Online**, March 11, 2011.

3 "Mehr Väter in Elternzeit" [More Fathers on Paternity Leave], **Frankfurter Allgemeine Zeitung**, December 3, 2010.

4 "Jeder fünfte Vater bezieht Elterngeld" [One in Five Fathers Receive Paternity Pay], **Der Spiegel**, August 3,2010.

5 Allegra Stratton, "Training Sche, me Sees 900% Rise in Apprenticeships for Over-60s," **The Guardian**, November 14, 2011.

6 Abraham Maslow, "A Theory of Human Motivation," **Psychological Review**, 1943.

7 Ronald Inglehart, **The Silent Revolution: Changing Values and Political Styles Among Western Publics** (Princeton University Press, 1977).

8 "Bollywood's Expanding Reach," **BBC News**, May 3,2012; and Anita N. Wadhwani, "'Bollywood Mania' Rising in United States," America.gov, August 9, 2006.

9 "Nigeria Surpasses Hollywood as World's Second Largest Film Producer UN," United Nations News Centre, May 5, 2009; and Dialika Krahe, "Nollywood's Film Industry Second Only to Bollywood in Scale," **Spiegel Online International**, April 23, 2010.

10 Jip de Lange, Alessandro Longoni, and Adriana Screpnic, "Online Payments 2012: Moving Beyond the Web," **Ecommerce Europe**, 2012.

11 "Internet World Stats," www.internetworldstats.com.

12 Lim Yung-Hui, "1 Billion Facebook Users on Earth: Are We There Yet?" **Forbes**, September 2012.

13 Ibid.

14 Dave Lee, "Facebook Surpasses One Billion Users as It Tempts New

Markets," ***BBC News***, October 5, 2012.

15 Ingrid Lunden, "Twitter Passed 500M Users in June 2012, 140M of Them in US; Jakarta 'Biggest Tweeting' City," ***TechCrunch***, July 2012.

16 Michael Rundle, "China is Twitter's Most Active Country (Despite It Being Banned There)," ***Huffington Post***, September 26, 2012.

17 Juri Allik and Anu Realo, "Individualism-Collectivism and Social Capital," ***Journal of Cross-Cultural Psychology***, January 2004.

18 Geert Hofstede, ***Culture's Consequences: Comparing Values, Behaviors, Institutions, and Organizations Across Nations*** (Sage Publications, 2001).

19 Ibid.

20 Carl Bialik, "Starbucks Stays Mum on Drink Math," ***WSJ Blogs***, April 2, 2008.

21 Andrew Trotman, "A Latte? That's Now a 'Really, Really Milky Coffee' in Debenhams," ***Daily Telegraph***, November 2,2012; and Rachel Tepper, "Debenhams, British Department Store, to Drop 'Confusing' Coffee Terms," ***Huffington Post***, October 31,2012.

22 Barry Schwartz, ***The Paradox of Choice: Why More Is Less*** (HarperCollins, 2005).

23 Henry Ford, My Life and Work (Ford & Crowther, 1922). フォード社のModel Tは当初いくつかの色で提供されていたが、その後、黒のみ製造された。

24 Frank T. Piller, ***Observations on the Present and Future of Mass Customization*** (Springer Science+Business Media, 2008).

25 Chris Anderson, 'The Long Tail," ***Wired***, October 2004.

26 Ibid.

27 Piller, ***Observations on the Present***.

28 Chris Anderson, ***The Long Tail: Why the Future of Business Is Selling Less of More*** (Hyperion Press, 2006).

29 Geoffrey A. Fowler, "Face book: One Billion and Counting," ***Wall Street***

Journal, October 5, 2012.
30 Lim, "1 Billion Facebook Users."
31 Lunden, "Twitter Passed 500M."
32 "Facebook Statistics by Country," www.socialbakers.com.
33 LinkedIn corporate website.
34 Hayley Tsukayama, "Your Facebook Friends Have More Friends than You," **Washington Post**, February 3, 2012.
35 Hay Group, **Stepping into Their Shoes: Engaging the Next Generation in Malaysia**, November 2011.
36 Avelyn Ng, "Work-Life Balance More Important than Salary: Survey,"Channelnewsasia.com, November 22, 2011.
37 Jens Hartmann and Andre Tauber, "Warum GrolSkonzerne in Deutschland Kitas bauen" [Why Large Firms Are Building Kindergartens in Germany], **Die Welt**, January 17, 2013.
38 Hay Group, **Stepping into Their Shoes**.
39 Jeanne Meister, "Job Hopping Is the 'New Normal' for Millennials: Three Ways to Prevent a Human Resource Nightmare," **Forbes**, August 14, 2012.
40 Kelly Services, **Global Workforce Index**, September 2012.
41 Jamie Peck, "Struggling with the Creative Class," **International Journal of Urban and Regional Research**, December 2005.
42 Richard L. Florida, **The Rise of the Creative Class and How It's Transforming Work, Leisure, Community and Everyday Life** (Basic Books, 2002).
43 コミュニケーションの専門家は、ジェネレーションYについて1970年代から2000年代のさまざまな時点で生まれた人々と特定しているが、1980年代および1990年代生まれがもっとも広く受け入れられた定義である。
44 Hay Group, **Stepping into Their Shoes**.
45 "Retention of Gen Y Is Biggest Concern for Managers," **Executive Grapevine**, December 7, 2012.

46　Sue Honoré and Carina Paine Schofield, **Generation Y and Their Managers Around the World**, Ashridge Business School, November 2012.

47　Tom Newcombe, "Managers Concerned for the Future Because of Gen Y, Says Ashridge," **HR Magazine**, December 3, 2012.

48　Ibid.

49　Hay Group, **Stepping into Their Shoes**.

50　Klaus Werle, "Karriere? Ohne mich!" [Career? Without Me!], **Der Spiegel**, August 27, 2012.

51　Klaus Werle, "Wer will noch Chef werden?" [Who Still Wants to Be Boss?], **manager magazin**, August 24, 2012.

52　Steven B. Wolff, Ruth Wageman, and Mary Fontaine, "The Coming Leadership Gap: An Exploration of Competencies That Will Be in Short Supply," **International Journal of Human Resources Development and Management**, February 2009.

53　Klaus Werle, "Karriere? Ohne mich!"

54　Bettina Dobe, "Ein Jahr Bundesfreiwilligendienst: Wartelisten fur die Bewerber" [A Year of the Federal Voluntary Service: Waiting Lists for Applicants], **Frankfurter Allgemeine Zeitung**, July 1, 2012.

55　European Bureau for Conscientious Objection, **Report to the Committee on Civil Liberties, Justice and Home Affairs of the European Parliament**, September 2012.

第4章

1　Natasha Wilson, "Swedish 'Nerds' Petition to Get Definition Changed in Dictionary," **Digital Spy**, November 3, 2012.

2　Kathryn Westcott, "Are 'Geek' and 'Nerd' Now Positive Terms?" **BBC News Magazine**, November 16, 2012.

3　ODM Group, "Social Media, How It Impacts Your Business Now," YouTube, May 26, 2011; www.youtube.com/watch?v=ukA2zKGQClk.

4   Infographic Labs, *Facebook 2012*, February 15, 2012; and ODM Group, "Social Media."

5   Rip Empson, "How's Skype Doing at MSFT? Usage Jumps 50%, Users Logged 115B Minutes of Calls Last Quarter," Tech Crunch, July 19, 2012.

6   ODM Group, "Social Media."

7   "Call of Duty® : Black Ops™ Delivers Engaging Online Experience That Connects Millions of Players Everyday," Activision press release, December 24, 2010.

8   Lev Grossman, "Google Wave: What's All the Fuss About?" *Time*, October 19, 2009.

9   Klaus Goldhammer et ai., Mobile Life Report 2012: *Mobile Life in the 21st Century, Status Quo and Outlook*, Gold media, 2008.

10 Rolf R. Hainich, *The End of Hardware* (Booksurge, 2009).

11 John Palfrey and Urs Gasser, *Born Digital: Understanding the First Generation of Digital Natives* (Basic Books, 2010).

12 ODM Group. "Social Media."

13 Cisco, *Connected World Technology Report*, 2011.

14 Carl Johnson, "The Internet: Can't Live Without It," *Forbes*, November 2, 2011.

15 Cisco, *Connected World Technology*.

16 Antony Mayfield, *Me and My Web Shadow: How to Manage Your Reputation Online* (A&C Black, 2010).

17 Cisco, *Connected World Technology*.

18 Jeffrey Rosen, "The Web Means the End of Forgetting," *New York Times*, July 21, 2010.

19 Mayfield, *Me and My Web Shadow*.

20 Bernhard Warner, "How to be unGoogleable," *London Times*, May 28, 2008.

21 Veit Medick and Severin Weiland, "German Agency to Mine Facebook to Assess Creditworthiness," *Spiegel Online International*, June 7, 2012.

22 Michael Fertik, "Your Future Employer Is Watching You Online, You Should Be Too," **HBR Blog Network**, April 3, 2012.
23 Susan Adams, "More Employers Using Social Media to Hunt for Talent," **Forbes**, July 13, 2011.
24 ODM Group, "Social Media."
25 Chris Anderson, **The Impact of Social Media on Lodging Performance**, Cornell University Center for Hospitality Research, 2012.
26 "Berkeley Economists Study Link Between Online Reviews and Restaurant Bookings," **Review Trackers**, September 6, 2012.
27 CSIMarket, "eBay Inc. Active' Users," August 2013.
28 "eBay Inc. Reports Strong Fourth Quarter and Full Year 2011 Results," eBay press release, January 18,2012.
29 Craigslist website, www.craigslist.org/aboutlfactsheet.
30 Ian Cowie, "Bank Chief Claims Peer-to-Peer Lenders Could Replace Banks," **Daily Telegraph**, December 17, 2012.
31 Ellen Lee, "As Wikipedia Moves to S.F., Founder Discusses Planned Changes," San Francisco Chronicle, November 30, 2007.
32 Kickstarter website, www.kickstarter.com.
33 Cowie, "Bank Chief Claims."
34 "Peer-to-Peer Finance Celebrates its 7th Birthday as UK Banks Inflict the Highest Lending Rates in Recorded History," Zopa press release, March 6, 2012.
35 Sharlene Goff, "Peer-to-Peer Lending: Model Takes Off Worldwide, "**Financial Times**, June 13, 2012.
36 Patrick Collinson, "Vince Cable Launches £110m Loan Scheme Aimed at Small Firms," **The Guardian**, December 12, 2012.
37 Goff, "Peer-to-Peer Lending."
38 Elaine Moore and Jonathan Moules, "Peer-to-Peer Loans Company Closes," **Financial Times**, December 7, 2011.
39 Margareta Pagano, "Bank Supremo: Peer-to-Peer Lending Is a Good

Reason to Be Cheerful," *The Independent*, December 17, 2012.

40. Google Apps Documentation and Support, "Gmail App for Blackberry End of Life announcement," support.google.com/a/bin/answer.py?hl=en -uk&hlrm=en -uk&hlrm=en -uk&hlrm=en&answer= 1 733075.

41. 'American Diversified Holdings Corporation Formally Enters $160 Billion Cloud Computing Industry," American Diversified Holdings press release, June 29, 2012.

42. Holm Friebe and Sascha Lobo, *Wir nennen es Arbeit: Die digitale Boheme oder: Intelligentes Leben jenseits der Festanstellung* [We Call It Work: The Digital Bohemians, or Life Beyond Fixed Employment] (Heyne, 2006).

43. Holm Friebe, "The Digital Bohemians," Goethe Institut, September 2006.

44. Reuven Gorsht, "Unemployed? Buy An iPhone," Forbes, January 4,2013;Benedikt Fuest, "Das virtuelle Büro ist die Basis für die Zukunft"[The Virtual Office Is the Basis for the Future], *Die Welt*, January 19,2013;and Jessica Leeder, "Virtual Offices Are Altering the Future of Work," *Globe and Mail*, December 28, 2012.

45. Fuest, "Das virtuelle Büro."

46. もちろん年長の世代でデジタルテクノロジーの使用において著しく有能な人々も存在する。しかし、若い世代の方がそれをより容易にこなせると言っても決して一般化しすぎているとは言えない。

47. Shane Hickey and Fiona Ellis, "PricewaterhouseCoopers Staff Brought to Book Over Raunchy Emails," *Belfast Telegraph*, November 10, 2010; and Claire Murphy, "Now KPMG Under Fire as Sexist Email Surfaces," *Evening Herald*, November 11, 2010.

48. Evelyn Rusli, "Unvarnished: A Clean, Well-Lighted Place for Defamation," *Tech Crunch*, March 30, 2010.

49. Rusli, "Unvarnished"; Ki Mae Heussner, "Honestly. com Wants You to Rate Your CO-Workers," ABC News, October 19, 2010; and Marshall Kirkpatrick, "Unvarnished: Is Pete Kazanjy an Evil Genius?" *ReadWrite*,

March 30, 2010.

50 Heussner, "Honestly. com Wants You."

51 Ibid.

52 Jason Kincaid, "Cube duel: Hot or Not Meets LinkedIn. Your Darker Side Will Love It," **Tech Crunch**, January 13, 2011.

53 John Cook, "LinkedIn Shuts Down Cubeduel, the Viral Co-Worker Rating Service," **Puget Sound Business Journal**, January 14, 2011.

54 Michael Arrington, "Reputation Is Dead: It's Time to Overlook Our Indiscretions," **Tech Crunch**, March 28, 2010.

55 Annika Breidthardt, "Annette Schavan Resigns: German Education Minister Quits Amid Plagiarism Scandal," **Huffington Post**, February 9, 2013; "Germany's Education Minister Annette Schavan Quits Over 'Plagiarism' Row," The Independent, February 9, 2013; and "German Education Minister Quits Over PhD Plagiarism," **The Guardzan**, February 9, 2013.

56 Stephen Evans, "German Minister Annette Schavan Quits Over 'Plagiarism': Analysis," **BBC News**, February 9, 2013.

57 Christoph Amend, "Unter Verdacht" [Under Suspicion], **Die Zeit**, January 31, 2013.

58 John K. Mullen, "Digital Natives Are Slow to Pick up Nonverbal Cues," **Harvard Business Review Blog Network**, March 16, 2012.

59 Adam Hartley, "'Digital Natives' Lack Social Skills and Suffer Increased Attention Deficit Disorder," **TechRadar**, October 28, 2008.

60 Ibid.

61 Mullen, "Digital Natives Are Slow."

62 Steven B. Wolff, Ruth Wageman, and Mary Fontaine, "The Coming Leadership Gap: An Exploration of Competencies That Will Be in Short Supply," **International Journal of Human Resources Development and Management**, February 2009.

63 "Yahoo Acquires Summly App," **Yahoo! Finance**, March 27, 2013; and

Heesun Wee, "Meet the 17-Year-Old Who Is Reinventing News," ***CNBC.com***, November 16, 2012.

64 Ian Kar, "Summly: 5 Fast Facts You Need to Know," ***Heavy.com***, March 27, 2013.

65 Tim Bradshaw, "News App Makes Millionaire of Web Whizz Kid," ***Financial Times***, March 25, 2013.

66 Ibid.

67 "Use of Personal Mobile Devices in the Workplace to Double by 2014," ***BCS***, August 8, 2012.

68 Shara Tibken, "Danger-to-Go," ***Wall Street Journal (Europe Edition)***, September 25, 2011.

69 Cisco, ***Connected World Technology***.

70 Ian Cook, ***BYOD-Research Findings Released***, CXO Unplugged, November 28, 2012.

71 Greg Ferenstein, "Why Banning Social Media Often Backfires," ***Mashable***, April 13, 2010.

72 Sharon Gaudin, "Study: 54 Percent of Companies Ban Facebook, Twitter at Work," ***Wired***, September 10, 2009.

73 James Surowiecki, "In Praise of Distraction," ***The New Yorker***, April 11, 2011.

74 Adi Gaskell, "Banning Social Media at Work Is Useless," ***Technorati***, December 20, 2011.

75 Iain Thompson, "Facebook Ban Could Lead to Staff Exodus," V3.co.uk, June 5, 2008.

76 Oscar Wilde, ***The Picture of Dorian Gray*** (1890).

第 5 章

1 "Population Seven Billion: UN Sets Out Challenges," ***BBC News***, October 26, 2011.

2 "U.S. and World Population Clock," U.S. Census Bureau, U.S. Department

of Commerce, www.census.gov/popclock/.
3   United Nations Population Division, **World Population Prospects**, 2002 Revision; and "World Population to Reach 10 Billion by 2100 if Fertility in All Countries Converges to Replacement Level," United Nations press release, May 3, 2011.
4   Sarah Harper, **Ageing Societies: Myths, Challenges and Opportunities** (Hodder Arnold, 2006).
5   Sebastian Mallaby, "Japan Should Scare the Eurozone," **Financial Times**, December 11, 2012.
6   "Meet the Most Typical Person on Earth," **The Week**, March 7, 2011.
7   "World's Population to Reach 7 Billion this Month," **Daily' Telegraph**, October 17, 2011.
8   "World Population to Reach 10 Billion."
9   United Nations Department of Economic and Social Affairs, International Migration 2006, March 2006. The seventh country was the United States.
10 Joel E. Cohen, **Beyond Population: Evelyone Counts in Development**, Center for Global Development, July 2010.
11 Deutsche StiftungWeltbevölkerung [German World Population Foundation], **Datenreport: Soziale und demographische Daten zur Weltbevölkerung** [Data Report: Social and Demographic Data on the World's Population],2007.
12 United Nations Population Division, **Replacement Migration: Is It a Solution to Declining and Aging Populations? 2000**.
13 Guan Xiaofeng, "Most People Free to Have More Child [sic]," **China Daily**, July 11, 2007.
14 effrey Kluger, "China's One-Child Policy: Curse of the 'Little Emperors,'" **Time**, January 10, 2013.
15 Science magazine podcast, January 11, 2013.
16 Alexa Olesen, "Experts Challenge China's 1-Child Population Claim,"

Associated Press, October 27, 2011.
17. "400 Million Births Prevented by One-Child Policy," ***People's Daily***, October 28, 2011.
18. "China Faces Growing Gender Imbalance," ***BBC News***, January 11, 2010.
19. Dominic Bailey, Mick Ruddy, and Marina Shchukina, 'Ageing China:Changes and Challenges," ***BBC News***, September 20, 2012.
20. Malcolm Moore, "China: The Rise of the 'Precious Snowflakes'," ***Daily Telegraph***, January 8, 2012.
21. Kluger, "China's One-Child Policy."
22. 心理学者らによると、これらの特長のいくつかには特定の定義があることを注記する。たとえば、誠実性（まめ、几帳面、細部重視）、悲観的（不安、防衛的）、神経症的傾向（不安、緊張）など。
23. L. Cameron et al., "Little Emperors: Behavioral Impacts of China's One-Child Policy," ***Science***, January 10, 2013.
24. "China's One-Child Policy 'Has Created Risk Averse Little Emperors'," ***Daily Telegraph***, January 11, 2013.
25. "China Thinktank Urges End of One-Child Policy," ***The Guardian***, October 31,2012; and Tom Phillips, "Chinese Academics Urge End to One-Child Policy," ***Daily Telegraph***, July 5,2012.
26. "China Thinktank Urges End."
27. United Nations, World Population Ageing: 1950-2050, 2002.
28. United Nations, ***Population Facts***, April 2012.
29. United Nations, ***Population Challenges and Development Goals***, 2005.
30. Alex Spillius and Julian Ryall, "World Faces Ageing Population Time Bomb, Says UN," ***Daily Telegraph***, October 1, 2012.
31. Carl Haub, "World Population Aging: Clocks Illustrate Growth in Population Under Age 5 and Over Age 65," Population Reference Bureau, January 2011.
32. IMP, ***Global Financial Stability Report***, International Monetary

Fund, April 2012.
33. Philippa Roxby, "Is There a Limit to Life Expectancy?" ***BBC News***, March 19, 2011.
34. Ibid.
35. "Into the Unknown," ***The Economist***, November 18, 2010.
36. Hiroshi Yoshikawa, "Japan's Aging Population and Public Deficits," ***East Asia Forum***, June 21, 2012.
37. "Into the Unknown."
38. Julian Ryall, "Japan's Population Contracts at Fastest Rate Since at Least 1947," ***Daily Telegraph***, January 3, 2012.
39. "Into the Unknown."
40. Ibid.
41. Yoshikawa, "Japan's Aging Population."
42. "Into the Unknown."
43. Takashi Oshio and Akiko Sato Oishi, ***Social Security and Retirement in Japan: An Evaluation Using Micro-Data***, National Bureau of Economic Research, January 2004.
44. "Aging Populations in Europe, Japan, Korea, Require Action," ***India Times***, March 22, 2000.
45. OECD, ***Factbook 2011-2012: Economic, Environmental and Social Statistics***, 2012.
46. Richard Cincotta, ***Population Aging: A Demographic and Geographic Overview***, National Intelligence Council, Global Trends 2030 website, July 30, 2012.
47. "World Briefing-Asia: Japan Most Elderly Nation," ***New York Times***, July 1, 2006.
48. Tim Ross, and James Kirkup, "Steve Webb: The Era of Early Retirement Is Over," ***Daily Telegraph***, January 9, 2013.
49. Mallaby, "Japan Should Scare."
50. Laurence Kotlikoff, "What Neither Candidate Will Admit-Social Security

Is Desperately Broke," ***Forbes***, July 13, 2012.

51 William Selway, "U.S. States Pension Fund Deficits Widen by 26%, Pew Center Study Says," Bloomberg, April 26, 2011.

52 Ross and Kirkup, "Steve Webb."

53 Hay Group, ***The War for Leaders: How to Prepare for Battle***, December 2007.

54 V. Rukmini Rao and Lynette Dumble, "Why the World Is More Dangerous with Fewer Girls," ***The Age***, January 17, 2013.

55 Amartya Sen, "More Than 100 Million Women Are Missing," ***New York Review of Books***, December 20, 1990.

56 Monica Das Gupta et al., ***Why Is Son Preference so Persistent in East and South Asia? A Cross-Country Study of China, India, and the Republic of Korea***, World Bank, January 2003.

57 Monica Das Gupta, "Cultural Versus Biological Factors in Explaining Asia's 'Missing Women': Response to Oster," ***Population and Development Review***, June 2006.

58 Rao and Dumble, "Why the World."

59 Das Gupta et al., ***Why Is Son Preference***.

60 Rao and Dumble, "Why the World."

61 Ibid.

62 Sen, "More Than 100 Million."

63 Tasneem Siddiqui, "Migration and Gender in Asia," UN Expert Group Meeting on International Migration and Development in Asia and the Pacific, September 19, 2008.

64 ***International Migration Report 2009: A Global Assessment***, United Nations Department of Economic and Social Affairs, December 2011.

65 "UNFCCC Executive Secretary Says Significant Funds Needed to Adapt to Climate Change Impacts," United Nations Framework Convention on Climate Change press release, April 6, 2007.

66 Robert 0 ., Future ***Trajectories of Migration and Issues Policy Makers Will Face-Migration and Europe***, National Intelligence Council, Global Trends 2030 website, July 9, 2012.

67 ムーアの法則とは、コンピュータ業界で確立された原則である。集積回路のトランジスタの個数は2年ごとに倍増し、その効果としてコンピュータの処理能力を倍にする。

68 Hay Group, ***The War for Leaders***.

69 Richard van Noorden, "Global Mobility: Science on the Move," ***Nature***, October 17, 2012.

70 Hay Group analysis.

71 Jane Qiu, "China Targets Top Talent from Overseas," ***Nature***, January 28, 2009; and van Noorden, "Global Mobility."

72 Robert a., Future Trajectories.

73 ***The MetLife Study of Working Caregivers and Employer Health Care Costs: New Insights and Innovations for Reducing Health Care Costs for Employers, University*** of Pittsburgh, Institute on Aging, February 2010.

74 "Your U.S. Benefits Program: Winning with Wellness," Hewlett Packard brochure, January 2013; and IBM website.

75 Thomas öchsner, "Weniger als 200 Deutsche nutzen Pflege-Auszeit" [Less than 200 Germans Use Care Leave], Süddeutsche Zeitung, December 28, 2012; and OECD, "Help Wanted? Providing and Paying for Long-Term Care," Organisation for Economic Co-operaton and Development, May 18, 2011.

76 Sylvia Ann Hewlett and Ripa Rashid, ***Winning the War for Talent in Emerging Markets: Why Women Are the Solution*** (Harvard Business Press Books, 2011).

77 Rahim Kanani, "Winning the War for Talent in Emerging Markets: Why Women Are the Solution," ***Forbes***, September 6, 2011.

78 Michael Austin, "India's Missing Women," ***The American***, January 10,

2013.

79 Kanani, "Winning the War."
80 Ibid.
81 World Economic Forum, **Corporate Gender Gap Report**, 2010.
82 Kanani, "Winning the War."
83 Ibid.
84 Hewlett and Rashid, **Winning the War**.
85 Kanani, "Winning the War."
86 Hewlett and Rashid; Winning the War.
87 Kanani, "Winning the War."

第6章

1 Paul Taylor et aI., "Samsung Gets Ticking with Smartwatch Launch."Financial Times, September 4, 2013.
2 Lance Laylner, "Did Steve Jobs Study Star Trek?" **Edit International**, 2011; Michael Cooney, "The Top 10 Real-Life Star Trek Inventions," Network World, February 11, 2007; and Reed Farrington, "Treknobabble #50: Top 10 Star Trek Inventions in Use Today," www.filmjunk.com. January 21, 2009.
3 "Probable Quotes from History," **The MATYC [Mathematics Association of Two- Year Colleges] journal**12, no. 3, Fall 1978, p. 189.
4 Vincenzo Balzani, Alberto Credi, and Margherita Venturi, "Molecular Devices and Machines," **Nano Today**, April 2007.
5 K. Eric Drexler, Chris Peterson, and Gayle Pergamit, **Unbounding the Future: The Nanotechnology Revolution** (William Morrow, 1991).
6 Bill Joy, "Why the Future Doesn't Need Us," **Wired**, April 4, 2000.
7 "As Nanotechnology Goes Mainstream, 'Toxic Socks' Raise Concerns; Unknown Risks from Nanosilver Cited," **Science Daily**, April 7, 2008.
8 "Market Research Forecast Tissue Engineering Market at $11 Billion

by2012," Marketresearch.com, February 15, 2012.
9   Manik Surtani, "On Ubiquitous Computing," talk presented at the Institute of Physics conference Physics in Perspective 2012, February 14, 2012.
10 Joy, "Why the Future."
11 Caroline Perry, "What Ultra-Tiny Nanocircuits Can Do," **Harvard Gazette**, February 9, 2011.
12 "Columbia Engineers Prove Graphene Is the Strongest Material," www.columbia.edu, July 21, 2008.
13 Alex Hudson, "Is Graphene a Miracle Material?" BBC News, May 21, 2011.
14 "Columbia Engineers Prove."
15 Hudson, "Is Graphene a Miracle."
16 Anna Kurkijärvi, "Hero Material: 10 Fascinating Facts About Graphene," **Conversations by Nokia**, conversations.nokia.com, February 7, 2013.
17 Hudson, "Is Graphene a Miracle."
18 Nidhi Subbaraman, "Flexible Touch Screen Made with Printed Graphene," **MIT Technology Review**, June 21, 2010.
19 "Graphene and Human Brain Project Win Largest Research Excellence Award in History, as Battle for Sustained Science Funding Continues," European Commission press release, January 28,2013; and Iain Thompson, "Nokia Shares $1.35bn EU Graphene Research Grant," The Register, February 1, 2013.
20 Hudson, "Is Graphene a Miracle."
21 Simon Karger, "The Cutting Edge of Surgery," Cambridge Consultants, Autumn 2012.
22 Ray Kurzweil, "Bring on the Nanobots, and We Will Live Long and Prosper," **The Guardian**, November 22, 2007.
23 Anne Trafton, "Turning Off Cancer Genes," **MIT News**, November 16, 2010; and Kurzweil, "Bring on the Nanobots."

24 Andrew Goldman, "Talk: Ray Kurzweil Says We're Going to Live Forever," **New York Times**, January 25, 2013.
25 "Nanotechnology in Food," UnderstandingNano.com.
26 Emily Sohn, "Scorpion Venom Tapped as Pesticide," ABC, January 20, 2010; and Bob Beale, "Funnel Webs Reduce Insecticide Need," ABC, July 7, 2003.
27 Kurzweil, "Bring on the Nanobots."
28 Farhad Manjoo, "The Bully on the Night Stand," **New York Times**, June 27, 2012.
29 Nick Goldman et al., "Towards Practical, High-Capacity, Low-Maintenance Information Storage in Synthesized DNA," Nature, May 15, 2012; "Test-Tube Data," The Economist, January 26,2013; and Robert R Service, "Half a Million DVDs in Your DNA," **Science**, January 23, 2013.
30 "7 Massive Ideas That Could Change the World," **Wired**, January 17, 2013.
31 www.pipistrel.si.
32 Grant Naylor, **Better Than Life** (Penguin, 1991).
33 Steve Connor, "Students Could Face Compulsory Drug Tests as Rising Numbers Turn to 'Cognitive Enhancers' to Boost Concentration and Exam Marks," **The Independent**, November 7, 2012.
34 W. S. Bainbridge, **Converging Technologies (NBIC)**, U.S. National Science Foundation, 2003.
35 Stephen Harris, "Cyborg Pioneer Prof Kevin Warwick," **The Engineer**, October 3, 2011.
36 M. N. Gasson et al., "Invasive Neural Prosthesis for Neural Signal Detection and Nerve Stimulation," **International Journal of Adaptive Control and Signal Processing**, June 2005.
37 University of Reading website, www.reading.ac.uk/.
38 Kevin Warwick et al. , "Thought Communication and Control: A First Step Using Radiotelegraphy," **IEE Proceedings Communications**,

June 25, 2004.

39 Joy, "Why the Future."

40 CIA, The Darker Bioweapons Future, Central Intelligence Agency, November 3, 2003.

41 K. Eric Drexler, **Engines of Creation: The Coming Era of Nanotechnology** (Anchor Books, 1986); and Joy, "Why the Future."

42 Henry David Thoreau, **Walden** (Ticknor and Fields, 1854).

43 Jeff Klein, "Only Time Will Tell if Nanotechnology Will Be the 'New Asbestos'," **Boulder Business Law Advisor**, March 25, 2011.

44 Steven Vaughan, "Laying Down the Law on Nanotechnology," **The Guardian**, June 11, 2012.

45 Klein, "Only Time Will Tell."

46 James Abbey, "Nanotechnology: Market Growth and Regional Initiatives," **Connexions**, April 11, 2012.

47 Donald Light, "A Scenario: The End of Auto Insurance," **Celent**, May 8, 2012.

48 Lucintel, **Global Motor Vehicle Insurance IndustlY 2012-2017: Trend, Profit, and ForecastAnalysis**, June 2012.

49 Chunka Miu, "Fasten Your Seatbelts: Google's Driverless Car Is Worth Trillions (Part 1)," **Forbes**, January 22, 2013.

50 Jonathan Cohn, "The Robot Will See You Now," **The Atlantic**, March 2013.

51 "DNA Nanorobot Triggers Targeted Therapeutic Responses," **Science Daily**, February 16, 2012.

52 Alice Park, "Top 10 Medical Breakthroughs: 7. Speeding DNA-Based Diagnosis for Newborns," **Time**, December 4, 2012.

53 Matt Ridley, "Editing Our Genes, One Letter at a Time," **Wall Street Journal**, January 11, 2012; and Randall Parker, "New Gene Editing Technique to Revolutionize Gene Therapy?" **Future Pundit**, January 8, 2012.

54 Jeremy J. Song et al., "Regeneration and Experimental Orthotopic Transplantation of a Bioengineered Kidney," **Nature Medicine**, April 14, 2013; and James Gallagher, "Scientists Make 'Laboratory-Grown' Kidney," **BBC News**, April 15, 2013.

55 Masahito Tachibana et al., "Human Embryonic Stem Cells Derived by Somatic Cell Nuclear Transfer," **Cell**, May 15, 2013; and Ian Sample, "Human Embryonic Stem Cells Created from Adult Tissue for First Time," **The Guardian**, May 15, 2013.

56 "The Third Industrial Revolution," **The Economist**, April 21, 2012; Tim Hulse, "Big in 2013: 3D Printing," **BA Business Life**, January 1, 2013; and Alexander Hotz, "3D Printers Shape Up to Lead the Next Technology Gold Rush," **The Guardian**, October 5, 2012.

57 "The Third Industrial Revolution."

58 Spencer Thompson, "3D Printing Is Coming-So Let's Not Strangle the Industry at Birth," **The Guardian**, October 16, 2012; and "The Third Industrial Revolution."

59 "The Third Industrial Revolution"; and Hotz, "3D Printers Shape Up."

60 "The Third Industrial Revolution."

61 RobertA. Guth, "How 3-D Printing Figures to Turn Web Worlds Real," **Wall Street Journal**, December 12, 2007.

62 "The Third Industrial Revolution."

63 Thompson, "3D Printing Is Coming."

64 James Legge, "US Government Orders CodyWilson and Defense Distributed to Remove Blueprint for 3D-Printed Handgun from the Web," The Independent, May 10, 2013.

65 Rosabeth Moss Kanter, "To Create Jobs, Break the ICE-Innovate, Collaborate, Educate," Huffington Post, June 24, 2012; and Darren Murph, "Verizon's Innovation Center: Incubating the Next Generation of Connected Devices Keeps the 'Dumb Pipe' Naysayers at Bay," **engadget**, June 3, 2013.

66　IBM, ***Leading Through Connections: Insights from the Global Chief Executive Study***, 2012.
67　Hay Group, ***Best Companies for Leadership***, 2012.
68　Ariel Schwartz, "The Future of Work: Quantified Employees, Pop-Up Workplaces, and More Telepresence," ***Fast Company***, January 23, 2013.
69　Alex McNally, "Nestle Buys Novartis Medical Nutrition in Long-Awaited Deal," Nutraingredients.com, July 2, 2007.

第7章

1　もちろんこれは、株式公開企業にも未公開企業にもあてはまる。これらの2つの所有形態とそれがリーダーシップに与える違いについては、本書のスコープ外である。
2　ローカル市場の違いの度合いは、業界によって異なる。たとえば、FMCG（日用消費財）業界では自動車のようなプラットフォームを基盤とする業界より顕著である。しかし、自動車業界でさえ、標準化されたプラットフォームが、たとえばドイツの部品サプライヤーが中国のOEM会社との間でビジネスを獲得するために役には立たない。
3　Maxim Duncan and Clare Jim, "Foxconn China Plant Closed After 2 000 Riot," ***Reuters***, September 24, 2012.
4　***New Oxford Dictionmy of English*** (Oxford University Press, 1998).
5　この若い労働者のポジティブな現象は、特に、いくつかの国で失業率が過去最高に達したヨーロッパにおいては、現在おかれている経済状況と食い違うように見えるかもしれない。これは経済危機の結果であり、銀行業界の特別な状況による短期的な信用危機によって起こったことである。また、Nicholas Naseem Talabが著書"Fooled by Randomness"（Random House, 2001）でブラックスワンと呼んだものによる。ブラックスワンは、長期的で広範囲にわたるメガトレンドとは異なる。金融危機の影響を受けた経済圏は、2030年には大きく異なった状況となっていると合理的に予測可能である。
6　ドイツの社会学者Andreas Reckwitzは、慣習(Practice)を「定型化された

行動(routinized behavior)」と定義している。これは身体的および精神的活動、目的とその活用、背景知識および理解、ノウハウ、心理状態、動機的知識、などの互いに関連したいくつかの要素によって成り立っている。 ***European Journal of Social Theory***, vol. 5, no. 2, 2002, p. 249.

7　danah m. boyd [sic] and Nicole B. Ellison, "Social Network Sites: Definition, History, Scholarship,"Journal of Computer-Mediated Communication, vol. 13,2007, pp. 210-230; and Nicole B. Ellison, Charles Steinfield, and Cliff Lampe, "The Benefits of Facebook 'Friends': Social Capital and College Students' Use of Online Social Network Sites," ***Journal of Computer-Mediated Communication***, vol. 12,2007, pp. 1143-1168.

第8章

1　Kerstin Bund, Uwe Jean Heuser, and Claas Tatje, "Die Super-Männchen. Begabt, bescheiden und effizient: die Konzernlenker von heute sind anders. Sind sie die besseren Chefs?" [The Supermen. Talented, Modest and Efficient. Today's Corporate CEOs Are Different. Are They Better Leaders?], ***Zeit Online***, June 28, 2012.

2　"Aktionärswatsche für Schrempp: 'Er ist ein Manager des Misserfolgs' " [A Blow from Shareholders for Schrempp: "He Is a Manager of Failure"], ***Spiegel Online***, March 31,2005.

3　生物学的にはもちろんボスザル（alpha-male）は男性のみである。しかしリーダーシップ用語では、確実にボスザルタイプのリーダーシップを発揮している（または発揮した）女性の名を挙げることができる。たとえば、もと英国首相のMargaret Thatcherなど。だが、このスタイルのリーダーシップは圧倒的に男性のアプローチであり、伝統的な男性の行動を表す。

4　Mats Alvesson and Stefan Sveningsson, "The Great Disappearing Act: Difficulties in Doing Leadership," ***The Leadership Quarterly***, vol. 14, 2003.

5　William H. Drath and Charles J. Palus, ***Making Common Sense***, CCL Report No. 156, 1994. This is a rough summary of their definition, but sufficient for our purposes. The term ***social practice*** has a long tradition in philosophy and social theory, stemming from different philosophical schools. See Georg Vielmetter, ***Die Unbestimmtheit des Sozialen. Zur Philosophie del' Sozialwissenschaften*** [The Indeterminacy of the Social: On the Philosophy of Social Science], eds. Axel Honneth, Hans Joas, and Claus Offe (Campus Press, 1998). A great overview can be found in Andreas Reckwitz, "Toward a Theory of Social Practices: A Development in CulturalistTheorizing," ***European Journal of Social Theory***, vol. 5, no. 2, 2002.

6 Brigid Carroll, Lester Levy, and David Richmond, "Leadership as Practice: Challenging the Competency Paradigm," ***Leadership***, vol. 4, 200B. Another critique of the competency framework can be found in Richard Bolden, "Leadership Competencies: Time to Change the Tune," ***Leadership***, vol. 2, 2006.

7 これらはヘイグループによる数十年の研究によって特定された6つのリーダーシップスタイルである。これに関する優れた概説が、下記に記されている。"Leadership Run Amok," ***Harvard Business Review***, June 2006.

8 このようなスタイルが常に適切でないというのではない。効果的なリーダーシップは、背景や状況によって異なる。火災発生時に、われわれは消防士に、座ってどう対処すべきか同意するまで議論することを期待しない（民主型リーダーシップ）。われわれは彼らが明確な指示を叫ぶことを望む（指示命令型リーダーシップ）。似たように、ビジネスにおいても指示命令型と率先型のリーダーシップスタイルは、危機や事業再生の状況で効果を発揮する。ボスザル型リーダーの問題点は、彼らが長期的にこのスタイルに頼りすぎ、他人の意見を聞かないことにある。

9 ポストヒーロー型リーダーシップの良い概説は下記にある。***Practical Implications of Post-Heroic Leadership Theories: A Critical Examination***.
また、Noshir S. Contractor et al., "The Topology of Collective Leadership, The Leadership Quarterly, vol. 23, 2012, pp. 994-1011"も参照。他のポ

ストヒーロー型リーダーに対する見解として、Jim Collins'sの"Level 5 leader"では、「謙虚かつ意思が強い、控えめで大胆」と説明されている。Jim CollinsのGood to Great: Why Some Companies Make the Leap…and Others Don't (Harper Business, 2001も参照。ポストヒーロー型のリーダーシップの特徴を共有する初期のリーダーシップの考え方は、Robert Greenleafの"servant leader"であり、「人々と自分のコミュニティーの成長と幸福に主にフォーカスするリーダー」である。以下も参照。***Servant Leadership: AJourney into the Nature of Legitimate Power and Greatness***, 25th Anniversary Edition (Paulist Press, 2002).

10 ***New York Times Magazine***, October 28, 1973.

11 Ian Robertson, ***The Winner Effect: How Power Affects Your Brain*** (Bloomsbury, 2012).

12 Jan-Emmanuel De Neve et al., "Born to Lead? A Twin Design and Genetic Association Study of Leadership Role Occupancy," ***The Leadership Quarterly***, vol. 24, 2013, pp. 45-60.

13 Fontaine, Malloy, and Spreier, "Leadership Run Amok."

14 Ruth Malloy, ***The Women Executives Study. A Comparative Study of Highly Successful Female Leaders with Their Male and Typical Female Counterparts***, McClelland Center for Innovation and Research, Hay Group, February 2004. See also ***Style Matters: Why Women Executives Shouldn't Ignore Their "Feminine Side***," Hay Group, 2012.

15 Bund, Heuser, and Tatje, "Die Super-Männchen."

16 個人特性の氷山のイラストと説明は、ヘイグループのThe Three Social Motives, 2000による。この論文は下記に基づいている。This paper is basedon David C. McClelland, ***Motives, Personality, and Society*** (Praeger, 19B4); and David C. McClelland and D. H. Burnham, "Power Is the Great Motivator," ***Harvard Business Review***, vol. 73, no. 1, 1995, pp. 126-139.

17 David McClellandが開発した動機診断テストは、ヘイグループから提供さ

れており、社会的動機のプロファイルを理解するために活用されている。
http://www.haygroup.com/leadershipand talentondemand/ ourproducts/item_details.aspx?itemid=53&type=2&t=1

18 われわれの共創型リーダーシップのコンピテンシーは、ヘイグループのSigne Spencer, Ruth Malloy, Deb Nunes, Ruth WagemanらによるCEOとシニアエグゼクティブの成功において、重要なコンピテンシーに関する卓越した実証研究を部分的に利用している。下記の文献は、CEOおよびエグゼクティブの有効性に寄与する特有のコンピテンシーについて記している。Hay Group, CEO Competency Dictionary Version 3.0, November 2011およびExecutive Competency Dictionary Version 2.0, November 2011.

19 Max Weberの「理念型 (ideal type)」は、社会的実在性を、その重要な側面を強調することにより、分析し、順序だて、解釈するために構築された仮説に基づく概念である。

20 Daniel Goleman, ***Emotional Intelligence*** (Bantam Doubleday Dell, 1996).

21 Rick Lash and Chris Huber, ***Leading in a Global Environment: 2010 Best Companies for Leadership Study***, Hay Group, January 25, 2011.

22 Ibid.

23 Stewart Ashley Dutfield, "Leadership and Meaning in Collective Action," ***Leadership Review***, vol. 5, Spring 2005, p. 24.

24 "Stephen Elop's Memo in Full," FT.com, February 9, 2011.

25 Susie Cranston and Scott Keller, "Increasing the Meaning Quotient at Work," ***McKinsey Quarterly***, January 2013.

26 "Stephen Elop's Memo."

27 Ibid. Elopは社員に以下のように語った。「われわれはマーケットシェアを失った。われわれは心の共有も時間も失った。(中略) 少なくともそのいくらかはノキア内部の心構えに起因するものだと私は信じている。われわれは自分たちの燃えるプラットフォームにガソリンを注いだ。私は、われわれがこのような破壊的な時期に会社を導くための説明責任とリーダーシップを欠いていると信じる。われわれは連続して失敗を犯した。イノベ

ーションを十分な速さで提供していない。社内で協働していない」。興味深いことに、Elopの文書が触れているのはCranstonとKellerによって説明された５つの意義創出の観点の２つのみである：会社の観点（事業再生のストーリー）と顧客の観点（ノキアのブランドパーセプション）。社会、チーム、個人については言及していない。この重要な段階では、会社と顧客という核心だけにフォーカスしたのだ。他の観点は意義創出における後の段階で取り入れられた。

28 効果的なリーダーシップチームを生み出すプロセスと条件については、下記に専門的に説明されている。われわれが本書で説明しているシニアチームのリーダーシップコンピテンシーは、この内容を基にしている。Roth Wageman et al., Seior Leadership Teams: What It Takes to Make Team Great (Harvard Business School Press, 2008)

【著者紹介】（肩書きは2014年の原書出版当時）

ゲオルク・ヴィエルメッター　Ph.D.

ヘイグループのヨーロッパ経営チームのメンバーであり、リーダーシップ＆タレント領域のリージョナル・ディレクター。組織のエグゼクティブや経営チームとともにリーダーシップ変革に取り組んでいる。また関連のトピックについての執筆や講演活動に従事している。

German National Academic Foundationの元会員であり、German Sociological AssociationおよびGerman Society for Philosophyの会員。ベルリン在住。

linkedinbutton <http://www.linkedin.com/in/georgvielmetter>
@GVielmetter: **Twitter-Symbol*
 <https://twitter.com/GVielmetter>

Many thanks — and please ask that they include the photographer's name with the photo—Christina Sandrock, Berlin.

イヴォンヌ・セル　Ph.D.

ヘイグループの英国・アイルランドのリーダーシップ＆タレント領域ディレクター。リーダーシップ・人材開発の活動推進の一環として、リーダーシップに関する幅広い課題について、マスコミへのコメントや講演を提供している。また、エモーショナル・インテリジェンス（EQ）の領域において、ダニエル・ゴールマン、リチャード・ボヤティスとともに研究をおこなっている。ロンドン在住。

【訳者紹介】

大高 美樹（おおたか みき）　全体監修・第4章・第8章
プリンシパル　リーダーシップ＆タレントマネジメント領域プラクティス・リーダー

富士ゼロックス、米系コンサルティング・ファームトレーニング・マネジャーを経て、2001年にヘイグループに入社。
リーダーシップ開発、タレントマネジメント、グローバル人材開発に関するプロジェクトを担当。またダイバーシティ促進、女性のリーダーシップ開発などに関してクライアントとの共同研究や人材育成プロジェクト等も手掛ける。メーカー、医薬、化粧品、化学、金融等幅広い業界へのコンサルティングを経験。
津田塾大学国際関係学科卒業、青山学院大学国際政治経済学研究科国際ビジネス専攻（MBA）修了。プロフェッショナル・コーアクティブ・コーチ（CPCC=Certified Professional Co-Active Coach）

滝波 純一（たきなみ じゅんいち）　序章・終章
ディレクター
東レ、ボストン・コンサルティング・グループを経て、ヘイグループに入社。
2010年より同社コンサルティング部門責任者。2011年より、Business Solution / Client Relationship Development / Building Effective OrganizationプラクティスのNorth East Asiaヘッド。
医薬品、消費財、流通、情報通信等の幅広い業界に対し、人事戦略構築、組織設計、グローバル人事制度構築、リーダー育成、M&A支援等、多様なコンサルティングを実施。
京都大学工学部卒業、同大学院応用システム科学修士、カリフォルニア大学ロサンゼルス校（UCLA）経営学修士（MBA）修了。

山口 周（やまぐち しゅう）　第1章・第5章
ディレクター
電通、ボストン・コンサルティング・グループ、A.T.カーニー等を経て、ヘイグループに入社。
消費財、メディア、流通、情報通信等の業界に対し、事業戦略策定、人材活性化、イノベーション促進等のテーマでのコンサルティング経験が豊富。
慶応義塾大学文学部哲学科卒業、同大学院文学研究科前期博士課程修了。
著書に『天職は寝て待て』（光文社新書）、『外資系コンサルのスライド作成術―図解表現23のテクニック』（東洋経済新報社）、『世界で最もイノベーティブな組織の作り方』（光文社新書）などがある。

田中 大貴（たなか だいき）　第3章・第7章
プリンシパル
外資系コンサルティングファームを経て、ヘイグループに入社。
消費財、小売、製薬、情報通信、金融等の幅広い業界に対し、組織変革、組織設計、リーダーシップアセスメント・育成、M&A支援など、多様なコンサルティングに従事。
東京大学教養学部卒業、アムステルダム大学大学院社会科学修士、インシアード（INSEAD）経営学修士（MBA）修了。

柏倉 大泰（かしわくら ともひろ）　第2章・第6章
シニアコンサルタント
複数のコンサルティング会社にて組織・人材開発領域のコンサルティングに従事した後、ヘイグループに入社。
製薬、製造、金融など幅広い業界において、戦略の実行にむけてリーダーシップおよび組織開発のプロジェクトを経験。
一橋大学社会学部卒業、エグゼクティブクラスのリーダーシップ開発に特化したビジネススクールであるIMDにて経営学修士取得。

ヘイグループ　HayGroup®

ヘイグループは、リーダーシップ開発の領域で世界トップのコンサルティング会社。米国フィラデルフィアに本拠を置き、世界49カ国に86オフィスを構え、組織・人材に関するコンサルティングサービスを提供している。過去70年以上にわたり、コンピテンシーやEQなど、人材マネジメントにおける主要なコンセプトを発信しながら、世界で約9,000社のクライアント企業にサービスを提供してきた。
日本では、1979年に日本法人「株式会社 ヘイ コンサルティング グループ」を設立以来、幅広い業界のお客様の課題解決・戦略実現を支援している。

LEADERSHIP2030

2015年8月31日　初版第1刷発行©

著　　　者		ゲオルク・ヴィエルメッター
		イヴォンヌ・セル
訳　　　者		ヘイグループ
発　行　者		篠原　信行
発　行　所		生産性出版

〒150-8307　東京都渋谷区渋谷3－1－1
　　　　　　　日本生産性本部
　　　　　　　電話　03(3409)1132(編集)
　　　　　　　　　　03(3409)1133(営業)
　　　　　　　http://www.jpc-net.jp/
　　　　　　　ISBN:978-4-8201-2042-1 C2034

印刷・製本／サン印刷通信　　　　　　　　　　　Printed in Japan

乱丁・落丁はお取替えいたします。